LA
COUR DE LUNÉVILLE

AU XVIIIᵉ SIÈCLE

LES MARQUISES DE BOUFFLERS ET DU CHATELET
VOLTAIRE, DEVAU, SAINT-LAMBERT, ETC.

PAR

GASTON MAUGRAS

Avec une héliogravure

PARIS
LIBRAIRIE PLON
PLON-NOURRIT ET Cⁱᵉ, IMPRIMEURS-ÉDITEURS
8, RUE GARANCIÈRE — 6ᵉ

1904

LA
COUR DE LUNÉVILLE
AU XVIIIᵉ SIÈCLE

L'auteur et les éditeurs déclarent réserver leurs droits de reproduction et de traduction en France et dans tous les pays étrangers, y compris la Suède et la Norvège.

Ce volume a été déposé au ministère de l'intérieur (section de la librairie) en mai 1904.

DU MÊME AUTEUR

Le Duc et la Duchesse de Choiseul. *Leur vie intime, leurs amis et leur temps.* 6ᵉ édition. Un volume in-8º avec des gravures hors texte et un portrait en héliogravure....... 7 fr. 50

La Disgrâce du Duc et de la Duchesse de Choiseul. *La vie à Chanteloup, le retour à Paris, la mort.* 4ᵉ édition. Un volume in-8º avec gravures et portrait.......... 7 fr. 50

Le Duc de Lauzun et la Cour intime de Louis XV. 10ᵉ édition. Un vol. in-8º avec un portrait.................... 7 fr. 50
(Couronné par l'Académie française, prix Guizot.)

Le Duc de Lauzun et la Cour de Marie-Antoinette. 7ᵉ édition. Un vol. in-8º........................... 7 fr. 50
(Couronné par l'Académie française, prix Guizot.)

Les Demoiselles de Verrières. Nouvelle édition. Un vol. in-16 avec 2 portraits............................. 3 fr. 50

L'Idylle d'un gouverneur. *La comtesse de Genlis et le duc de Chartres.* 2ᵉ édition. In-8º avec portrait........ 1 fr. 50

Voltaire et Jean-Jacques Rousseau. (Épuisé.)...... 1 vol.

Trois mois à la cour de Frédéric. (Épuisé.)........ 1 vol.

Les Comédiens hors la loi. (Épuisé.).............. 1 vol.

La Duchesse de Choiseul. (Épuisé.) .... 1 vol.

Journal d'un étudiant pendant la Révolution. (Épuisé.) 1 vol.

L'Abbé F. Galiani. Correspondance. (En collaboration avec Lucien Perey.) *Couronné par l'Académie française*......... 2 vol.

La Jeunesse de Madame d'Épinay. (En collaboration avec Lucien Perey.) *Couronné par l'Académie française*......... 1 vol.

Les Dernières Années de Madame d'Épinay. (En collaboration avec Lucien Perey.) *Couronné par l'Académie française.* 1 vol.

La Vie intime de Voltaire aux Délices et à Ferney. (En collaboration avec Lucien Perey.).................. 1 vol.

POUR PARAITRE PROCHAINEMENT
La Marquise de Boufflers et ses amis.

Marie Françoise Catherine de Beauvau
Marquise de Boufflers — 1711 1786

Anne Marguerite de Ligniville
Princesse de Beauvau-Craon. 1686-1772

Miniatures appartenant à M. le Duc de Mouchy

LA
COUR DE LUNÉVILLE
AU XVIIIᵉ SIÈCLE

LES MARQUISES DE BOUFFLERS ET DU CHATELET
VOLTAIRE, DEVAU, SAINT-LAMBERT, ETC.

PAR

GASTON MAUGRAS

Avec une héliogravure

PARIS
LIBRAIRIE PLON
PLON-NOURRIT ET Cⁱᵉ, IMPRIMEURS-ÉDITEURS
8, RUE GARANCIÈRE — 6ᵉ

1904

Il y a quelques années, le comte de Ludres, ce remarquable érudit, cet esprit charmant, dont tous les lettrés déplorent la perte, nous signalait l'intérêt qu'il y aurait à écrire une histoire intime de la cour de Lorraine pendant le règne du roi Stanislas.

C'est cet ouvrage que nous mettons aujourd'hui sous les yeux du public.

Nous avons décrit de notre mieux les mœurs de cette petite cour simple et bon enfant, en même temps si gaie et si galante; mais au dernier moment il nous vient un scrupule : certaines de nos lectrices ne vont-elles pas s'alarmer de quelques récits un peu vifs, de quelques passages un peu scabreux? Nous les prions instamment de vouloir bien se rappeler que nous sommes en plein dix-huitième siècle, et que les incartades morales qui aujourd'hui blessent nos mœurs plus réservées n'avaient rien qui fût de nature à effaroucher nos ancêtres. Autres temps, autres mœurs.

Du reste, si nous sommes resté fidèle à notre principe de dépeindre en toute sincérité la société dont nous nous occupions sans plus en dissimuler les vilains côtés que les beaux, nous nous sommes efforcé de traiter les sujets délicats dans une langue prudente et chaste, et nous espérons bien ne choquer personne.

Les délicieuses miniatures qui sont en tête de ce volume appartiennent à M. le duc de Mouchy qui, avec une bonne grâce dont nous ne saurions lui témoigner trop de gratitude, a bien voulu nous autoriser à les reproduire.

En dehors des innombrables documents publiés au dix-huitième et au dix-neuvième siècle sur la cour de Lorraine, nous avons eu à notre disposition de très nombreuses pièces inédites. D'abord une volumineuse correspondance de

Mme de Boufflers, qui fait partie de notre collection d'autographes ; puis les riches documents de la bibliothèque de Nancy, des Archives nationales, des archives du ministère des affaires étrangères et de plusieurs collections particulières. Enfin Mme Morrisson a bien voulu nous communiquer toute la correspondance de Mme du Châtelet et de Saint-Lambert, et nous la prions d'accepter nos plus vifs remerciements.

Mme la comtesse de Beaulaincourt, MM. le prince de Beauvau, le comte de Croze-Lemercier, le comte de Ludres, de Conigliano, nous ont gracieusement ouvert leurs archives. Nous leurs offrons l'expression de nos sentiments très reconnaissants.

Il nous reste encore un devoir non moins agréable à remplir, c'est de remercier bien sincèrement M. Le Brethon, de la Bibliothèque nationale; M. Legrand, des Archives nationales; M. Favier, conservateur de la bibliothèque de Nancy, qui, avec une inépuisable obligeance, nous ont guidé dans nos recherches et ne nous ont pas ménagé leurs précieux conseils.

Les principales sources auxquelles nous avons eu recours, en dehors des différents dépôts publics et de nombreuses archives particulières, sont (1) :

Histoire de la réunion de la Lorraine à la France, par le comte D'HAUSSONVILLE, 4 vol., Michel Lévy, 1860.
Voltaire et la Société au dix-huitième siècle, par DESNOIRETERRES. 8 vol., Paris, Didier, 1871.
La Mère du Chevalier de Boufflers, par M. MEAUME. Paris, Techener, 1885.
Mémoires sur Voltaire, par LONGCHAMPS. Paris, Béthune et Plon, 1838.
Voltaire et Madame du Châtelet, par Mme DE GRAFFIGNY. Paris, 1820.
Œuvres complètes de Voltaire. Edition Garnier.
Lettres de Madame du Châtelet, par ASSE. Paris, Charpentier, 1878.
Histoire d'une famille de la chevalerie lorraine, par le comte DE LUDRES. Paris, Champion, 1894.
Souvenirs de la maréchale de Beauvau, par Mme STANDISH. Paris, Techener, 1872.
Vie de la princesse de Poix, par la vicomtesse DE NOAILLES. Paris, Lahure, 1855.
Correspondance de la comtesse de Sabran et du chevalier de Boufflers. Paris, Plon, 1855.
Mémoires de la Société d'archéologie lorraine.
Mémoires de la Société royale de Nancy.
Mémoires de l'Académie de Stanislas.
Annales de la Société d'émulation des Vosges.
Journal de la Société archéologique du Musée lorrain.
(Dans ces innombrables brochures, nous signalons en particulier les savants articles de MM. Louis Lallement, Meaume, A. Joly, Guerrier de Dumast, Guibal, Saucerotte, Pierrot, Renaud, de Guerle, Druon, etc.)

(1) Nous avons fait à ces différentes sources des emprunts si fréquents qu'il nous a été impossible, à notre grand regret, d'en indiquer l'origine au cours du volume ; il aurait fallu surcharger le texte de renvois et de notes, et nous avons dû y renoncer.

Description de la Lorraine et du Barrois, par Durival. Nancy, 1774.
Stanislas Lecsinski et le troisième traité de Vienne, par Pierre Boyé. Paris, Berger-Levrault, 1898.
La Cour de Lunéville en 1748 et 1749, par Pierre Boyé. Nancy, 1891.
Les Derniers Moments du roi Stanislas, par Pierre Boyé. Nancy, 1898.
Le Royaume de la rue Saint-Honoré, par le marquis Pierre de Ségur. Paris, Calmann Lévy, 1896.
Le Château de Lunéville, par A. Joly. Paris, 1859.
Correspondance de Madame du Deffant et de Madame de Choiseul, par le marquis de Saint-Aulaire. Paris, Calmann Lévy, 1877.
La Reine Marie Lecsinska, par M. de Nolhac. 1901.
Mémoires du duc de Richelieu.
Confessions de J.-J. Rousseau.
Journal du duc de Luynes, de Barbier, de Collé, de d'Argenson.
Mémoires de Bachaumont.
Causeries du Lundi, de Sainte-Beuve.
Œuvres complètes de Saint-Lambert;
— de Boufflers;
— de Palissot;
— de Tressan;
— de Moncrif;
— de Marmontel;
— de Voisenon;
— de Chamfort.
Etc., etc.

LA COUR DE LUNÉVILLE

AU DIX-HUITIÈME SIÈCLE

CHAPITRE PREMIER

LA COUR DE LUNÉVILLE DE 1698 A 1729

Entrée de Léopold à Lunéville. — Joie des habitants. — État de la Lorraine en 1698. — Mariage de Léopold. — Guerre de la succession d'Espagne. — La cour de Lunéville. — M. et Mme de Beauvau-Craon. — Passion de Léopold pour Mme de Craon. — Indignation de la Princesse palatine. — Les jésuites à la cour de Lorraine. — Passion coûteuse de Léopold pour le jeu et la politique. — Accident survenu au prince. — Sa mort. — Son fils François lui succède.

Le 14 mai 1698, la petite cité de Lunéville était en liesse. Au centre des principales places s'élevaient des arcs de triomphe; toutes les maisons étaient ornées de lauriers et de drapeaux; le long des rues, des guirlandes de feuillage et des rangées de sapins, plantés pour la circonstance, donnaient à la ville un air de fête. De toutes parts accouraient les bourgeois organisés en compagnies d'honneur; les habitants de la campagne, revêtus de leurs plus beaux habits, arrivaient des points les plus éloignés et remplissaient les rues du bruit de leur gaieté exubérante. Sur tous les visages se lisaient la satisfaction et le bonheur.

La joie devint du délire lorsqu'on vit s'approcher un somptueux cortège de cavaliers et de carrosses. En tête s'avançait, sur un cheval fringant, le jeune duc de Lorraine, Léopold (1), qui reprenait enfin possession de ses États héréditaires, dont sa famille avait été chassée depuis plus de trente ans (2).

Le prince, à peine âgé de dix-huit ans, était un élégant cavalier; il possédait le double et incomparable charme de la jeunesse et de la beauté; son regard franc, sympathique, accueillant, séduisait tous les cœurs. De longues acclamations s'élevaient sur son passage; on se pressait autour de lui, on embrassait ses mains; tous les yeux étaient pleins de larmes, mais de larmes de joie et d'espoir.

La noblesse lorraine, accourue en grand nombre, faisait escorte à son souverain, et la vue de tous ces

(1) Né dans le Tyrol, Léopold avait été élevé à Vienne, sous les yeux de l'Empereur. Son père, Charles V, d'illustre mémoire, avait battu les Turcs et sauvé Vienne de la destruction et de l'esclavage. Sa mère, Marie-Éléonore, reine douairière de Pologne, venait de mourir, le 17 décembre 1697.

(2) Les conférences ouvertes au château de Ryswick, le 9 mai 1697, entre la France, l'Angleterre, l'Espagne et les états généraux, avaient amené la conclusion de la paix qui fut signée le 20 septembre. Le 30 octobre de la même année, l'Empire et la France firent la paix à leur tour : Louis XIV restituait au duc Léopold, fils de Charles V, le duché de Lorraine qu'il occupait depuis trente ans.

brillants seigneurs surexcitait encore l'enthousiasme populaire.

Léopold n'avait rien négligé de ce qui pouvait frapper l'imagination de ses sujets et le grandir à leurs yeux. Outre des carrosses magnifiques, un nombreux domestique, des meubles somptueux, il s'était fait suivre des trophées que, malgré son jeune âge, il avait déjà conquis sur les Turcs (1). L'admiration fut générale quand on vit défiler ces délicieux petits chevaux arabes si vifs et si légers, tenus en main par des heiduques. Mais l'émerveillement n'eut plus de bornes quand parut une longue suite d'animaux bizarres et complètement inconnus en Lorraine; on les montrait du doigt, on chuchotait leur nom; on ne se lassait pas d'admirer ces étranges et sompteux « chameaux », tous brillamment caparaçonnés et conduits par des prisonniers arabes (2).

La satisfaction des Lorrains, en retrouvant un prince de la famille qui régnait sur eux depuis tant d'années, fut sans bornes, et ils la manifestèrent par des témoignages irrécusables (3).

---

(1) En 1696, à la bataille de Temesvar, Léopold avait montré un courage héroïque et chargé plusieurs fois les Turcs à la tête de la cavalerie allemande. Il n'avait pas montré moins de bravoure en 1697 sur le Rhin, au siège d'Ebersbourg.
(2) Les chameaux furent ensuite logés sous les voûtes de l'ancienne porte de Saint-Nicolas à Nancy, qui depuis prirent le nom de « voûtes des chameaux ».
(3) Pendant des siècles la souveraineté de la Lorraine avait appar-

On comprendra mieux les acclamations enthousiastes qui accueillirent Léopold lorsqu'on saura à quel degré de misère et de détresse était tombé ce malheureux pays.

Depuis soixante-dix ans la Lorraine était pour ainsi dire le champ clos que se disputaient et s'arrachaient successivement les Allemands, les Français, les Suédois.

Opprimée, pillée, rançonnée par les uns et par les autres, suivant les hasards de la guerre, cette province, jadis riche et prospère, offrait le tableau le plus lamentable. Ce n'était partout que viols, assassinats, incendies, destruction, ruine ; livrées à une soldatesque effrénée, les villes avaient été saccagées, les campagnes dévastées. Les infortunés habitants avaient fini par chercher un refuge dans les forêts qui couvraient le pays ; ils y vivaient relativement à l'abri, mais réduits à l'état de véritables bêtes sauvages et dans une misère que l'on peut deviner.

La famine, la peste étaient venues s'ajouter aux douleurs de l'occupation étrangère et achever cette œuvre de désolation (1).

Ce peuple infortuné était menacé d'un anéantisse-

---

tenu à l'illustre maison de ce nom. Longtemps elle avait cherché à renverser les Bourbons pour prendre leur place ; mais si le trône de France lui avait échappé, elle avait par un mariage obtenu celui de Habsbourg.

(1) L'occupation française pesait sur la Lorraine avec la plus extrême rigueur, car l'armée vivait aux dépens du pays.

CHAPITRE PREMIER

ment complet (1). On peut aisément supposer la joie que lui fit éprouver la conclusion de la paix.

Le retour de la Lorraine à un prince de la vieille famille ducale donnait à tous l'espoir de jours meilleurs. On se réjouissait d'échapper enfin à une longue oppression et à une odieuse tyrannie. Comme au sortir d'un affreux cauchemar, les Lorrains oubliaient presque l'horreur des maux qui les avaient frappés pour ne songer qu'à l'avenir, et ils manifestaient leur bonheur et leur confiance par une gaieté délirante.

Léopold ne démentit pas les espérances que ses sujets avaient fondées sur lui. Malgré sa jeunesse, il s'occupa activement de rendre le bien-être et la prospérité à la Lorraine ; il rebâtit les villes et les villages, rappela les habitants, fit venir des étrangers, repeupla les campagnes, encouragea l'agriculture, l'industrie, le commerce, et il mérita bientôt le nom glorieux de restaurateur de la patrie.

Neveu de l'Empereur, Léopold voulut l'être également du roi de France. L'année qui suivit son retour, le 12 octobre 1698, le jeune duc épousait la nièce de Louis XIV, Élisabeth-Charlotte d'Orléans, fille de Monsieur et de sa seconde femme, la Princesse palatine de Bavière. C'était une princesse douce, aimante, honnête, mais laide, avec une figure longue et de gros yeux

---

(1) D'un million d'habitants que comptaient trente et une villes de la Lorraine au début de la guerre, on n'en trouvait plus que cinquante mille.

à fleur de tête. La jeune duchesse fut reçue par ses nouveaux sujets avec le plus vif empressement. Cette fois, ce fut à Nancy, délivrée enfin des troupes françaises, que Léopold et son épouse firent leur entrée triomphale (1).

Le duc de Lorraine possédait non seulement toutes les qualités d'intelligence nécessaires pour rendre la prospérité à ses États, mais il avait aussi tout ce qu'il fallait pour se faire adorer. Son commerce était des plus agréables et des plus sûrs; il n'avait aucune morgue, et sa douceur, sa bonne grâce, sa générosité étaient extrêmes; il traitait ses sujets comme des amis. Bien loin d'imiter la rigide étiquette de Versailles ou celle de Vienne, où il avait passé tant d'années, il s'efforça de faire de la cour de Lorraine une cour familiale, et d'y admettre ses sujets pour leur en faire partager les plaisirs. Il conviait aux bals et aux spectacles de la cour, voire même aux dîners, les bourgeois de Nancy ou de Lunéville, et il poussait la gracieuseté jusqu'à envoyer à ses invités ses propres carrosses.

La duchesse n'était pas moins populaire que son mari; elle était d'une grande affabilité envers tous, elle visitait les simples bourgeois et causait volontiers en patois avec les paysans.

(1) Léopold n'avait pas voulu entrer à Nancy tant que les troupes françaises y avaient séjourné; elles avaient occupé la ville longtemps encore après la conclusion de la paix pour en démolir les fortifications.

Malheureusement, la tranquillité du jeune duc ne devait pas être de longue durée.

En 1700, la France, l'Angleterre et les Provinces-Unies se mirent d'accord pour partager à l'amiable la succession éventuelle du roi d'Espagne, Charles II. Entre autres territoires, le dauphin, fils aîné de Louis XIV, recevait dans sa part le duché de Milan; mais il était convenu qu'il l'échangerait contre le duché de Lorraine, si Léopold y consentait.

M. de Callières fut chargé par Louis XIV d'obtenir l'adhésion du prince; on lui donnait vingt-quatre heures pour se décider.

Le duc, poussé par la nécessité, séduit aussi peut-être par l'idée de gouverner un jour une province plus considérable et moins exposée que la Lorraine, se résigna, et il signa, le 16 juin 1700, le traité qui le dépossédait de ses États et lui attribuait le duché de Milan à la mort de Charles II. A partir de ce moment, un résident français séjourna à la cour de Lorraine : ce fut M. d'Audiffret.

Un événement inattendu vint bouleverser toutes ces combinaisons si savamment élaborées.

Charles II mourut, mais après avoir fait un testament en faveur du duc d'Anjou. Louis XIV accepta, et le duc d'Anjou fut proclamé roi d'Espagne sous le nom de Philippe V.

Le roi d'Angleterre et l'Empereur, furieux d'avoir été joués, du moins ils le croyaient, préparèrent une formidable coalition contre la France. Léopold et ses sujets virent avec terreur que la Lorraine allait de nouveau servir de champ clos aux luttes acharnées de la France et de l'Empire.

Donc la guerre de la succession d'Espagne s'ouvre; la Lorraine se trouve cernée par les armées françaises et impériales. C'est en vain que Léopold proclame la neutralité du pays et demande qu'on la respecte : l'Empereur refuse de s'y engager.

Louis XIV de son côté prétend que la neutralité a été violée et il ordonne à une armée française d'occuper Nancy. A cette nouvelle, Léopold déclara qu'il ne ferait pas de résistance, mais qu'il cédait uniquement à la force. Il se déroba aux adieux de ses sujets consternés et il partit au milieu de la nuit, ainsi que la duchesse : tous deux gagnèrent Lunéville par des sentiers de montagne.

Le 1er décembre 1702, les troupes françaises entraient à Nancy.

Cependant, la fuite forcée du duc et de son épouse avait soulevé une véritable indignation en Europe : les généraux des deux armées belligérantes reçurent l'ordre de respecter à l'avenir la neutralité de la Lorraine.

Louis XIV néanmoins refusa, malgré les plus pressantes sollicitations, de retirer ses troupes de Nancy. Le duc de Lorraine répondit alors fièrement qu'il ne rentrerait jamais dans sa capitale tant qu'un soldat français en foulerait le sol.

CHAPITRE PREMIER

A Lunéville, il n'y avait pas de château. Léopold et la duchesse avaient dû s'installer dans une vieille maison, triste, froide et délabrée, et s'y accommoder de leur mieux.

Toutes les grandes familles lorraines, les ministres étrangers, les avaient suivis. Chacun s'était établi comme il pouvait; on avait campé d'abord; puis, peu à peu, l'on avait organisé des installations plus confortables et plus pratiques.

Quand le duc vit que son exil menaçait de se prolonger fort longtemps, il se décida à faire élever une demeure digne de son rang. Il fit donc bâtir, sur l'emplacement de l'ancien château de Henri II, un vaste et beau palais où il put, non seulement se loger convenablement avec les siens, mais encore recevoir sa cour et donner des fêtes. De superbes jardins entouraient la demeure princière.

Peu à peu on s'habitua à l'exil, au malheur des temps, et la vie reprit son cours.

Désormais à l'abri des maux de la guerre, Léopold voulut faire profiter ses sujets du calme inattendu dont ils jouissaient au milieu de la conflagration universelle. Il s'efforça de développer le commerce, l'industrie, les arts, les belles-lettres, et il y réussit à merveille.

En même temps, l'intimité de la petite cour avait grandi; on se voyait sans cesse et non sans charme. Pendant qu'à Versailles tout s'assombrissait, à Lunéville, au contraire, la vie devenait chaque jour plus agréable; on n'avait plus que des sujets de joie et de gaieté. Le prince était jeune, beau, chevaleresque; il était galant et empressé auprès des femmes; il aimait le plaisir; son frère, l'évêque d'Osnabrück, plus jeune encore, et qui en ce moment se trouvait en séjour à Lunéville, n'était pas moins ardent : la cour se mit à l'unisson. Ce ne furent bientôt plus que jeux, soupers, bals, mascarades, représentations théâtrales, etc. Les fêtes succédaient aux fêtes sans interruption.

Deux dames se partageaient alors la faveur du duc et de son frère : Léopold était devenu amoureux fou de la belle comtesse de Beauvau-Craon, et le prince Charles de Lorraine manifestait la plus violente passion pour la marquise de Lunati-Visconti.

De la seconde, nous ne parlerons presque pas puisqu'elle n'est appelée à jouer aucun rôle dans notre récit. La première, au contraire, fut la mère de notre héroïne, et, à ce titre, nous lui devons une courte biographie.

Il y avait à la cour de Lorraine une famille de Beauvau-Craon, originaire du Maine et alliée à la maison de Bourbon(1). M. de Beauvau-Craon, le père, remplissait la charge de capitaine des gardes de Son Altesse. Son fils, Marc de Beauvau(2), occupait les fonc-

(1) Un lien étroit de parenté existait entre la maison de Bourbon et celle de Beauvau. Les Beauvau avaient pour aïeule Isabelle de Beauvau, femme de Jean II de Bourbon, comte de Vendôme.

(2) Il était né le 29 avril 1679. Il était fils du second lit de Louis marquis de Beauvau et de Anne-Henriette de Ligny.

tions de chambellan ; il avait épousé, le 16 septembre 1704, Anne-Marguerite de Ligniville (1), fille d'Antoinette de Boussy et de Melchior de Ligniville, comte du Saint-Empire, maréchal de Lorraine, qui appartenait à tout ce qu'il y avait de plus ancien et de plus élevé dans la noblesse du pays. La jeune femme, à peine âgée de dix-huit ans, fut nommée dame d'honneur de la duchesse, puis plus tard surintendante de sa maison.

M. de Craon, s'il faut en croire les contemporains, était l'un des hommes les plus aimables et les plus spirituels de son époque. Magnifique, noble avec aisance, l'esprit élevé, le cœur grand, de rapports faciles, excellent administrateur, il possédait encore beaucoup de jugement et de bon sens. Son esprit, ses connaissances, sa gaieté naturelle rendaient sa conversation charmante ; il prit bientôt sur l'esprit du duc de Lorraine une très grande influence et il devint son intime ami.

Mais Mme de Craon était délicieuse, séduisante au possible, belle à ravir ; le duc ne put rester insensible à tant de charmes et, à mesure que son intimité augmentait avec le mari, elle augmentait également avec la femme. Bientôt, à la petite cour de Lunéville, personne ne put se faire d'illusion : le duc, épris au dernier point, ne dissimulait plus rien de ses sentiments intimes.

Quant au mari, soit qu'il fût aveugle, soit qu'il se

(1) Elle était née en 1686. La famille de Ligniville est l'une des quatre de la grande chevalerie de Lorraine.

piquât de philosophie, soit qu'il fût simplement de son temps et attachât peu d'importance à ce qu'on considérait en général comme pure peccadille, il acceptait tout et voulait tout ignorer; il poussait même la discrétion jusqu'à se retirer dès que le prince se faisait annoncer chez sa femme, ce qui avait lieu tous les jours. Il arrivait souvent à Léopold de passer la journée entière chez Mme de Craon et d'y faire toute sa correspondance, de façon qu'elle était informée de ses intentions les plus secrètes.

Le jardin de l'hôtel de Craon était situé en façade sur le parc même du château; une porte de communication reliait le parc au jardin de l'hôtel, de telle sorte qu'il n'était pas nécessaire de passer par la ville et que rien n'était plus facile que de se rendre de fréquentes visites sans éveiller l'attention.

L'on se tromperait étrangement si l'on s'imaginait que cet incident avait amené la plus légère altération dans l'intimité de M. et de Mme de Craon. Ils avaient été passionnément épris l'un de l'autre à l'époque de leur mariage; l'attachement ouvertement manifesté de Léopold pour Mme de Craon ne put pas les désunir. Rien ne vint troubler la sérénité de leurs rapports et leur mutuelle affection; ils continuèrent à vivre dans la plus étroite amitié et avec les plus grands égards, et cette douce intimité dura un demi-siècle.

Nous n'ignorons pas que notre assertion paraîtra bizarre à plus d'un lecteur et fortement invraisemblable.

Il en fut ainsi cependant. Nous sommes trop respectueux de la vérité pour ne pas dire ce qui fut, quelque surprenant que cela puisse paraître, étant données nos idées actuelles.

Mme de Craon, du reste, n'était pas une femme ordinaire, et le charme de son esprit aussi bien que sa rare beauté expliquent la passion violente qu'elle avait inspirée à Léopold.

Sans être régulièrement belle, elle passait cependant pour la plus jolie femme de son temps. Elle avait une taille divine, une fraîcheur de teint incomparable, la peau très blanche, une bouche et des dents admirables; elle séduisait au plus haut point. Ni l'âge ni les maternités fréquentes ne purent avoir raison de ses attraits; à cinquante ans, elle était presque aussi fraîche, aussi jolie, aussi désirable que dans sa toute jeunesse.

Son esprit vif, prime-sautier, accueillant, charmait dès le premier abord; mais on découvrait bientôt chez elle une volonté très ferme et de rares qualités d'intelligence. Son humeur cependant ne passait pas pour être des plus égales, et l'on prétend que ceux qui l'entouraient avaient quelquefois à souffrir d'injustes boutades. « On appelle cette dame, qui n'est point aimée, *le battant l'œil*, écrit M. d'Audiffret, parce qu'elle est souvent de mauvaise humeur. »

Telle est la femme que pendant près de vingt-cinq ans le duc Léopold adora à peu près uniquement.

La passion de Mme de Craon pour le prince n'était

pas moins vive que celle qu'il éprouvait pour elle ; elle l'aimait passionnément. En 1718, il eut une fluxion de poitrine des plus graves, et on le crut perdu. Mme de Craon en fut si bouleversée et dans un tel désespoir qu'elle eut un transport au cerveau dont elle faillit mourir.

A cette époque, comme de nos jours, une passion réciproque si profonde, si longue, si immuable, passait peut-être pour regrettable ; mais on ne pouvait s'empêcher de la trouver touchante, et elle inspirait toujours le respect, souvent l'admiration, quelquefois l'envie.

Parmi les contemporains, personne ne s'avisa de blâmer Mme de Craon, et elle vécut toute sa vie entourée d'hommages et de la considération de tous.

Cependant, le jeune prince amoureux ne savait qu'imaginer pour charmer sa belle maîtresse ; la cour en profitait, les réjouissances étaient incessantes. La joie n'était troublée que par les querelles et les jalousies de Mme de Craon et de Mme de Lunati.

Ces deux dames naturellement se détestaient cordialement ; les scènes entre elles étaient journalières et il en résultait souvent entre les deux frères les plus pénibles discussions. Léopold se faisait l'écho du chapitre d'Osnabrück qui réclamait son évêque, se plaignait qu'il mangeât son revenu hors du pays, qu'il se compromît par une galanterie publique et « dont toute l'Allemagne était informée » ; mais le prince Charles restait sourd à toutes les remontrances, il s'entêtait à rester en Lorraine et à se ruiner pour Mme de Lunati.

Enfin, il finit par céder aux objurgations de son chapitre et il quitta la Lorraine. Les deux frères se séparèrent le cœur plein d'aigreur, Léopold ne pouvant pardonner au prince Charles ses procédés pour la favorite et les plaisanteries qu'il s'était permises sur son compte. Après le départ de l'évêque la cour retrouva un peu de calme et de tranquillité.

Le traité d'Utrecht, en 1712, termina la guerre de la succession d'Espagne et amena la cessation des hostilités.

Les troupes françaises quittèrent Nancy et Léopold put enfin rentrer dans sa capitale. Mais il n'y eut rien de changé dans son existence; il continua à Nancy les habitudes contractées à Lunéville; les fêtes et les galanteries reprirent de plus belle.

Le duc, épris plus que jamais, ne craignait pas de taquiner la muse en l'honneur de la maîtresse bien-aimée; il lui a adressé de nombreuses pièces de vers qui nous ont été conservées (1). Elles sont, il faut l'avouer, plus médiocres les unes que les autres, et la forme en est aussi pitoyable que le fond; le pauvre prince avait plus de bonne volonté que de talent. Nous ne citerons qu'une seule de ces pénibles élucubrations, celle où il manifeste sans ambages les sentiments éternels qu'il a voués à Mme de Craon.

(1) Ces pièces sont reproduites par M. Meaume dans sa brochure *la Mère du chevalier de Boufflers*, Paris, Techener, 1885.

L'HOROSCOPE

Je n'avais garde, Iris, de ne vous aimer pas ;
Je ne m'étonne plus de mon amour extrême.
    Le ciel, dès ma naissance même,
      Promit mon cœur à vos appas.
Un astrologue expert dans les choses futures
Voulut en ce moment prévoir mes aventures.
Des planètes alors les aspects étaient dous,
    Et les conjonctions heureuses.
    Mon berceau fut le rendez-vous
    Des influences amoureuses.
Vénus et Jupiter y versaient tour à tour
    Tant de quintescence d'amour
Que même un œil mortel eût pu la voir descendre.
De leur trop de vertu qui pouvait me défendre ?
Hélas ! je ne faisais que de venir au jour ;   [tendre !
Qu'ils prenaient bien leur temps pour nous faire un cœur
    Quand de mon amour fatal
L'astrologue d'abord fit le plan général ;
  Il le trouva des moins considérables.
  Je ne devais ni forcer bastions,
Ni décider procès, ni gagner millions,
    Mais aimer des objets aimables ;
    Offrir des vœux quelquefois bien reçus,
Éprouver les amours coquets ou véritables,
Donner mon cœur, le reprendre et rien de plus.
    Alors l'astrologue s'écrie :
    Le joli garçon que voilà !
    La charmante petite vie
    Que le ciel lui destine là !
Mais quand dans le détail il entra davantage,
Il vit qu'encore enfant je scavais de ma foi
  A deux beaux yeux faire un si prompt hommage
    Que mon premier amour et moi
    Nous étions presque du même âge.

> D'autres amours après s'emparaient de mon cœur ;
> La force et la durée en était inégale,
> Et l'on ne distinguait, par aucun intervalle,
>   Un amour et son successeur.
> Ce n'étaient jusque-là que des préliminaires ;
>   Le ciel avait paru d'abord,
>   Par un essai des passions légères,
>   Jouer seulement sur mon sort.
> Mais quel amour, o dieux, quel amour prend la place
>   De ceux qui l'avaient précédé !
> Fuyez et dans mon cœur ne laissez point de trace.
> Celui qui se rendait maître de mon destin
> Du reste de ma vie occupait l'étendue.
> L'astrologue avait beau porter au loin sa vue,
>   Il n'en découvrait point la fin.
>   Quoi ! disait-il, presqu'en versant des larmes,
>   Ce pauvre enfant que je croyais heureux,
> Des volages amours va-t-il perdre les charmes !
>   Quoi, pour toujours va-t-il être amoureus !
>   Non, non, il faut que je m'applique
>   A voir encor l'affaire de plus près.
>   Alors il met sur nouveaux frais
>   Toutes ses règles en pratique ;
>   D'un œil plus attentif il observe le cours
>   Et des fixes et des planètes.
>   Dans tous les coins du ciel promène ses lunettes,
>   Retracé des calculs qui n'étaient pas trop courts.
>   Et puis quand il eut fait cent choses déjà faites,
>   Il vit que j'aimais pour toujours.

Malgré sa passion et ses serments, Léopold manifestait de temps à autre des velléités d'indépendance. Mais la favorite n'entendait pas raillerie sur ce chapitre.

La jeune duchesse de Mantoue étant venue à Lunéville, le prince lui témoigna beaucoup d'égards ; Mme de Craon fut aussitôt d'une humeur exécrable; elle bouda pendant trois jours avec « des airs de hauteur étonnante ». Le duc affolé faisait retomber sur son entourage son inquiétude et son chagrin. « Le bon prince, écrit M. d'Audiffret, est dans un embarras qui lui est ordinaire lorsque la dame est de mauvaise humeur. Il ne fait pas bon auprès de lui dans ces temps d'orage. Le caractère allemand se montre tout au naturel et personne n'en est exempt. » Pour rentrer en grâce auprès de l'altière maîtresse, il dut faire amende honorable, et promettre que Mme de Mantoue ne reviendrait plus à la cour.

Une autre fois, la crise fut plus sérieuse encore. Léopold avait remarqué une demoiselle d'Agencourt ; des relations s'étaient secrètement établies entre eux, si bien qu'au bout de peu de temps il fut urgent d'en cacher les suites. On chercha, comme de juste, à marier la jeune imprudente, et un certain marquis de Spada fut choisi pour masquer la faute. L'heureux époux ne fut pas sans se douter de son malheur, car il trouva un jour sur le lit de sa femme un bouton qu'il reconnut être de la veste du prince.

L'aventure cependant fut ébruitée ; Mme de Craon, indignée, ferma sa porte au duc, et c'est en vain qu'il lui adressa des lettres remplies de supplications et de remords. Léopold désespéré exila Mme de Spada et son mari, et il leur accorda comme dédommagement une terre de 2,000 livres de rente près de Saint-Mihiel. Il finit par obtenir son pardon ; mais, à la suite de cette infidélité, Mme de Craon eut plusieurs accès de fièvre des plus violents. Le prince très alarmé ne quitta pas un seul instant son chevet, et la porte fut fermée pour tout le monde. « C'est pitié, Monseigneur, que tout ce qu'on voit et tout ce qu'on fait en cette cour, écrit M. d'Audiffret. Le duc de Lorraine n'est occupé que de son amour ; Mme de Craon lui fait faire tout ce qu'elle veut et le mène bon train. »

La liaison publique du duc avec Mme de Craon ne laissait pas la duchesse de Lorraine indifférente ; mais elle supportait son malheur avec beaucoup de dignité. Par douceur de caractère et aussi par égard pour son mari, elle feignait d'ignorer sa conduite ; elle en souffrait beaucoup cependant, car elle aimait Léopold tendrement. Quand la mesure était comble et le chagrin trop vif, c'était son confesseur qui était chargé de la calmer et comme elle avait une nature douce et aimante, quelques bonnes paroles de son mari la consolaient et l'apaisaient. On cite d'elle, cependant, ce mot sur la favorite : « Ah ! la coquine ! son cotillon l'a bien servie ! »

Sa mère, la Princesse palatine, était tenue fort exactement au courant de ce qui se passait à la cour de Lunéville : « C'est une malédiction que ces affreuses maîtresses, écrit-elle ; partout elles causent du malheur ; elles sont possédées du démon. Mme de Craon et son mari rongent le prince jusqu'à la chemise ! »

Dès qu'il est question de M. de Craon, elle se laisse entraîner aux plus violentes injures : « C'est le plus grand coquin qu'on puisse trouver, un misérable et faux personnage, un vilain c...! etc. » Telles sont les moindres aménités dont elle use à son égard.

Avec sa rude franchise de langage, la princesse ne cache rien de ses impressions et de sa colère. Elle écrit le 7 septembre 1717 : « Je crois que la guenipe qui est maîtresse du duc de Lorraine lui a donné un philtre, comme a fait la Neidschin à l'électeur de Saxe ; car, lorsqu'il ne la voit pas, il est trempé d'une sueur froide, et, pour que le c... de mari reste tranquille et calme, le duc fait tout ce qu'il veut (1). »

En femme pratique, la Palatine trouve que sa fille pourrait encore prendre son parti quant à l'affection de son mari ; mais ce qui la révolte, ce qui la met hors d'elle, ce sont les dépenses folles du prince pour Mme de Craon et ses enfants, dépenses qui ruinent les enfants légitimes.

Le prince, en effet, ne se contentait pas d'offrir à sa maîtresse des fêtes coûteuses et de riches présents ; il comblait encore ses enfants d'honneurs et de bénéfices, il dotait richement ses filles. En agissant ainsi et

---

(1) Allusion à un procès fait à Madeleine Sibile de Neitzschütz, maîtresse de l'électeur Jean-George IV, procès dans lequel furent révélées une foule de pratiques superstitieuses employées par les femmes de l'époque.

en leur témoignant une affection presque paternelle, il savait probablement ce qu'il faisait; mais la duchesse de Lorraine ressentait douloureusement cette préférence. Malgré sa douceur elle écrit amèrement : « Il n'y a point de rois qui aient fait à leurs favoris une plus belle fortune... L'on songe à établir cette race sans songer à la sienne propre ! »

Il n'est pas douteux que le prince de Craon n'ait été l'objet des plus grandes libéralités du duc de Lorraine ; outre les titres et les honneurs, il recevait sans cesse des bénéfices, des donations de terre, tant et si bien qu'il jouit bientôt de revenus considérables.

Naturellement, ces faveurs excitaient la jalousie des autres courtisans et l'on attribuait aux motifs les moins nobles les générosités du prince. Leur cause était cependant des plus simples. M. de Craon remplissait en réalité auprès de Léopold les fonctions de premier ministre, et il s'en acquittait à son entière satisfaction. Quoi d'étonnant à ce que Léopold récompensât par des titres et des donations les éminents services de son ministre? Il n'est pas besoin de chercher une autre explication, celle-là suffit et amplement (1).

S'il est vrai, comme on le répète volontiers, que les ménages particulièrement bien vus de la Providence

(1) En 1712, M. de Craon reçut le titre de marquis; en 1721, Léopold lui facilita l'achat d'une grande terre en Allemagne, et il obtint pour lui ainsi que pour l'aîné de ses descendants, sous le nom de prince de Beauvau, la dignité du Saint-Empire; il lui fit obtenir la Grandesse, la Toison d'Or, etc.

ont beaucoup d'enfants, il était impossible d'être plus favorisé sous ce rapport que M. et Mme de Craon.

De 1704 à 1730, la princesse eut vingt enfants, sans que ces maternités répétées nuisissent en rien à la passion qu'elle avait inspirée à Léopold (1).

En 1718, le duc et la duchesse de Lorraine firent un voyage à Paris; ils logèrent chez le duc d'Orléans au Palais-Royal. Le prince s'était naturellement fait accompagner de l'inséparable ménage, et la duchesse d'Orléans put voir enfin cette femme qui lui causait tant de soucis. Elle fut obligée de rendre hommage à sa beauté et à sa bonne tenue : « Elle a fort bonne mine, dit-elle, et un air modeste qui plaît... Elle rit d'une façon charmante et elle se conduit vis-à-vis de ma fille avec beaucoup de politesse et d'égards. Si sa conduite était sous les autres rapports aussi exempte de blâme, il n'y aurait rien à dire contre elle. »

En même temps, elle est obligée d'avouer que sa fille a beaucoup enlaidi : « Elle a un vilain nez camus, dit-elle; ses yeux se sont cernés, sa peau est devenue affreuse. » Devant ce portrait, on ne s'explique que trop bien les préférences de Léopold.

La duchesse d'Orléans, qui ne cesse de surveiller les

---

(1) Le ménage du duc de Lorraine était l'objet à un degré presque égal des bénédictions du ciel, car pendant que Mme de Craon avait vingt enfants, la duchesse de Lorraine de son côté en avait seize, si bien que la pauvre femme se plaignait d'être « toujours ou malade ou enceinte ».

deux amants, reste stupéfaite de la passion du prince, de sa violence, qui lui fait perdre tout sentiment, qui l'absorbe au point de lui faire tout oublier. Il veut cacher son amour, et, plus il veut qu'il soit ignoré, plus on le remarque. Quand Mme de Craon n'est pas là, le duc est inquiet, regarde toujours du côté de la porte ; quand elle entre dans la chambre, sa figure change, il rit, il est tranquille. Puis au bout d'un instant, lorsqu'on croit qu'il va regarder devant lui, sa tête se tourne sur ses épaules, et ses yeux restent fixés sur Mme de Craon. « C'est un drôle de spectacle », dit-elle ; mais elle avoue qu'on ne peut être plus épris d'une femme que le prince ne l'est de « la Craon » et qu'il a pour elle la plus grande passion qui soit possible.

La favorite, du reste, était loin de manifester pour le prince la même admiration et la même déférence : « Elle traite le duc de haut en bas, écrit Mme d'Orléans, comme si c'était elle qui fût duchesse de Lorraine et lui M. de Ligniville. »

Les Pères jésuites qui résidaient à la cour de Lorraine et qui étaient les confesseurs du souverain s'efforçaient de faire croire à l'innocence des rapports du prince et de Mme de Craon. A les entendre, il n'existait entre eux qu'une pure amitié et il fallait avoir l'esprit bien mal fait pour soupçonner un autre sentiment. Le Père de Lignères, confesseur de la duchesse d'Orléans, fut chargé par ses confrères de Nancy de persuader à sa pénitente cette bienveillante interprétation.

Mais la duchesse le reçut de main de maître. Il faut l'entendre raconter elle-même l'incident :

« Mon confesseur s'est donné toutes les peines du monde pour me faire croire qu'il ne se passe pas le moindre mal entre le duc de Lorraine et Mme de Craon. Je lui ai répondu : « Mon Père, tenez ces dis-
« cours dans votre couvent, à vos moines qui ne
« voient le monde que par le trou d'une bouteille ; mais
« ne dites jamais ces choses-là aux gens de la cour.
« Nous savons trop que quand un jeune prince très
« amoureux est dans une cour où il est le maître,
« quand il est avec une femme jeune et belle vingt-
« quatre heures, qu'il n'y est pas pour enfiler des
« perles, surtout quand le mari se lève et s'en va
« sitôt que le prince arrive... Ainsi, si vous croyez
« sauver vos Pères jésuites qui sont les confesseurs,
« vous vous trompez beaucoup, car tout le monde
« voit qu'ils tolèrent le double adultère... »

Le Père de Lignères, abasourdi par cette sortie, baissa la tête et se le tint pour dit.

Quant à la duchesse, elle ajoute :

« Tous les jésuites veulent que l'on tienne leur ordre *pour parfait et sans tache ;* voilà pourquoi ils cherchent à excuser tout ce qui se passe aux cours où l'un des leurs est confesseur. Aussi j'ai dit au mien, sans ménagement : « Ce qui se passe à Lunéville est inexcu-
« sable... C'est là un adultère public, et plus souvent
« ils feront approcher de la sainte table le duc et sa

« maîtresse, plus grand sera le scandale. » (26 mars 1719.)

Léopold avait de nombreux sujets de dépenses : d'abord il était joueur enragé, et cette malheureuse passion lui coûtait beaucoup d'argent; il lui arriva en deux fois de perdre plus de deux millions. Il est vrai que, quand il était par trop malheureux au jeu, il avait trouvé un moyen fort ingénieux de se libérer : il ne payait pas. C'est en vain que ses adversaires lui faisaient observer respectueusement qu'eux avaient payé lorsqu'ils avaient perdu; Léopold faisait la sourde oreille et continuait à jouer sur parole jusqu'à ce que la chance eût tourné en sa faveur. Ce jeu effréné dura toute sa vie.

Le prince avait encore une autre passion très coûteuse, la politique. Il avait de grandes ambitions et prétendait un jour ou l'autre jouer un rôle en Europe. Pour y parvenir, il entretenait un peu partout des émissaires, négociait sous le manteau de la cheminée, achetait des consciences, intriguaillait à Vienne, en Hollande, un peu partout. Tout ce commerce lui coûtait fort cher, sans qu'il soit arrivé jamais à un bien brillant résultat.

Mais s'il n'obtint rien pour lui, il fut plus heureux pour son fils François. Son rêve était de le marier à la fille aînée de l'Empereur, l'archiduchesse Marie-Thérèse. Dans ce but, en 1723, il envoya le jeune prince, alors âgé de quatorze ans, faire un séjour à la cour de Vienne; il le fit accompagner par M. de Craon pour le surveiller et surtout pour le diriger de façon à lui faciliter le mariage si ardemment souhaité.

François reçut à Vienne un accueil enthousiaste ; grâce aux habiles manœuvres de M. de Craon, il y fut bientôt considéré comme l'héritier de l'Empire, Charles VI n'ayant pas d'enfant mâle, et il s'y établit définitivement.

Le jeu et la politique absorbaient donc des sommes considérables. Le duc avait beau créer des impôts et pressurer son peuple pour subvenir à ses prodigalités, il devenait chaque jour plus besogneux ; il en était arrivé à être criblé de dettes et à emprunter à tout le monde. Les pensions n'étaient plus payées ; on devait trois quartiers aux officiers du prince, deux années aux domestiques. C'était lamentable ; c'était la ruine prochaine et inévitable.

Léopold ne paraissait pas s'en soucier et il continuait gaiement sa vie, lorsqu'une catastrophe imprévue vint en interrompre brusquement le cours.

En mars 1729, le prince se rendit au Mesnil avec M. de Craon pour visiter un château que ce dernier faisait construire. En voulant franchir un ruisseau, Léopold, qui était assez gros, glissa, et il tomba à l'eau ; non seulement il prit froid, mais il se blessa très sérieusement au ventre. Le lendemain, il était atteint d'une fluxion de poitrine et, de plus, sa blessure s'envenimait. Au bout de peu de jours, le délire le prit et on ne put garder d'illusions sur la gravité de la situation. Le malade était poursuivi par l'idée fixe de se rendre chez Mme de Craon, et il demandait sans cesse ses porteurs pour l'y conduire.

A son lit de mort, il eut encore une pensée touchante pour celle qui avait tant contribué à l'agrément de sa vie ; il employa le peu de forces qui lui restaient à écrire à la duchesse de Lorraine pour lui recommander M. et Mme de Craon.

Le malheureux prince succomba le 27 mars 1729, à cinq heures et demie du soir, après cinq jours de maladie : « Je suis extrêmement touché de la mort du prince, écrit pompeusement d'Audiffret, et j'ose assurer que c'est une perte irréparable pour ses sujets. L'on a eu la consolation qu'il est mort en héros chrétien. »

Mme de Craon éprouva le plus violent désespoir de la mort de l'homme qu'elle aimait si passionnément ; elle voulut dominer sa douleur et la dissimuler, mais elle n'y put parvenir et tomba à son tour dangereusement malade.

Par son testament, Léopold avait composé avec MM. de Craon, de Lixin et le président Lefèvre, un conseil de régence dont la duchesse était exclue. Le testament fut cassé, la duchesse douairière nommée régente et libre de désigner à sa guise les membres du conseil.

Tout le monde s'attendait pour les Craon à une véritable persécution ; on était convaincu que la duchesse allait enfin se venger de ses longues années de souffrance et de patience. Il n'en fut rien. Soit générosité naturelle, soit qu'elle eût égard à la lettre de son mari mourant, la duchesse ne prit aucune mesure contre les favoris du duc; elle se contenta de suspendre M. de Craon de ses fonctions de grand écuyer.

Léopold avait laissé le trésor dans un état déplorable; non seulement les caisses étaient vides, mais les dettes s'élevaient à plus de 14 millions. « Les revenus sont dissipés deux ans d'avance, écrit d'Audiffret; c'est le chaos. »

Le conseil de régence dut prendre des mesures pour atténuer les dilapidations du duc. Il ordonna que toutes les portions aliénées du domaine feraient retour à l'État; que les terres achetées par l'État et données à des particuliers seraient restituées en nature ou en argent, etc. Ces mesures étaient surtout dirigées contre le prince de Craon.

Ce dernier non seulement les accepta avec bonne grâce; mais il avait été au-devant en déclarant que tenant tous ses biens du prince seul, il ne les garderait que s'il plaisait à son souverain. Il se soumit si complaisamment à toutes les restitutions qu'on exigeait de lui que ses ennemis eux-mêmes en furent surpris et désarmés. Cette attitude si noble, et qui était la meilleure des réponses à ceux qui l'accusaient de bas calculs, lui valut l'estime et l'affection de tous, et il conserva en Lorraine et à la nouvelle cour une situation considérable.

En apprenant la mort de son père, le duc François avait quitté Vienne aussitôt, et il était accouru à Nancy où il fut proclamé sous le nom de François III.

La vue du nouveau souverain causa une déception générale : « On l'avait connu à quatorze ans remarquablement étourdi et turbulent, écrit le comte de Ludres, et on se trouvait en présence d'un pédagogue allemand. Ce jeune homme de vingt ans s'était affublé d'une longue perruque à l'allemande, d'un grand justaucorps serré à la taille, et il n'y avait en France que les vieillards qui portaient encore ce costume datant du grand roi (1). »

François déplut à ses sujets. Son germanisme et son air dédaigneux, si différent de l'affabilité de son père, éloignèrent de lui non seulement le peuple, mais aussi la noblesse. Il vécut à l'écart avec quelques amis amenés de Vienne, et sans cette confiance et cette touchante familiarité qui avaient toujours existé entre les Lorrains et leurs princes.

Le séjour du jeune duc en Lorraine ne modifiait en rien, du reste, les projets de l'Empereur à son égard, et la main de Marie-Thérèse lui était toujours destinée.

---

(1) *Histoire d'une famille de la chevalerie lorraine,* par le comte de Ludres, Paris, Champion, 1894. Nous avons fait à cet ouvrage si remarquable de fréquents emprunts.

CHAPITRE II

(1729-1737)

Les enfants de M. et de Mme de Craon. — Leur établissement. — Les chapitres nobles de Lorraine. — Catherine de Beauvau-Craon. — Son enfance. — Sa vie au couvent. — Son mariage avec le marquis de Boufflers. — Stanislas Leczinski, roi de Pologne. — Il est nommé duc de Lorraine. — Sa cour à Meudon. — La duchesse régente de Lorraine quitte Lunéville. — Désespoir de ses sujets.

Si nous nous sommes étendu un peu longuement sur le règne du duc Léopold et sur ses relations avec Mme de Craon, c'est que nous avons voulu montrer dans quelle famille fut élevée notre principale héroïne, quels exemples elle eut sous les yeux, et quelle était la société qui gravitait autour d'elle. Pour juger sainement Mme de Boufflers, il était de toute justice de montrer sa famille, le milieu dans lequel elle avait vécu pendant les longues années de son enfance, pendant les années où les impressions sont si vives et laissent dans l'âme des traces si profondes. Si nous la voyons plus tard manifester une grande indépendance morale et une rare liberté d'allure, nous l'excuserons plus facilement en nous disant qu'il y avait chez elle une question d'atavisme et que, du reste, elle ne vivait pas autrement que beaucoup de femmes de son époque.

Tous les enfants de M. de Craon se distinguèrent par un caractère heureux et un esprit original. On aurait pu dire au dix-huitième siècle *l'esprit des Beauvau*, comme on disait au siècle précédent *l'esprit des Mortemart* (1).

(1) Voici la liste des enfants de M. et de Mme de Craon :

1° Elisabeth-Charlotte, née à Lunéville le 29 septembre 1705, mariée le 29 juillet 1723 à Ferdinand-François de la Baume-Montrevel ;

2° Anne-Marguerite, née à Lunéville le 28 avril 1707, mariée le 17 août 1723 à Jacques-Henri de Lorraine, prince de Lixin ;

3° Gabrielle-Françoise, née à Lunéville le 31 juillet 1708, mariée le 17 août 1725 à Alexandre d'Alsace, de Baussa, prince de Chimay ;

4° Marie-Philippe-Thècle, née à Lunéville le 23 septembre 1709, chanoinesse de Remiremont ;

5° Nicolas-Simon-Jude, né à Lunéville le 18 octobre 1710, mort à Rome en mai 1734 ;

6° Marie-Françoise-Catherine, née à Lunéville le 8 décembre 1711, mariée le 19 avril 1735 à François-Louis de Boufflers ;

7° François-Vincent-Marc, né à Lunéville le 23 janvier 1713, primat de Lorraine, mort à Paris le 29 juin 1742 ;

8° Léopold-Clément, né à Lunéville le 27 avril 1714, mort à Paris le 27 février 1723 ;

9° Louise-Eugénie, née à Craon le 29 juillet 1715, abbesse d'Epinal le 7 août 1728, morte à Nancy en 1736 ;

10° Henriette-Augustine, née le 28 août 1716, chanoinesse de Poussay, a fait profession chez les dames de Sainte-Marie à Paris en 1736 ;

11° Charlotte, née le 28 novembre 1717, abbesse de Poussay en 1730, mariée à Clément de Bassompierre, maistre de camp de cavalerie ;

12° Anne-Marguerite, née à Lunéville le 10 février 1719, reli-

Le fils aîné de M. de Craon, Nicolas-Simon-Jude, né en 1710, avait été nommé en 1718 à la survivance de la charge de grand écuyer de Lorraine. Mais, lorsqu'il eut atteint l'âge de 21 ans, il abandonna ses dignités et sa fortune pour se consacrer à Dieu. Il venait de recevoir les ordres sacrés lorsqu'il mourut malheureusement à Rome, de la petite vérole, en 1734.

Le second fils, François-Vincent-Marc, né en 1713, avait été, dès son enfance, destiné à l'Église; il fut nommé en 1718, c'est-à-dire à l'âge de cinq ans, primat de Lorraine. C'était un bénéfice de 40,000 livres de rente; il n'y avait nulle fonction attachée à cette dignité si ce n'est d'officier à certaines grandes fêtes de l'année.

Le droit d'aînesse se trouva ainsi passer au troisième

gieuse professe chez les dames de Sainte-Marie, rue du Bac, en 1738;

13° Charles-Just, né à Lunéville le 10 novembre 1720;

14° Elisabeth, née à Lunéville le 19 janvier 1722, chanoinesse de Poussay, professe aux Dames de Sainte-Marie, à Paris, en 1740;

15° Ferdinand-Jérôme, né à Lunéville le 15 septembre 1723, chevalier de Malte;

16° Gabrielle-Charlotte, née à Lunéville le 28 octobre 1724, chanoinesse de Remiremont, et depuis religieuse professe à l'abbaye royale de Saint-Antoine au mois d'août 1734;

17° Alexandre de Beauvau, né à Lunéville le 16 décembre 1725, colonel du régiment de Hainaut en 1744;

18° Béatrice, née à Lunéville le 17 juillet 1727, morte le 19 mars 1730;

19° Hilarion, né à Lunéville le 22 septembre 1728, mort quatre jours après;

20° Antoine, né à Lunéville le 28 janvier 1730, mort à Haroué en bas âge.

fils, Charles-Just, né le 10 novembre 1720. Ce jeune homme reçut une éducation des plus soignées et, à treize ans, il fut nommé lieutenant dans le régiment de la Reine que commandait son oncle, le marquis de Beauvau ; puis il voyagea pendant plusieurs années.

Deux autres fils, plus jeunes, entrèrent également dans l'armée.

Quant aux filles, elles furent toutes placées dans les chapitres nobles de Lorraine pour y rester jusqu'au moment de leur mariage ou s'y faire religieuses. L'une fut abbesse d'Épinal, l'autre de Poussay.

Celles qui quittèrent le couvent pour se marier furent toutes brillamment établies et richement dotées par Léopold.

Le 17 août 1723, Anne-Marguerite-Gabrielle de Beauvau s'allia à la maison de Lorraine en épousant un prince de la branche de Marsan, Jacques-Henri de Lorraine, prince de Lixin. L'union était superbe assurément, mais le prince n'était pas renommé par la douceur de son caractère. Causant un jour, sur un sujet frivole, avec M. de Ligniville, le propre frère de sa belle-mère, il se querella avec lui et prit les choses de si haut qu'une rencontre s'ensuivit ; il tua M. de Ligniville. Cette humeur batailleuse devait être fatale au prince, comme nous le verrons plus tard.

Plusieurs sœurs de la princesse de Lixin furent également fort bien mariées. Élisabeth-Charlotte épousa le marquis de la Baume-Montrevel ; Gabrielle-Françoise, le prince de Chimay ; Charlotte, abbesse de Poussay, le marquis de Bassompierre.

Voyons, avec plus de détails, quel fut le sort de Marie-Françoise-Catherine de Beauvau qui va jouer, dans notre récit, un rôle prépondérant.

Catherine de Beauvau n'était pas ce que l'on peut appeler, à proprement parler, une beauté ; mais elle possédait, ce qui vaut mieux, un charme à nul autre pareil. Comme sa mère, elle avait un teint d'une blancheur éblouissante, des cheveux superbes, une taille d'une rare perfection. La noblesse de son maintien, la légèreté de sa démarche ajoutaient encore à ses attraits physiques.

Mais ce qui était incomparable et lui attirait tous les hommages, c'étaient l'expression, la vivacité, la mobilité de sa physionomie. Ajoutez à cela beaucoup de gaieté naturelle, de bonne grâce et de finesse ; bref, elle possédait au suprême degré tous les dons qui, dans la femme du monde, peuvent séduire et charmer.

Les années de son enfance n'avaient pas été particulièrement heureuses. D'un naturel un peu sauvage et même assez capricieux, elle ne sut se plier avec une docilité suffisante à l'éducation commune et on lui en voulut. Au milieu de frères et sœurs très nombreux et très aimés, elle joua un peu le rôle sacrifié d'une Cendrillon ; c'est aux autres que s'adressaient, presque toujours, les caresses de sa famille. La jeune Catherine aurait pu en concevoir quelque dépit et son caractère s'aigrir en raison même de ces préférences injustes; heureusement pour elle il n'en fut rien; l'indépendance de son humeur, sa dissipation, sa gaieté, la préservèrent des regrets, des jalousies et des chagrins qu'une âme plus sensible aurait pu éprouver.

Du reste, son séjour dans la maison paternelle ne se prolongea pas outre mesure. « L'usage de ce temps aimable et frivole, écrit de façon charmante Mme de Noailles, était de confier l'éducation des filles au couvent depuis l'enfance jusqu'au mariage. Personne n'avait, ou ne croyait avoir le temps d'élever ses enfants : d'ailleurs sur plusieurs filles, il y en avait toujours quelqu'une destinée à entrer en religion et que par conséquent il fallait éloigner du monde avant qu'elle pût le regretter (1). »

Donc, conformément aux usages, dès que Catherine de Beauvau fut sortie de l'enfance, on l'envoya au couvent très mondain des chanoinesses de Remiremont (2)

---

(1) *Vie de la princesse de Poix*, par la vicomtesse DE NOAILLES. Paris, 1855.

(2) Avant 1789, ce célèbre couvent s'appelait l'*Eglise Insigne collégiale et séculaire de Remiremont* ou *Chapitre Illustre des Dames Chanoinesses de Remiremont*. Le couvent avait été élevé sur une montagne située sur la rive droite de la Moselle, par saint Romaric, seigneur lorrain austrasien. Les religieuses suivaient la règle de saint Benoît. En l'an 900 elles transportèrent les reliques de saint Romaric sur l'emplacement occupé aujourd'hui par la ville de Remiremont et construisirent un monastère et une église. Tout fut détruit par un incendie en 1057. Les religieuses élevèrent un nouveau couvent sur les ruines de l'ancien; mais elles abandonnèrent la règle de saint Benoit et se sécularisèrent.

et elle y attendit patiemment qu'un époux vînt l'en faire sortir.

Il y avait en Lorraine quatre chapitres nobles de femmes : Remiremont, Poussay, Épinal et Bouxières. Les deux plus célèbres étaient Remiremont et Poussay (1); c'est là qu'étaient élevées les jeunes filles de la plus haute noblesse, jusqu'au moment de leur mariage; si l'époux espéré ne se présentait pas, elles prenaient généralement le voile.

Les chanoinesses de Remiremont jouissaient des plus rares privilèges. Non seulement elles étaient dispensées de la clôture, mais chacune d'elles avait sa maison à part et vivait comme elle l'entendait. Elles n'étaient astreintes à aucun vœu et pouvaient, quand il leur plaisait, quitter l'abbaye pour se marier; enfin, elles étaient exemptes de la juridiction de l'Ordinaire et ne relevaient que du Saint-Siège.

L'abbesse était revêtue des insignes de la dignité épiscopale; quand elle allait à l'offrande ou à la procession, son sénéchal portait la crosse devant elle et sa dame d'honneur lui portait la queue (2). Elle avait, dans

(1) L'abbaye de Poussay était située à une demi-lieue au-dessous de Mirecourt, sur la chaussée de Nancy. Le chapitre, où les preuves étaient les mêmes que dans les autres chapitres nobles de Lorraine, était composé d'une abbesse, d'une doyenne et de quinze dames chanoinesses. Après avoir suivi pendant longtemps la règle de saint Benoit, les religieuses se sécularisèrent. L'habit de chœur des dames était un manteau d'étamine bordé d'hermine.

(2) Le nombre des chanoinesses pouvait aller jusqu'à soixante-dix-neuf. Après l'abbesse il y avait deux dignités : la doyenne et la

la ville de Remiremont et les environs, le droit de haute, moyenne et basse justice, et l'on ne pouvait appeler de ses jugements qu'au Parlement de Paris.

L'habit d'église des dames chanoinesses était un long manteau à queue traînante, de laine noire, avec collet d'hermine, et bordé des deux côtés par devant d'hermine. La coiffure se composait d'une mante qui tombait par derrière jusqu'à terre (1). Cet uniforme n'empêchait nullement les chanoinesses d'être coiffées comme à la cour; de porter des diamants, des colliers, des rubans, etc.

Les dames de Remiremont étaient choisies parmi les plus illustres familles d'Allemagne et de Lorraine (2). Les abbesses étaient toujours des princesses de l'un ou de l'autre pays.

Il ne faudrait pas s'imaginer que l'abbaye était l'asile inviolable de la paix et du bonheur. Les dames

---

secrète. Une tourière, une aumônière, quatre chanoinesses-chantres étaient les autres dignitaires. Chacune des dames avait le droit de choisir une coadjutrice, qu'on appelait nièce et qui lui succédait de plein droit en cas de mariage ou de mort.

(1) En 1744, Louis XV accorda aux chanoinesses le droit de porter de la droite à la gauche un large cordon bleu liseré de rouge auquel devait être attachée en forme de croix de chevalerie une médaille représentant saint Romaric.

(2) Pour être admise à Remiremont, il fallait prouver contradictoirement devant le chapitre assemblé soixante-quatre quartiers de noblesse, c'est-à-dire faire preuve de neuf générations chevaleresques dans les deux lignes paternelle et maternelle. Louis XIV et Louis XV n'auraient pu faire admettre leurs filles dans le célèbre chapitre parce qu'elles avaient du sang de Médicis dans les veines.

de Remiremont étaient sans cesse en querelles, tantôt entre elles, tantôt avec leurs seigneurs suzerains, les ducs de Lorraine, contre lesquels elles se sont souvent révoltées. Pour venir à bout de leur résistance, on fut plusieurs fois obligé de mettre des soldats en garnison dans l'abbaye et même, pour les effrayer, de faire venir à Remiremont l'exécuteur des hautes œuvres !

Mais ce n'était pas seulement avec leurs seigneurs que les chanoinesses se querellaient si violemment ; la concorde était loin de régner dans l'illustre chapitre. Les chanoinesses allemandes, françaises, lorraines formaient trois partis distincts et se faisaient une guerre acharnée : la cour souveraine de Nancy dut plusieurs fois intervenir.

Depuis la mort de la grande abbesse Dorothée, rhingravine de Salm (1660-1702), l'abbaye offrait un triste spectacle. On avait élu comme abbesse une enfant de cinq ans, la fille du duc Gabriel de Lorraine. Les chanoinesses profitèrent de sa minorité pour ne faire que ce qui leur plaisait et violer ouvertement tous les règlements.

Une entière liberté de mœurs régna bientôt dans le couvent et ses paisibles ombrages ont abrité plus d'un drame.

Catherine de Beauvau n'eut pas lieu de prendre part aux rivalités et aux querelles qui divisaient si souvent les chanoinesses plus âgées ; elle se borna à se laisser vivre au milieu de ses compagnes les plus jeunes, de celles qui comme elle étaient insouciantes et gaies. Son heureux caractère lui attira beaucoup d'amies et elle conserva toujours un agréable souvenir de ces jours de sa jeunesse, où tout son temps se passait à chanter, à jouer et à danser.

Elle resta au couvent jusqu'à l'âge de vingt-trois ans ; à ce moment, elle fut demandée en mariage par Louis-François de Boufflers, marquis de Remiencourt, « capitaine pour le service de France au régiment d'Harcourt-dragons », moins âgé qu'elle de trois ans (1).

C'était une alliance flatteuse, M. de Boufflers étant le petit-fils de l'illustre maréchal de ce nom. Aussi la famille de Craon, sans même consulter la jeune fille, s'empressa-t-elle de donner son consentement à une union qui lui paraissait fort séduisante, bien que la fortune du fiancé fût des plus modestes.

Catherine, en fille bien dressée, s'empressa de s'in-

---

(1) Il était fils de Charles-François, marquis de Boufflers, lieutenant-général, chevalier de Saint-Louis, seigneur de Remiencourt, Dommartin, Gaullancourt, la Valle, la Bucaille et autres lieux, et de Louise-Antoinette-Charlotte de Boufflers.

Les Boufflers étaient originaires de la Picardie. Un partage de terre fait entre trois frères le 6 juillet 1585 avait divisé la famille en trois branches : l'aînée, qui reçut de Louis XIV en 1695 le titre ducal ; la branche des Rouverel, et enfin celle des Remiencourt ; cette dernière se fixa en Lorraine.

La descendance directe du maréchal de Boufflers s'éteignit bientôt ; mais la branche des Remiencourt, celle de Nancy, s'étant alliée à la dernière descendante du maréchal, les Remiencourt, par les femmes, se trouvèrent, à un moment, descendre du maréchal.

cliner devant le choix de ses parents et dès le 8 avril « par devant le conseiller de S. A. R., tabellion général au duché de Lorraine, maître François Mauljean », et « sous l'autorité et agrément » de la Régente, du prince et des princesses, les deux familles établissent « les points, articles et conditions du futur mariage espéré à faire si Dieu et notre saincte mère l'Église s'y accordent ».

Le « futur époux », dont les parents n'avaient pu quitter Paris, était assisté de Mme Élisabeth de Grammont, sa cousine; de Joseph du Puget, major du régiment d'Harcourt; du chevalier de la Beraye, capitaine au même régiment, « ses bons amis ».

La future épouse avait auprès d'elle ses parents; son frère Just de Beauvau; ses sœurs, la princesse de Lixin et la marquise de Bassompierre; ses tantes, la maréchale de Bassompierre et la comtesse de Rouargue; sa grand'mère de Ligniville, etc.

Les principales stipulations du contrat étaient les suivantes :

« 1° Les futurs conjoints ont promis et promettent de s'épouser en face de l'Église le plus tôt que faire se pourra ;

« 2° Ils seront unis et communs en tous biens, meubles, acquets et conquests ;

« 3° En faveur et contemplation dudit mariage, les père et mère de la future épouse donnent à leur fille la somme de 40,000 livres en argent « au cours et valeur

« de France », qui serviront en partie à rembourser 33,000 livres de dettes foncières sur les terres données au futur époux... promettent en outre lesdits père et mère de la future épouse de l'habiller suivant son état et qualité ;

« 4° Réciproquement, les père et mère du futur époux s'obligent à lui céder et abandonner dès à présent la propriété et jouissance des terres et seigneuries de Remiencourt, Dommartin et Gaullancourt ; mais ils se réservent leur habitation pour toute la vie de chacun d'eux dans le château de Remiencourt, dans tels appartements qu'il leur plaira choisir. S'ils veulent demeurer ailleurs, il leur sera payé annuellement par les futurs époux la somme de 300 livres. »

Enfin, il était stipulé qu'en cas de prédécès du mari la future épouse reprendrait par préciput ses habits, linge, bagues et joyaux, deux chambres garnies et son carrosse attelé de six chevaux.

Si, au contraire, le mari survivait, il reprenait ses armes, chevaux, habits, linge, avec un carrosse attelé de six chevaux, ainsi que les chaises et autres équipages à son usage.

Toutes les questions d'intérêt réglées à la satisfaction des parties, lecture fut faite du contrat et tous les assistants y apposèrent leur signature.

La cérémonie officielle fut célébrée avec de grandes réjouissances le 19 avril 1735.

Les jeunes époux s'installèrent dans leur terre de

Lorraine et ils y vécurent paisiblement pendant les premières années de leur mariage, ne faisant à Nancy et à Lunéville que d'assez courtes visites.

Un événement politique fort inattendu allait décider de l'avenir de Mme de Boufflers.

Elle vivait calme et heureuse avec son mari, lorsqu'elle apprit que par la plus étrange aventure la Lorraine venait de changer de maître et qu'elle devenait la sujette du roi Stanislas (1), le père de la reine Marie Leczinska.

Voici ce qui s'était passé :

En 1733, Auguste de Pologne étant mort, Stanislas revendiqua son héritage. La guerre de la succession de Pologne dura deux ans. Après différentes péripéties on signa enfin à Vienne, le 3 octobre 1735, les préliminaires de paix qui proclamaient la renonciation de Stanislas à la couronne de Pologne et lui attribuaient

---

(1) Stanislas Leczinski (1682-1766), simple palatin de Posnanie, avait été élu roi de Pologne en 1704, grâce à l'amitié de Charles XII; il fut renversé, en 1714, par Auguste, électeur de Saxe. En attendant qu'il pût l'aider à reconquérir son royaume, Charles XII donna à Stanislas le gouvernement de la principauté de Deux-Ponts qui appartenait à la Suède. Mais le roi de Suède mourut en 1718 et Stanislas fut expulsé des Deux-Ponts. Il dut se réfugier à Landau, puis à Wissembourg, où la France lui offrit un asile. Il y vivait avec sa femme et sa fille Marie dans un état voisin de la misère lorsqu'en 1725, à la suite de l'intrigue la plus invraisemblable, Louis XV demanda la main de la jeune Marie Leczinska.

Après le mariage de sa fille, Stanislas habita le château de Chambord.

CHAPITRE II

en échange la possession des duchés de Lorraine et de Bar (1).

En mai 1736, Stanislas rentra en France et vint attendre au château de Meudon, mis à sa disposition par son gendre, qu'il pût entrer en possession de ses nouveaux États.

Recherché et courtisé par tout ce qu'il y avait de plus élevé à Versailles, Stanislas passa à Meudon une année délicieuse, bien faite pour le dédommager de ses tribulations précédentes.

Il faut avouer cependant que, durant son séjour, Stanislas, au lieu de se renseigner sur ses devoirs et de se mettre à même de gouverner la Lorraine, ne s'occupait guère que de misérables questions d'étiquette. Quel nom porterait-il? Serait-il seulement duc de Lorraine ? C'était bien peu; il sollicita le titre de roi de Pologne

---

(1) En 1733 l'on apprit que le roi Auguste de Pologne était mort et que les Polonais, mécontents de la maison de Saxe, offraient de nouveau la couronne au roi Stanislas. Ce dernier partit pour la Pologne où il fut élu à l'unanimité. Des mécontents proclamèrent le fils d'Auguste, électeur de Saxe. Poursuivi par les Russes et abandonné par les nobles de son parti, Stanislas se réfugia à Dantzig, puis à Kœnigsberg.

Pendant ce temps Charles VI avait voulu à tout prix faire reconnaître par les puissances étrangères sa *pragmatique sanction* de 1713 et assurer à l'aînée de ses filles l'entière succession de tous ses États. La France s'y était refusée et était entrée en guerre avec l'Empire.

En 1735, la France proposa à Charles VI de reconnaître sa *pragmatique sanction*, à condition que les duchés de Lorraine et de Bar seraient cédés à Stanislas, qui renoncerait à la couronne de Pologne. A la mort de Stanislas les duchés devaient revenir à la France.

et d'Austrasie. Il demanda que son duché fût érigé en royaume. Il fit prévenir par l'évêque de Toul tous les curés qu'ils eussent à chanter désormais le *Domine salvum fac regem*. Ces graves questions l'absorbaient presque exclusivement (1).

La petit cour de Meudon attirait naturellement tous les Lorrains qui résidaient à Paris; Stanislas, désireux de se faire accepter, se montrait charmant pour ses futurs sujets et les comblait de politesses. C'est ainsi que Mme du Châtelet, qui devait jouer un grand rôle dans la vie du roi, fut invitée à venir faire sa cour. Le roi l'apprécia à sa juste valeur et il conserva de la jeune femme et des agréments de son esprit un souvenir très vif.

Stanislas était un prince éclairé, instruit; de plus il était doué de la souplesse inhérente à la race polonaise. Il s'efforça de dépouiller la rude écorce de l'homme du Nord et d'adopter les mœurs raffinées et polies de la cour de Versailles. On raconte qu'à un souper, ayant entendu chanter Mlle Lemaure, il lui fit présent d'un gros diamant qu'il avait au doigt. Cette galanterie fit merveille parmi les courtisans et valut aussitôt à Stanislas la réputation d'un prince fort civilisé. Il sut également profiter des loisirs que lui imposait la politique pour s'adonner à l'étude de la littérature française, et il se lia pendant son séjour à Meudon avec les auteurs célèbres qui vivaient à Paris.

(1) Pierre Boyé, *Stanislas et le troisième traité de Vienne*.

Le traité qui attribuait les duchés de Bar et de Lorraine au roi Stanislas et les réunissait définitivement à la France fut signé le 15 février 1737 (1).

Déjà le duc François n'habitait plus la Lorraine ; l'année précédente, il avait confié la régence à sa mère et il était parti pour Vienne où il avait épousé l'archiduchesse Marie-Thérèse.

Qu'allait devenir la duchesse de Lorraine ? Elle pouvait fixer sa résidence soit à Vienne, soit à Bruxelles où ses fils l'appelaient. Elle ne le voulut pas. Elle déclara qu'elle était « trop vieille pour apprendre l'allemand », et que là où elle avait vécu et souffert, là aussi elle voulait mourir.

Elle aurait désiré rester à Lunéville ; mais c'était la seule résidence qui fût alors en état de loger le roi de Pologne. Par égard pour sa situation, Louis XV lui offrit de lui céder sa vie durant le château de Commercy qu'avait autrefois habité le cardinal de Retz ; elle accepta.

Avant de quitter pour jamais Lunéville, la duchesse reçut la visite du prince de Carignan, ambassadeur du roi de Sardaigne, Charles-Emmanuel III ; il était chargé de demander au nom de son maître la main d'Élisabeth-Thérèse, l'aînée des princesses lorraines. La cérémonie des fiançailles eut lieu le 5 mars 1737.

Le lendemain, de grand matin, la régente et ses

(1) François III ne s'était décidé à signer l'acte de cession qu'après avoir reçu de Charles VI l'investiture de la Toscane.

deux filles quittaient le palais de leurs ancêtres, le visage baigné de larmes et contenant avec peine la douleur qui leur étreignait le cœur. Ces regrets étaient partagés par la population entière. Au dehors, en effet, une foule immense était rassemblée ; la désolation était générale : on ne voyait que visages en pleurs, on n'entendait que des sanglots. Il y avait sept siècles que la même maison régnait sur les Lorrains ; elle en était adorée.

Quand les carrosses se mirent en mouvement, la foule se précipita au-devant des chevaux pour les empêcher d'avancer et garder quelques minutes encore cette famille bien-aimée.

En même temps que la consternation et l'horreur régnaient à Lunéville, les habitants de la campagne accouraient en foule sur la route que devaient parcourir les princesses ; prosternés à genoux, ils tendaient vers les carrosses des bras suppliants et demandaient en grâce à la famille royale de ne pas les abandonner.

Le cortège mit cinq heures à parcourir la première lieue.

L'ambassadeur de Sardaigne, ému par ces démonstrations, écrivait à son maître : « Une journée si affreuse est bien faite pour donner une idée du jugement dernier ! »

L'on n'arriva que fort tard dans la soirée au château d'Haroué, magnifique résidence qui appartenait au prince de Craon (1), et que Mme de Craon avait mis gracieusement à la disposition de la régente.

Pourquoi la princesse avait-elle accepté l'invitation de sa rivale détestée? Nous l'ignorons. Avait-elle pardonné? Avait-elle voulu sauver les apparences? Toujours est-il qu'elle résida à Haroué avec ses filles jusqu'à ce que le château de Commercy fût en état de la recevoir. Du reste M. et Mme de Craon avaient quitté le château en apprenant que la Régente arrivait accompagnée de Mme de Richelieu dont le mari, deux ans auparavant, avait tué en duel M. de Lixin, le propre gendre des Craon.

C'est à Haroué que les princesses de Lorraine passèrent les dernières heures qu'il leur fut donné de vivre ensemble. Le 14 mars, la future reine de Sardaigne prenait la route de ses nouveaux États; sa sœur, la princesse Charlotte, se rendait à l'abbaye de Remiremont dont elle allait, l'année suivante, devenir abbesse (2), et la duchesse se dirigeait tristement vers la résidence de Commercy qu'elle ne devait plus quitter. Elle allait y finir ses jours dans l'isolement et l'oubli.

---

(1) Il était situé à 30 kilomètres de Lunéville.
(2) Elle partit de Remiremont en 1745 pour se rendre à Insprück; elle ne revint jamais en Lorraine.

CHAPITRE III

(1737-1740)

Déclaration de Meudon. — M. de la Galaizière est nommé intendant de Lorraine. — Son arrivée à Nancy. — Arrivée de Stanislas et de la reine Opalinska. — Froideur de la population. — Grande réserve de la noblesse. — Le roi s'entoure de ses amis polonais. — Austérité de la reine. — Goût du roi pour le beau sexe. — Scandales de la cour de Lunéville.

Par le traité de 1735 il était formellement stipulé qu'à la mort de Stanislas les duchés de Lorraine feraient retour à la France.

Sur les instances de son gendre, le roi de Pologne consentit à signer, le 30 septembre 1736, la déclaration de Meudon.

Moyennant une rente annuelle de 1,500,000 l. (1), Stanislas accordait au roi de France le droit de prélever en Lorraine toutes les impositions, de quelque nature qu'elles fussent, et d'administrer tous les domaines, bois, fermes, salines, étangs, etc.; il lui abandonnait en outre la nomination des magistrats et des fonctionnaires, la confection des lois, etc., en un mot tous les

(1) A la mort du grand-duc de Toscane, elle devait être portée à 2,000,000 de livres.

droits de la souveraineté. C'était une abdication anticipée.

Un intendant, nommé d'accord avec Louis XV, devait exercer au nom de Stanislas les mêmes fonctions que les intendants de province exerçaient en France. Le choix de la France se porta sur M. de la Galaizière qui fut nommé chancelier et garde des sceaux de Lorraine (1). Il partit pour Nancy le 28 janvier 1737.

Le 21 mars eut lieu la prestation de serment en présence de toutes les autorités civiles et militaires ; le nouveau chancelier lut les lettres patentes de Stanislas et de Louis XV.

Quelques heures plus tard, un grand banquet réunissait au château tous les fonctionnaires de l'État. A la fin du repas, le chancelier se leva et au milieu du silence général, il proposa de boire, en vin de Tokay, la santé de Sa Majesté polonaise. Aussitôt, et pour faire illusion sur l'enthousiasme des assistants, la voix de l'orateur fut couverte par un bruit assourdissant de fanfares, de trompettes, de timbales, de cors de chasse et de hautbois.

(1) Antoine-Martin de Chaumont de la Galaizière, né le 2 janvier 1697, avait travaillé dès l'âge de quatorze ans dans les bureaux de M. Voisin, secrétaire d'État de la guerre sous Louis XIV. Nommé maître des requêtes en 1716, il franchit rapidement tous les degrés de la hiérarchie et il fut envoyé en 1731 comme intendant à Soissons. — Il avait épousé le 16 mai 1724 Louise-Élisabeth Orry, fille d'un intendant des finances. Il devint veuf en septembre 1761. — Il administra seul la Lorraine de 1737 à 1758, et avec un de ses fils de 1759 à 1766.

Le soir, un feu d'artifice allégorique, promettant aux Lorrains la paix et l'abondance, fut tiré à l'extrémité de la Carrière; trois mille lampions éclairaient la place, et tous les monuments de la ville étaient illuminés *a giorno*.

Ces réjouissances, en d'autres temps, eussent attiré une foule énorme; mais c'était en vain qu'on s'efforçait de persuader aux Lorrains qu'ils étaient satisfaits de leur sort. Le changement de gouvernement était pour eux un sujet de consternation et le regret de l'indépendance perdue était unanime. Aussi les habitants restaient-ils chez eux et ne prenaient-ils aucune part aux fêtes publiques (1).

A la fin de mars, Stanislas et la reine Catherine Opalinska prirent congé de leur gendre. Louis XV, qui traitait ses beaux-parents avec une rare désinvolture, les reçut debout, et malgré leurs révérences empressées il ne fit pas un pas au-devant d'eux; il ne les reconduisit pas davantage.

Ce fut le 3 avril 1737 que Stanislas se présenta à ses nouveaux sujets (2). Il fit son entrée à Lunéville au bruit du canon et avec les réjouissances d'usage en pareil cas. Il fut rejoint quelques jours après par la reine Opalinska.

Comme le château était en réparations, les nouveaux

(1) L'année 1737 fut considérée comme la première mort du pays, 1766 fut la seconde.
(2) Stanislas ne fit son entrée à Nancy que le 9 août.

souverains descendirent à l'hôtel de Craon, mis gracieusement à leur disposition par le prince. Ainsi, dès le premier jour, la famille de Craon se mettait en avant et reprenait le rôle prépondérant qu'elle avait joué sous le duc Léopold.

M. de Craon n'était pas du reste un inconnu pour le roi de Pologne. Avant la mort de Charles XII, Stanislas, retiré aux Deux-Ponts, y était souvent réduit au strict nécessaire. Dans un moment de détresse, il envoya ses bijoux à un joaillier de Lunéville avec ordre de les vendre. Le prince de Craon, mis au courant par le joaillier, s'empressa de prévenir Léopold; ce dernier, très noblement, chargea M. de Craon de renvoyer les bijoux à Stanislas avec une somme qui excédait leur valeur.

Le roi de Pologne, qui était par nature essentiellement reconnaissant et qui n'oubliait jamais les services qu'on avait pu lui rendre, garda une véritable gratitude à Léopold et aussi à M. de Craon qui avait été l'intermédiaire du bienfait. Le prince eut encore en plusieurs circonstances l'occasion d'obliger le roi, de telle sorte que quand ce dernier arriva en Lorraine, son premier soin fut d'attirer près de lui M. de Craon et ses enfants, qui tous s'empressèrent auprès du nouveau souverain.

Si son gendre le traitait sans aucuns égards, Stanislas entendait au contraire observer vis-à-vis de lui les règles de la bienséance la plus stricte. A peine installé il voulut envoyer l'homme le plus considérable du pays pour complimenter Louis XV et lui annoncer la « prise de possession ». Son choix se porta sur M. de Craon.

Le prince accepta volontiers la mission dont le roi de Pologne le voulait charger et il partit pour Versailles, ainsi que la princesse. Tous deux ne devaient revoir la Lorraine qu'après de longues années d'exil.

En effet, tout en favorisant de tout son pouvoir, autant par lui-même que par les siens, le paisible établissement de Stanislas, le prince de Craon était resté fidèle à la vieille dynastie lorraine. Le duc François, qui l'aimait et avait dans ses talents et dans son caractère une confiance sans bornes, l'avait chargé de se rendre en Toscane avec le titre de ministre plénipotentiaire, pour être prêt à prendre possession du grand-duché à la mort de Gaston de Médicis.

Laissant ses enfants en Lorraine, M. de Craon partit donc pour Versailles; puis, quand il eut rempli sa mission, il prit avec la princesse la route de Florence; ils s'y installèrent définitivement et ils y tinrent un grand état de maison (1).

---

(1) Toute la noblesse accourut chez eux; comme on connaissait l'intimité du prince et de François, chacun lui faisait la cour et sollicitait un emploi pour le jour où il y aurait lieu d'organiser la nouvelle administration. M. de Craon, qui voulait ménager tout le monde, promettait la même place à vingt personnes. Quand le grand-duc mourut, le 9 juillet 1737, le prince fit reconnaître aussitôt le duc François, et il gouverna en son nom avec le titre

Avant de raconter les débuts du règne de Stanislas et la façon dont il organisa sa petite cour, voyons d'abord quels étaient ses pouvoirs et quels rapports il entretint avec son terrible chancelier.

Les pouvoirs de M. de la Galaizière étaient énormes ; par le fait, il exerçait en Lorraine l'autorité absolue. C'était, du reste, un homme d'une remarquable valeur, et il est resté une des grandes figures administratives du dix-huitième siècle.

Stanislas eut-il à souffrir de l'état de dépendance dans lequel il vécut vis-à-vis de son chancelier? Cela n'est pas douteux. Mais La Galaizière était un homme du monde, aimable, distingué, bien élevé; il n'abusait pas de sa toute-puissance; sans jamais rien céder dans la réalité, en apparence il se montrait plein d'égards et de courtoisie, et il gardait toujours, vis-à-vis de Stanislas, les formes les plus respectueuses. Dans la vie de chaque jour, il savait habilement s'effacer et laisser au monarque les cérémonies extérieures, la pompe officielle, en un mot l'illusion de la souveraineté. Enfin, il déploya dans ses rapports avec son souverain tant de finesse et d'esprit qu'ils vécurent, non seulement en paix, mais souvent même sur un pied de véritable intimité. Le roi était sensible aux procédés courtois de son

de vice-roi. Il fut naturellement impossible au prince de tenir toutes les promesses qu'il avait faites, et ce fut un concert de récriminations et de plaintes : « Ce sont de plaisantes gens que ces Florentins, s'écriait-il indigné; ils prennent des politesses pour des engagements. »

chancelier, et, bien que souvent en désaccord, il ne s'éleva jamais entre eux de conflit irréparable.

Et puis le roi était si bon, si bienveillant; il tenait si peu au pouvoir ! Il ne le regrettait que parce qu'il ne pouvait pas faire tout le bien qu'il aurait souhaité, et, s'il souffrait quelquefois de n'être pas le maître, c'était en se trouvant impuissant devant la dureté de son chancelier.

Quand il vit à quel rôle infime se réduisaient ses fonctions royales, il s'y résigna avec philosophie et il s'ingénia à se créer des compensations. Débarrassé des soucis du pouvoir, il ne songea plus qu'à faire du bien autour de lui et à s'entourer d'une cour agréable où il pût goûter en repos les joies du cœur et de l'esprit. Mais la tâche était malaisée, et il lui fallut plusieurs années avant d'y parvenir. Longtemps les Lorrains, aussi bien dans le peuple que dans la noblesse, n'ont voulu voir dans le roi qu'un usurpateur; que des ennemis et des oppresseurs dans les fonctionnaires chargés de les administrer.

Le roi de Pologne était la bonté même, et il se trouvait certainement le prince le mieux fait pour gagner rapidement l'affection de ses nouveaux sujets. De plus, il ne manquait pas d'esprit et il sut fort habilement retourner peu à peu l'opinion en sa faveur.

Il avait appris sans déplaisir les marques si profondes d'attachement données par les Lorrains à la régente et aux princesses lors de leur départ.

« J'aime ces sentiments, s'était-il écrié en écoutant le récit des scènes attendrissantes qui s'étaient passées à Lunéville ; ils m'annoncent que je vais régner sur un peuple qui m'aimera quand je lui aurai fait du bien. »

Ces phrases et d'autres semblables, colportées à l'envi, n'avaient pas sensiblement diminué l'hostilité des populations. L'antipathie pour le nouveau règne se manifestait de toutes manières. On commença par chansonner le souverain :

> Oh ! grands dieux ! quelle culbute !
> Après nos ducs quelle chute !
> Monseigneur de la Galaizière,
> Laire, laire, laire, lanlaire,
> Laire, laire, laire, lanla.
> Que ne laissais-tu à Meudon
> Ce Roi qui ne l'est que de nom
> Monseigneur de la Galaizière (1) !

Les Lorrains se laissaient même volontiers aller à manifester leurs sentiments publiquement.

On raconte qu'un jour Stanislas et la reine traversaient en carrosse la place du marché de Nancy ; ils furent fort mal accueillis et même poursuivis par les quolibets de la foule. La reine, indignée, voulait faire rechercher les coupables : « Laissez-les dire, lui répondit sagement Stanislas. Je veux leur faire tant de bien qu'ils me pleureront encore plus que leurs anciens princes. »

---

(1) Chanson populaire. BOYÉ, *Troisième traité de Vienne*.

C'étaient particulièrement les paysans qui se montraient les plus récalcitrants ; dans les campagnes s'élevaient fréquemment des rixes avec les soldats français.

Dans les villes, surtout dans celles où résidait la cour, l'antipathie ne fut pas de très longue durée. Quand on vit que la présence de Stanislas et des seigneurs de sa suite amenait le mouvement, l'animation, les fêtes, on se réjouit malgré tout de voir reprendre les affaires, et on cessa bientôt de garder rigueur à un régime si favorable à la prospérité des commerçants.

Quelle était l'attitude des nobles lorrains, et comment acceptaient-ils le nouveau régime?

A la suite du changement de dynastie, la noblesse lorraine s'était divisée. Les uns n'avaient pas voulu changer de maître et avaient suivi à Vienne la dynastie nationale. Les autres, escomptant l'avenir, s'étaient tout de suite tournés vers la France. D'autres, plus éclectiques, s'étaient tournés des deux côtés à la fois ; ainsi, le marquis de Choiseul-Stainville, par un équitable partage, avait fait entrer son fils aîné dans l'armée française, le second dans l'armée autrichienne.

Quant à la noblesse restée dans le pays, les uns s'étaient précipités au-devant du soleil levant, au point de soulever l'écœurement de l'ancien duc François ; les autres, la majorité, se tinrent d'abord assez à l'écart. Dans l'espoir de les rallier tous plus aisément, Stanislas leur distribua libéralement les charges de la nouvelle cour. Au nombre de ses chambelans, il compte bientôt les marquis de Choiseul, du Châtelet, de Rougey; les comtes de Ludres, de Nettancourt, de Sainte-Croix, de Brassac, d'Hunolstein, etc. Le comte de Béthune est grand chambellan, le comte d'Haussonville grand louvetier, le marquis de Custine grand écuyer; le marquis de Lambertye commande les gardes du corps (1).

Ajoutez une foule de chambellans d'honneur; de gentilshommes pour la chambre, pour la table, pour la chasse; de pages, etc., etc.

La cour de la reine Opalinska n'est pas moins brillante que celle de Stanislas. Les marquises de Boufflers, de Salles; les comtesses de Choiseul, de Raigecourt sont dames du palais.

Un chevalier d'honneur, un premier maître d'hôtel, des filles d'honneur, des gentilshommes, des aumôniers, des pages complètent le personnel de son entourage.

Ce n'était point par une ostentation qui était loin de ses goûts que Stanislas multipliait ainsi les charges et les fonctions; mais il cherchait à donner satisfaction à tout le monde (2).

Bien entendu, la grande majorité de ces charges

(1) Plusieurs d'entre eux, entre autres le comte de Ludres, étaient à la fois chambellans du roi de Pologne et du grand-duc de Toscane; ils prenaient les deux titres dans les actes officiels, et Stanislas ne trouvait pas mauvais ce témoignage de fidélité à son prédécesseur.

(2) Le personnel de la cour était considérable. Outre les charges que nous venons de citer, on comptait dans le personnel inférieur :

étaient plus honorifiques que réelles; la plupart étaient des sinécures et bien peu de ces nombreux fonctionnaires touchaient des émoluments. Aussi ne se croyaient-ils nullement tenus à remplir les fonctions dont on les avait gratifiés; la plupart s'isolèrent dans leurs châteaux, se bornant à attendre les événements et voulant voir, avant de se décider, ce qu'on pouvait espérer du nouveau roi.

Stanislas lui-même, soit qu'il se méfiât de leurs sentiments, soit qu'il se trouvât plus agréablement dans le milieu polonais auquel il était habitué, ne fit pas au début de grands efforts pour les attirer.

1 médecin, 2 chirurgiens, 1 apothicaire, 4 valets de chambre, 1 tapissier, 3 huissiers, 1 perruquier, 1 garçon de la garde-robe, 2 frotteurs, 2 balayeurs, 4 porteurs de bois, 1 allumeuse de lampes, 2 ramoneuses, 18 grands valets de pied, 10 petits, 2 coureurs, 6 heiduques, 22 suisses.

La blanchisseuse du roi était la Pierrot; Mme Mathis était chargée du linge de table; M. Pluchon était le cordonnier du roi et M. Roxin le peintre.

116 personnes étaient chargées de l'entretien des jardins et des fontaines.

Pour le service de la chapelle, on comptait : 1 confesseur, 2 aumôniers, les chanoines réguliers, 1 garçon sacristain, 1 horloger, 1 facteur d'orgues.

Pour l'écurie : 1 premier écuyer, 8 cochers, 6 postillons, 12 garçons d'attelage, 2 charretiers, 16 palefreniers, 3 postillons de chaise, 4 muletiers, 2 selliers, etc.

Pour la comédie : 14 personnes.

Pour la vénerie : 20 personnes, chargeurs d'armes, piqueurs, valets de limier, valets de chiens, boulangers, palefreniers.

Enfin, il y avait, pour les chasses, un capitaine des gardes à cheval, des gardes à pied, etc.

Par un sentiment de reconnaissance bien rare chez un souverain, il n'eut garde d'oublier les services rendus, et son premier soin, en retrouvant un trône, fut de récompenser ses vieux amis, ceux qui avaient partagé les dangers de sa vie aventureuse et qui avaient été les compagnons fidèles de son infortune. Il leur distribua les plus belles charges de la cour.

Le duc Ossolinski, ce duc révolutionnaire qui avait profité de ses fonctions de grand trésorier de Pologne pour enlever les diamants de la couronne, fut nommé grand maître de la cour.

Le baron de Meszech, un vieux fidèle de Stanislas, eut le soin de maintenir l'ordre et la règle dans le palais avec le titre de grand maréchal. Le chevalier de Wiltz reçut le commandement du régiment de cavalerie du roi que l'on appelait Stanislas-Roi et le titre de grand écuyer.

Le comte Zaluski, grand référendaire de Pologne, devint grand aumônier de la cour.

Le secrétaire du roi, Solignac, eut la charge de secrétaire général du gouvernement de Lorraine. M. de Sali fut nommé premier écuyer; Miaskoski, gentilhomme pour la chasse, etc.; Mme de Linanges, dame d'honneur de la reine, etc.

Le comte de Thianges, celui qui avait accepté de jouer le rôle du roi quand Stanislas avait cherché, en 1733, à reconquérir le trône de Pologne, eut la charge de grand veneur; il fut chargé de toutes les chasses et de l'équipage pour le cerf, tant des chiens que des chevaux (1).

Le roi ayant fondé une école pour quarante-huit cadets, la moitié des places fut réservée aux enfants de ses fidèles Polonais.

Dans son zèle de reconnaissance, Stanislas émit même la prétention de nommer, à Remiremont et à Poussay, des chanoinesses polonaises; mais cette prétention souleva un beau tapage dans les illustres chapitres, et le roi dut s'empresser de renoncer à son idée.

Si ces nominations donnaient satisfaction au besoin de reconnaissance du monarque, elles déplurent à la noblesse lorraine. On s'étonna, non sans raison, de voir les plus belles charges de la cour attribuées à des étrangers, au détriment de ceux qui avaient tous les droits possibles de les remplir. Ce fut une raison de plus de bouder le nouveau régime.

Composée presque exclusivement de ces Polonais batailleurs, querelleurs, aux mœurs encore brutales, violentes, presque sauvages, la cour de Lorraine, au début, fut loin de ressembler à ce qu'elle avait été sous Léopold, et rien ne pouvait faire prévoir alors le lustre et l'éclat dont elle devait briller quelques années plus tard.

Moins encore peut-être que les courtisans polonais

(1) Il se démit de sa charge en 1746 en faveur de M. de Ligniville et contre une place de grand chambellan en faveur de son neveu, qui portait son nom.

CHAPITRE III

du roi, la reine Opalinska n'était pas faite pour donner à la cour du charme et de l'agrément.

Issue du sang des Piast, simples paysans devenus rois, Catherine Opalinska avait été mariée à quinze ans (1) à Stanislas qui n'en avait que dix-huit.

C'était une femme excellente, pieuse, généreuse, bienfaisante, ayant sans cesse la main ouverte à toutes les infortunes ; mais elle était d'une piété rigide, et l'austérité de ses mœurs était extrême.

Elle pratiquait l'humilité, lavait les pieds des pauvres à certaines grandes fêtes de l'année, portait elle-même ses aumônes ; enfin, elle donnait l'exemple des plus rares vertus.

Elle ne se bornait pas aux pratiques intimes de la piété ; elle aimait les cérémonies extérieures de l'Église. En 1739, au moment de la grande mission, on la vit suivre avec ponctualité tous les exercices ; on la vit avec le roi, un flambeau à la main, renouveler les promesses du baptême, visiter le calvaire, suivre les processions. Vingt mille spectateurs fondaient en larmes à ce spectacle.

Pour tous, elle était un objet de vénération, mais aussi de crainte. Stanislas lui-même la redoutait. Quand il accordait quelque grâce pour laquelle il n'était pas certain de son agrément, il disait : « Surtout, n'en parlez pas à la reine. »

---

(1) Elle était née le 5 octobre 1680.

Les personnes appelées à vivre dans son intimité se plaignaient souvent de l'inégalité de son humeur. Sa santé délicate contribuait encore à la rendre morose, sévère; quelques-uns disaient même acariâtre.

La reine du reste détestait la Lorraine et elle caressa toujours le secret espoir de retourner finir ses jours en Pologne. Tout lui déplaisait à Lunéville, le château, l'eau, l'air, par-dessus tout les habitants, et elle ne dissimulait pas ses sentiments; aussi était-elle peu aimée.

On peut aisément supposer que la cour de Lorraine serait rapidement devenue une cour des plus tristes si Catherine avait pu la diriger à sa guise. Mais Stanislas était loin de partager les goûts d'austérité de sa femme et, tout en étant lui-même profondément religieux, il aimait la gaieté, le plaisir, voire même le beau sexe.

Il éprouvait même pour lui un attrait tout particulier et ses cinquante-cinq ans bien sonnés ne l'empêchaient pas de lui rendre des hommages empressés.

C'est le seul point sur lequel la reine Opalinska n'eut pas gain de cause; ses colères, ses indignations, ses anathèmes laissaient le roi fort indifférent, et il ne se montrait pas moins friand de « ses petites peccadilles », comme il appelait ses infidélités.

L'exemple donné par Stanislas sera naturellement suivi par les courtisans; l'on jouira à la cour de Lunéville d'une grande indépendance morale. Il y aura bien des intrigues, bien des maris trompés, souvent bien des scandales et des éclats.

Quand il arriva en Lorraine, Stanislas traînait à sa suite, comme favorite, la duchesse Ossolinska (1), sa cousine germaine; il avait éprouvé pour elle des sentiments très vifs. C'est grâce à ces sentiments que le duc, le mari, auquel, de toute justice, le roi devait bien une compensation, avait été nommé grand maître de la nouvelle cour.

La liaison de Stanislas avec sa cousine durait déjà depuis assez longtemps et, bien que le roi commençât à se lasser, elle subsista, avec quelques passades, pendant les premières années du séjour à Lunéville.

La duchesse Ossolinska avait une sœur, la belle comtesse Jablonowska, palatine de Russie. Stanislas passait également pour n'avoir pas été insensible à ses charmes et il l'avait comblée de faveurs. Puis la comtesse s'était attachée au chevalier de Wiltz, un des plus fidèles Polonais du roi, et elle l'aimait avec tant de passion qu'elle lui pardonnait même ses infidélités. Leur liaison n'était un mystère pour personne.

Le duc de Bourbon avait remarqué la comtesse pendant le séjour de Stanislas à Meudon, et il avait eu un instant l'idée de l'épouser; mais, quand il connut sa liaison avec Wiltz, il y renonça.

Le prince de Châtellerault-Talmont eut plus de confiance en lui, ou en elle, si on préfère, et il en fit sa

(1) Elle était fille de Jean-Stanislas Jablonowski, palatin de Russie. Le duc Ossolinski l'avait épousée en secondes noces en 1733; elle avait trente ans de moins que lui.

femme, mais à la condition qu'elle ne reverrait jamais le chevalier ; la comtesse promit tout ce qu'on voulut, et, quand elle fut princesse de Talmont, elle reprit paisiblement ses relations avec de Wiltz comme par le passé (1).

Mme du Deffant a tracé d'elle ce portrait mordant :

« Mme de Talmont a de la beauté et de l'esprit... Sa conversation est facile et a tout l'agrément et toute la légèreté français. Sa figure même n'est point étrangère ; elle est distinguée sans être singulière. Un seul point la sépare des mœurs, des usages et du caractère de notre nation, c'est sa vanité... Elle se croit parfaite, elle le dit et elle veut qu'on la croie... Son humeur est excessive... elle ne sait jamais ce qu'elle désire, ce qu'elle craint, ce qu'elle hait, ce qu'elle aime.... L'heure de sa toilette, de ses repas, de ses visites, tout est marqué au coin de la bizarrerie et du caprice... Elle est crainte et haïe de tous ceux qui sont forcés de vivre avec elle.... L'agrément de sa figure, la coquetterie qu'elle a dans les manières séduisent beaucoup de gens, mais les impressions qu'elle fait ne sont pas durables.... Cependant, parmi tant de défauts, elle a de grandes qualités... Enfin, c'est un mélange de tant de bien et de tant de mal, que l'on ne saurait avoir pour elle aucun sentiment bien décidé : elle plaît, elle choque, on l'aime, on la hait, on la cherche, on l'évite. »

---

(1) Le mariage avait été célébré à Chambord, le 29 novembre 1730.

La princesse et le chevalier s'étaient empressés d'accompagner Stanislas à Lunéville, et Wiltz avait été nommé colonel du régiment de cavalerie du roi.

Le prince de Talmont lui aussi avait cru devoir suivre sa femme, mais il n'était pas assez aveugle pour ne pas s'apercevoir qu'elle avait repris avec Wiltz les habitudes anciennes. Contrairement aux usages du temps, il en montra beaucoup de mauvaise humeur, tant et si bien qu'il cherchait partout l'occasion de provoquer son rival. Une querelle s'éleva un jour entre eux dans le propre palais du roi ; sans respect pour le lieu, et malgré les efforts des assistants, ils tirèrent l'épée, cherchant à s'entr'égorger. On courut chercher Stanislas qui eut toutes les peines du monde à les séparer.

Mais, à la suite de ce scandale, le prince de Talmont quitta la Lorraine, et il retourna se fixer à Paris en déclarant qu'il ne reverrait jamais sa femme.

Bientôt, tout s'arrangea pour le mieux, car le chevalier de Wiltz eut l'à-propos de mourir en 1738 (1). C'était le cas où jamais de raccommoder deux époux que séparait un simple malentendu. Sollicité par la duchesse Ossolinska, Stanislas fit agir le confesseur de M. de Talmont. Cet excellent jésuite persuada facilement à son pénitent qu'il était de son devoir de

---

(1) Il mourut d'un effort à la cuisse. On avait voulu lui couper la jambe ; mais il s'y refusa absolument, aimant mieux mourir que d'être hors d'état de servir. Il montra un courage et une fermeté sans pareils.

retourner vivre avec sa femme, au moins sous le même toit, pour la plus grande édification du prochain. C'est ce qui eut lieu en effet. Comme récompense et par un juste retour des choses de ce monde, le roi donna à M. de Talmont le régiment du chevalier de Wiltz (1).

Un autre scandale, et non des moindres, fut causé par le comte de Salm, rhingrave du Rhin. Étant venu faire un long séjour à Lunéville, il courtisa les femmes de la cour, en compromit plusieurs ; puis, tout à coup, s'amouracha de Mme de Lambertye, chanoinesse de Remiremont, qui se trouvait à ce moment chez sa mère. La chanoinesse ne se montra pas trop cruelle et elle répondit à la passion du comte ; mais les jeunes gens furent imprudents ; la mère, prévenue, par une amie délaissée, des rendez-vous amoureux de sa fille, fouilla dans ses papiers et trouva la correspondance des deux amants. Outrée de colère, « elle rossa d'abord d'importance » la chanoinesse, puis elle mit le rhingrave en demeure de l'épouser. Mais ce dernier répondit avec désinvolture qu'il était déjà engagé avec la fille du prince de Horn, et il partit aussitôt pour

---

(1) Dans le séjour qu'elle fit à Versailles pour tâcher de ramener son mari, il arriva à Mme de Talmont une assez dangereuse aventure. Elle se promenait avec Mme de la Tournelle et Mlle de Mailly lorsque la petite chienne que Mme de la Tournelle portait toujours sous son bras les mordit toutes trois cruellement ; on crut la chienne enragée et les trois dames partirent aussitôt pour la mer : c'était le traitement de la rage à cette époque. On vous faisait prendre des bains de mer, puis on usait de frictions mercurielles. Aucune de ces dames ne fut malade.

les Flandres. On étouffa l'histoire et l'on s'empressa de marier la coupable au neveu de l'abbé de Saint Pierre.

Les chapitres nobles de Lorraine faisaient du reste beaucoup trop souvent parler d'eux. Les chanoinesses vivaient fort librement et il éclatait des scandales qu'il était difficile d'étouffer complètement (1).

En 1742, une chanoinesse de l'abbaye de Poussay, Mlle de Béthisy, se brûla tout uniment la cervelle à la suite de chagrins d'amour, et de quel amour! Elle appartenait à la meilleure famille; fille de la marquise de Mézières, elle avait pour sœurs la princesse de Montauban et la princesse de Ligne. Elle était charmante; elle avait de l'esprit, beaucoup de caractère, parlait

(1) Sous le règne de Léopold de regrettables scandales avaient déjà attristé « l'illustre chapitre » de Remiremont. Marie-Anne-Ursule d'Ulm, âgée de vingt-sept ans, dut quitter l'abbaye en mars 1711; elle avait eu des relations avec un médecin de la ville nommé Richardot; elle accoucha secrètement à Munster et se défit de son enfant. La chanoinesse « décoiffée » fut déchue de ses « qualités, honneurs et prérogatives de dame de l'illustre chapitre » et elle ne dut la vie qu'à l'intervention de Louis XIV, car en Lorraine l'infanticide était puni de mort.

Un accident du même genre était arrivé quelques années plus tôt, pendant l'occupation de la Lorraine par les armées françaises, à l'abbaye de Poussay. L'abbesse était alors Anne-Pierrette de Damas. Une chanoinesse, Catherine-Angélique Davy de la Pailleterie, fut inculpée d'infanticide. La chanoinesse nia énergiquement et elle reprit sa place au chapitre par ordre de l'officialité; elle ne fut tenue « qu'à tenir chasteté à l'avenir et à ne plus récidiver ». En 1760, M. de La Pailleterie quitta la Lorraine et acheta le trou de Jérémie à Saint-Domingue; il s'y maria et son fils fut le général Alexandre Dumas.

plusieurs langues; mais on lui reprochait ses opinions politiques trop avancées. Elle allait être nommée abbesse lorsqu'elle disparut subitement ; ses compagnes prétendirent qu'elle s'était enfuie pour aller faire ses couches. Prises d'un accès de scrupules assez rare, elles écrivirent à la reine, qui protégeait Mlle de Béthisy, que le voyage de leur compagne déshonorait la maison et elles demandèrent son exclusion.

Mlle de Béthisy cependant rentra à l'abbaye, mais elle ne se montra pas plus sage et elle eut encore d'autres aventures. Enfin, elle se prit d'une passion folle pour son propre frère, le chevalier; ce dernier, après avoir répondu à ses avances, l'abandonna. Désespérée, la chanoinesse chercha à se consoler avec M. de Meuse; mais elle ne put oublier son frère, et, le trouvant cette fois insensible, elle prit le parti de se tuer. Elle chargea un pistolet de trois balles et se les logea dans la tête avec tant de sang-froid qu'entrées par la tempe droite elles sortirent par la tempe gauche.

Une future abbesse qui se supprimait si résolument! Le scandale fut grand; mais Stanislas défendit de faire aucune recherche sur ce suicide.

Le roi de Pologne déplorait d'autant plus tous ces scandales et la rudesse des mœurs qui l'entouraient qu'il avait été à même, pendant son séjour à Meudon, d'apprécier les charmes d'une cour civilisée. Aussi, après avoir subi presque complètement l'influence de son entourage polonais, ne tarda-t-il pas à vouloir s'en dégager. Nous allons le voir bientôt s'efforcer de grouper autour de lui des esprits distingués, des femmes aimables, habituées aux formes élégantes et raffinées, et de faire revivre, à Lunéville, les mœurs polies et charmantes, le ton et les habitudes d'urbanité, le goût des lettres et des arts qu'il avait tant admirés à la cour de sa fille.

En se ralliant sans hésiter au nouveau souverain, les membres de la famille de Beauvau-Craon rendirent à Stanislas le plus signalé service et ils l'aidèrent puissamment à atteindre le but qu'il poursuivait. Rien donc d'étonnant à ce que le roi se montrât reconnaissant et comblât de faveurs une famille si puissante, et dont l'exemple ne pouvait être que profitable.

Aussi en toutes circonstances les enfants du prince de Craon reçurent-ils les plus hautes marques d'estime et de considération.

Dès son arrivée en Lorraine, Stanislas désigna la jeune marquise de Boufflers pour remplir les fonctions de dame du palais de la reine. Peu après son mari fut nommé capitaine des gardes (1).

En 1738, la jeune femme étant accouchée d'un fils, c'est Stanislas qui fut le parrain du nouveau-né. L'enfant était même né dans des circonstances assez particulières. La mère revenait de Bar-le-Duc en chaise de poste lorsqu'elle fut prise des premières dou-

---

(1) Il remplaçait le marquis de Lambertye qui venait de mourir.

leurs; on n'eut même pas le temps de la transporter jusqu'au village voisin, elle accoucha sur la grande route et le valet de chambre qui courait la poste avec elle dut faire l'office de sage-femme. Cet enfant, qui par la suite devint un grand voyageur comme sa naissance semblait l'y prédestiner, fut le célèbre chevalier de Boufflers.

La même année, la sœur de Mme de Boufflers, Mme de La Baume-Montrevel, devint à son tour dame du palais.

En 1739, une autre sœur de Mme de Boufflers, la princesse douairière de Lixin, dont le mari avait été tué en duel par Richelieu (1), se remaria avec le marquis de Mirepoix, ambassadeur de France à Vienne. Le mariage eut lieu dans la chapelle de l'hôtel de Craon, la nuit du 2 au 3 janvier 1739; bien entendu Stanislas assista à la cérémonie. Il avait auparavant offert aux époux un magnifique repas dans son château d'Einville et il les avait comblés des plus riches cadeaux.

Le frère de Mme de Boufflers, le prince de Beauvau,

---

(1) Le duc de Richelieu avait épousé, en 1734, Mlle de Guise qui appartenait à la maison de Lorraine. Son cousin, le prince de Lixin, fut tellement humilié d'une union avec un Wignerod, qu'il refusa de signer au contrat. Quand il rencontra Richelieu au camp de Philippsbourg, il eut avec lui une altercation violente et il lui dit très insolemment : « Vous avez épousé une savonnette à vilain ! » A ce mot Richelieu dégaina; le prince fut tué et Richelieu si grièvement blessé qu'il en faillit mourir.

est plus favorisé encore. Stanislas désirant avoir un régiment de gardes, il leva ce régiment en Lorraine; les officiers furent choisis dans la noblesse de la province et le corps attaché au service de France (1). C'est le jeune marquis de Beauvau qui en fut nommé colonel; mais comme il était à peine âgé de vingt ans et qu'il n'avait encore jamais servi, on lui donna, pour colonel en second, M. de Montcamp, qui fut chargé de le former (2).

Ce n'était pas encore assez.

Le 8 avril 1739 Louis XV, à la sollicitation de Stanislas, envoie à M. de Craon et à son frère des lettres patentes ainsi conçues : « Considérant que le marquis de Beauvau, mestre de camp, colonel du régiment de la Reine, et le prince de Craon, viennent de la même tige que Isabeau de Bavière, 8ᵉ ayeule de S. M., elle les autorise, ainsi que leurs enfants nés ou à naître en légitime mariage, à prendre le titre de cousins de S. M., dans tous les actes, etc., et S. M. leur écrira de même. »

(1) Par ordonnance du 20 mars 1740, Louis XV créa le régiment des gardes lorraines infanterie. Ce régiment n'était que d'un bataillon; mais en 1744, par suite du départ de M. de Livry, on y incorpora le régiment du Perche. — M. de Beauvau fit plusieurs campagnes avec l'armée française à la tête de son régiment.

(2) Outre ce régiment, le roi de Pologne avait deux compagnies de gardes, l'une à Nancy, l'autre à Lunéville, vêtus de jaune galonné d'argent. Chaque compagnie était de soixante-douze gardes. Le roi possédait encore un établissement de cadets qui lui coûtait 66,000 livres par an, plusieurs bataillons de milice de Lorraine; des maréchaussées, toutes vêtues de la livrée du roi.

Enfin en 1742 le roi de Pologne, qui ne cesse de s'occuper de la famille de Beauvau, écrit au cardinal de Fleury pour solliciter l'abbaye de Saint-Pierre à Metz, en faveur de Mme de Beauvau, chanoinesse de Remiremont. « Tout ce que je puis dire par une parfaite connaissance de cause, écrit-il, c'est que c'est une dame très respectable par toutes ses belles qualités, et comme on ne vous gagne que par la vertu, je suis persuadé que vous aurez égard à la sienne. »

CHAPITRE IV

(1735-1740)

Société littéraire de Lunéville : Mme de Graffigny, Devau, Saint-Lambert, Desmarets.

Abandonnons un instant Stanislas pendant qu'il organise peu à peu sa cour et qu'il cherche à s'acclimater en Lorraine et faisons connaissance avec quelques personnages de la petite cité de Lunéville. Ces personnages vont jouer bientôt un rôle si important, nous allons si bien les retrouver presque à chaque page de notre récit, qu'il est indispensable de les présenter au lecteur avec quelques détails.

Sous le règne du duc Léopold, Lunéville n'avait pas été seulement une cour galante, mais aussi une cour littéraire et savante. On se piquait d'y cultiver les sciences et les lettres.

Si l'avènement de Stanislas amena à la cour de Lorraine des esprits plus batailleurs que littéraires, dans la ville même on continuait à compter nombre d'esprits cultivés qui s'occupaient de littérature avec succès.

Les principaux personnages littéraires de la petite cité, ceux qui malgré leur jeunesse donnaient les plus belles espérances étaient Devau et Saint-Lambert ; tous deux débutaient dans la carrière sous les auspices d'une femme qui aurait pu être leur mère, Mme de Graffigny.

Mme de Graffigny, qui devait devenir plus tard un des beaux esprits de Paris, faisait en ce moment les délices de Lunéville.

Née à Nancy en 1695, Françoise d'Isembourg d'Happoncourt, d'une illustre maison, avait épousé François Huguet de Graffigny, exempt des gardes du corps et chambellan du duc Léopold. C'était un homme d'un caractère violent et qui rendit sa femme parfaitement malheureuse. Elle se consola en le trompant consciencieusement et en cherchant dans l'amour et la littérature des compensations à ses peines. Enfin, après bien des années de souffrance et de résignation, elle obtint sa séparation et put vivre à sa guise.

Un commerce doux, égal, beaucoup d'esprit, un jugement solide, un cœur sensible lui avaient acquis beaucoup d'amis. Elle avait des prétentions littéraires, écrivait non sans talent et elle composait de petites pièces que l'on jouait à la cour de Léopold, où elle était reçue fort intimement. Elle conserva même toute sa vie les relations les plus affectueuses avec les princesses lorraines qui ne l'appelaient jamais que « ma chère grosse ». Bientôt Mme de Graffigny imagina d'ouvrir un salon, et elle réussit à grouper autour d'elle quelques jeunes gens distingués qui, comme elle,

CHAPITRE IV

étaient passionnés de littérature. Une nièce, pauvre et malheureuse, Mlle de Ligniville, qu'elle avait adoptée pour la sauver du couvent, vivait avec elle et l'aidait à recevoir ses amis.

Un des meilleurs, si ce n'est le meilleur des amis de Mme de Graffigny, fut François-Étienne Devau. Il était né à Lunéville le 12 décembre 1712. Ses parents le destinaient à la magistrature et ils l'envoyèrent faire ses études chez les jésuites de Pont-à-Mousson. Il se fit recevoir avocat au parlement de Nancy, mais sa nature indolente s'accommodait mal des études sérieuses et il ne sut jamais se plier à un travail régulier.

Il était aimable, aimait le commerce des lettres, et il se lia avec Mme de Graffigny, qui avait dix-sept ans de plus que lui. Quelle fut la nature de leur affection ? Fut-elle, comme on l'a dit, purement maternelle de la part de la jeune femme ? Il est assez délicat de le préciser.

Quand Mme de Graffigny écrit à son cher Panpan, car elle l'a surnommé Panpan, et le nom lui va si bien qu'il le gardera toute sa vie, elle l'embrasse mille fois et lui donne des marques de tendresse si vives qu'on reste fort perplexe. Nous sommes assez tenté de croire qu'au début, c'est-à-dire quand Devau avait dix-huit ans et Mme de Graffigny trente-cinq, l'intimité des deux amis ne fut pas longtemps platonique ; elle le devint dans la suite, cela n'est pas douteux, mais quand on n'a aucun lien de parenté, on ne se tutoie pas sans avoir vécu dans une intimité complète, au moins pendant quelque temps. Et puis Panpan conserva jusqu'à sa mort un tel souvenir de Mme de Graffigny, de sa chère Francine, qu'elle avait dû, à n'en pas douter, être pour lui l'initiatrice, comme l'on dit de nos jours.

Toujours est-il que Mme de Graffigny, quel que soit le rôle qu'elle ait joué auprès de Devau, le lança dans le monde où elle avait les plus belles relations, et elle lui créa la situation qui lui manquait. Elle le fit admettre dans les sociétés les plus distinguées; elle le présenta à la cour de Léopold où, malgré son jeune âge, il fut fort bien accueilli. Son esprit naturel, la gaieté de son caractère, la douceur de ses manières le faisaient aimer de tous ceux qui le connaissaient.

Panpan ne se contentait pas d'être aimable dans la société, il composait encore avec facilité de petits vers fort jolis qui couraient les salons et lui faisaient de la réputation. Madrigaux, épigrammes, chansons, contes, il cultivait tous les genres.

Voici un spécimen de son talent :

LE BAL MASQUÉ

CONTE

Dans un bal, où la cour fêtait l'anniversaire
De quelque heureux événement,
On remarqua durant la nuit entière
Un grand masque au buffet attaché constamment.

> Pourtant il le quittait, mais pour un seul moment :
> Il revenait bientôt y faire bonne chère.
> De le connaître on était curieux,
> Enviant l'estomac heureux
> Qui s'acquittait d'un si pénible office.
> On parvint enfin à savoir
> Que, pour un si dur exercice,
> Sous le même domino noir
> Avait passé toute la garde suisse.

Panpan composait facilement et ne se donnait aucun souci pour travailler.

Il ne se faisait du reste aucune illusion sur la valeur de ses productions, car il écrivait modestement en parlant de lui-même : « Je faisais de la prose quand je croyais faire des vers. »

Malheureusement cultiver les muses et fréquenter la société ne donnaient pas au jeune homme les revenus qui lui manquaient. Son père, mécontent de son oisiveté, lui refusait les subsides les plus indispensables, et le pauvre Panpan vivait dans une gêne extrême.

Ses belles relations lui valurent cependant le titre de conseiller de la chambre de justice du Palatinat du Rhin, bien qu'il ne sût pas un mot d'allemand et qu'il n'eût nulle envie de l'apprendre. Mais aucun traitement n'était attaché à cette sinécure ; aussi Panpan s'en serait-il bien passé.

Le meilleur ami de Devau, et un des plus fidèles commensaux du salon de Mme de Graffigny, était le jeune Saint-Lambert. Il était né à Nancy le 26 décembre 1716.

Son père s'appelait simplement Lambert; il avait épousé une demoiselle noble à peu près ruinée, Mlle de Chevalier, et s'était trouvé ainsi apparenté aux meilleures familles du pays. Il crut alors devoir prendre le nom de de Saint-Lambert, qui sonnait plus agréablement. Par la suite il devint lieutenant de grenadiers au régiment des gardes de Son Altesse.

M. Saint-Lambert habitait Affracourt, joli petit village à un kilomètre d'Haroué, résidence des Craon. C'est là que le jeune Saint-Lambert fut élevé dans une camaraderie presque journalière avec les enfants de la famille de Craon, et c'est ainsi qu'il se trouva intimement lié avec le futur prince de Beauvau.

Saint-Lambert étudia longtemps chez les jésuites de Pont-à-Mousson, où il obtint des succès flatteurs; puis il fit ses débuts dans la carrière militaire. Son intimité avec les Beauvau lui valut un modeste grade dans la garde de Stanislas. En attendant de trouver une occasion de se distinguer, le jeune militaire se contentait de cultiver les Muses et de vivre agréablement, autant du moins que le lui permettait sa mauvaise santé, dans la société littéraire de Lunéville.

Devau et Saint-Lambert étaient à peu près du même âge, ils avaient les mêmes goûts, tous deux formaient les mêmes rêves d'avenir; aussi ne se quittaient-ils guère et s'aimaient-ils tendrement. Bientôt

Saint-Lambert voulut s'essayer dans cette carrière des lettres où il voyait son ami cueillir de faciles succès, et il commença lui aussi à « taquiner la Muse ». C'est à Panpan qu'il demandait de corriger ses travaux, en même temps qu'il lui jurait une éternelle amitié.

A Monsieur de Vaux le fils, chez Monsieur son père, proche la cour, à Lunéville

« Affracourt, janvier 1739.

« Prenons cette année, mon cher Panpan, un nouvel engagement et sur les autels de la probité, de l'amitié et des muses, mes trois dieux, jurons-nous de nous aimer le reste de notre vie ; mais non, ne le jurons pas, non, il n'est point de serments qui puissent avoir autant de force que les sentiments que j'ai pour vous ; je vous aime et je veux vous aimer, mon cher Panpan ; voilà pour ma vie un plan que mon esprit fait, inspiré par mon cœur, et dont rien ne pourra jamais m'écarter. Permettez-moi de faire pour moi des souhaits qui en seront pour nous; vous-même, n'est-ce pas, mon cher Panpan, vous les devinez ces souhaits, et quel serait leur objet, que pourrais-je désirer avec plus d'ardeur que ce plaisir continué qui fait le vrai bonheur et que je ne puis trouver qu'en vivant avec vous.

« Les plaisirs que j'ai ici ne sont que l'ombre des véritables que je n'ai goûtés qu'avec mes amis ; ils sont

l'ouvrage de ma raison, je les cherche, je les crée et je sens trop le besoin pour goûter le plaisir qui le suit ; mon cœur n'y prend pas assez de part et j'y mêle trop de froideur pour n'y pas rencontrer d'ennui ; je n'ai jamais plus senti la vérité de cette maxime de La Bruyère ; « Soyez avec vos amis triste ou gai, spiri-
« tuel ou sot, vous êtes avec vos amis, vous êtes con-
« tent » ; en voilà le sens à peu près, car il le dit bien mieux.

« Je suis obligé de lire sans fin et il est des moments où les livres ne me sentent rien.

« Je retouche toujours ma tragédie et je joins en la retouchant, au dégoût de corriger mes fautes, celui de travailler pour ne pas périr d'ennui. J'attends avec impatience la critique de mon ode, je la corrigerai avec soumission ; je n'attends pas ma tragédie avec plus de tranquillité : je vous prie de ne pas la regarder à son arrivée, afin que vous soyez plus en état d'en bien juger quand je l'aurai encore retouchée. Il me semble que l'on s'accoutume aux fautes comme aux beautés ; à force de les voir elles nous déplaisent moins et je crois que cela ne contribue guère moins que l'amour-propre à l'entêtement des auteurs pour leurs ouvrages ; mais ne trouvez-vous pas qu'il y a bien de l'amour-propre à vous faire une prière aussi inédite ; je commence à le croire moi-même, et je l'effacerais si vous n'étiez pas assez mon ami pour la faire.

« Mon père vous fait mille compliments aussi bien

qu'à M. votre père et à Mme votre mère ; il vous souhaite une bonne année. Pour moi, mon cher Panpan, je vous prie de leur dire les choses les plus tendres de ma part et vous ne serez point au-dessus de mes sentiments ; je meurs d'envie de les embrasser ; je voudrais bien me trouver encore auprès de ce feu que je dérangerais, essuyer quelques petites injures et vous apaiser en vous embrassant.

« Adieu, mon cher Panpan, la table même ne m'a jamais inspiré rien de plus vif que ce que je sens pour vous (1). »

Les premiers essais de Saint-Lambert parurent si heureux à son ami Devau que ce dernier, enthousiasmé, le supplia de poursuivre, de travailler encore, bien convaincu qu'il arriverait à la gloire littéraire. Il se vantait d'avoir découvert son talent naissant, d'avoir été le professeur de cet illustre élève. Quand plus tard Saint-Lambert fit paraître son poème des *Saisons*, Devau lui écrivait :

> Raphaël des *Saisons*, je fus ton Pérugin :
> Je guidai ton enfance aux rives du Permesse,
> Et ton premier laurier fut cueilli de ma main ;
> Dans Tibulle déjà je devinais Lucrèce.
> Des chefs-d'œuvre bientôt suivirent tes essais ;
> Mon amitié s'accrut par tes brillants succès.
> Ce sentiment si pur, né de notre jeunesse,
> Fut de cet âge heureux le charme et le soutien,
> Et d'un âge plus mûr il fut encor l'ivresse.

(1) Bibliothèque publique de Nancy.

Saint-Lambert jouissait, si l'on peut s'exprimer ainsi, d'une déplorable santé, et il est bien souvent question dans ses lettres des maux qui l'accablent. On ne se doutait guère à cette époque qu'il deviendrait le brillant officier que nous connaîtrons bientôt, l'heureux rival de Voltaire et de Jean-Jacques, et qu'il survivrait à tous ses amis.

Une lettre de lui à Mme de Graffigny montre bien l'intimité de leurs rapports et les préoccupations littéraires qui les agitaient :

« 1ᵉʳ mars 1736.

« Je suis très sensible, madame, à la part que vous prenez à mes infirmités. Cette marque de votre amitié les diminue. Je vous demande bien excuse d'avoir si longtemps retenu l'*Epître sur la calomnie;* je l'avais oubliée dans mon cabinet et vous m'avez surpris en la demandant.

« Je ne vous dirai pas que je fais une tragédie puisque vous le savez, mais je vous prierai de n'en parler à personne. Oui, madame, malgré ma jeunesse, ma mauvaise santé, et la faiblesse de mes talents, je veux faire babiller les Muses. J'ai longtemps résisté à la tentation. Quoi! disais-je, à dix-huit ans faire la barbe d'Apollon, le même métier que Corneille, cela est bien insolent; cependant je me suis laissé entraîner par la beauté de mon plan que je me réjouis de vous montrer, car je ne puis me résoudre à vous l'envoyer. Vous savez qu'il faudrait l'écrire. J'ai déjà fait la première scène; la deuxième sera achevée après-demain, et dans quinze jours le premier acte. Vous voyez que j'ai déjà un pied dans le cothurne.

> Ce grand projet m'étonne, et ma muse incertaine
> A refusé longtemps de suivre Melpomène;
> Mais le dieu des rimeurs me défend de trembler;
> Je le sens, il m'anime, et l'encre va couler.

« Trouvez bon que je garde encore quelque temps le volume de La Motte; je ne veux pas voir le second que j'ai lu ailleurs. Ne me direz-vous rien d'Homère? Vous m'avez promis votre sentiment sur ce père de la poésie; j'attends une dissertation; cela sera plaisant de voir Mme de Graffigny dissertatrice.

« Adieu, madame; ayez la bonté de m'écrire et de penser une fois la semaine à celui qui pense tous les jours à vous (1). »

La santé du jeune Saint-Lambert ne s'améliorait pas rapidement, loin de là, car, en 1741, M. de Saint-Lambert le père écrivait à Panpan une lettre fort curieuse que nous citons en en respectant scrupuleusement l'orthographe :

---

(1) Collection d'autographes de Mme Morrisson.

« Facour, 7 mai 1741.

A Monsieur Devau, le fils.

« Mon fils, monsieur me prie de vous escrire, ne pouvant le faire luy-même, pour vous remercier et ses Mrs aussi de vostre attention. Il est dans un estat pitoiable depuis deux mois et demis, mais depuis anveirons quinse jours celat a s'augmentée au poin qu'il n'est plus conaisable, je ne lui crois pas quatre livres de chère sur le corps, je crins l'héthisie s'il n'y est déjas, il as ut d'abord depuis plus de deux mois un rhume terrible et toujours de la fièvre, ce n'estait pas toussée, c'estait quand celat le prenait ; à présent depuis quinse jour ces maux sont encor augmentée, la esthòmac qui ne soutien rhin, des tranchée continuel, poin de someil, vomis à tout moment des biles noir ; il est un peu levée aujourd'huy parce qu'il soufre ancor au lit davantage, ce n'est plus qu'un spectre ; l'année passée sortan de sa plurésie, il paressait estre en parfaite santée en comparaison de ce qu'il est à présan ; tout ce qu'il prand ne fusse qu'un boulion, en tombant dans ses boiaux luy donne des tranchée violantes ; vous dit cependant luy qui connait tanpéramant qu'il n'y as pas de danger pourveu qu'il se ménage longtemps. La tou est un peu diminuée depuis quelque jours, il me charge de vous faire à tous mil amitiés de sa part, je le fait de même, et suis, monsieur, vostre très humble et obéissant serviteur (1). »

Un des coryphées du petit cénacle était encore un jeune officier de cavalerie, au régiment d'Heudicourt, M. Desmarets (2). Bien qu'il fût très bon musicien et qu'il jouât à merveille la comédie, ce n'était pas uniquement le culte des Muses qui l'attirait chez Mme de Graffigny, mais bien aussi et surtout les attraits personnels de la maîtresse de céans. Mme de Graffigny, qui n'avait pas encore passé l'âge des faiblesses, était en ce moment du dernier bien avec Desmarets, et naturellement le jeune officier se distinguait par son assiduité aux réunions de la femme de lettres.

Mme de Graffigny, Saint-Lambert, Devau, Desmarets étaient presque des personnages dans la petite cité de Lunéville; on citait leurs vers, leurs productions; on les considérait un peu comme des illustrations du pays; l'on fondait sur eux de grandes espérances, et tous les personnages marquants se trouvaient mis en relations avec eux.

Quand Voltaire, en 1735, vint à Lunéville pour fuir la persécution qui le menaçait en France, il y retrouva Mme de Richelieu (3). Elle était intimement liée avec Mme de Graffigny, elle mena le poète chez son amie; il y rencontra les commensaux habituels, Devau, Saint-

---

(1) Collection d'autographes de Mme Morrisson.
(2) Il était le fils du célèbre musicien Desmarets.
(3) Mlle de Guise, de la maison de Lorraine, avait épousé en 1734 le duc de Richelieu.

Lambert, Desmarets, etc. On devine l'accueil que reçut Voltaire. Cette société, où on ne le désignait que sous le nom de l'*Idole*, où on lui prodiguait l'encens sans ménagement, lui plut extrêmement. Il passa avec eux la majeure partie de son temps. Il poussa même la bienveillance jusqu'à dédier à Saint-Lambert une épître charmante en réponse à quelques vers respectueux que le jeune homme lui avait adressés. Suivant son habitude, il couvre de fleurs son jeune correspondant, tout en proclamant sa propre indignité.

> Mon esprit avec embarras
> Poursuit des vérités arides ;
> J'ai quitté les brillants appas
> Des Muses, mes dieux et mes guides,
> Pour l'astrolabe et le compas
> Des Maupertuis et des Euclides.
> Du vrai le pénible fatras
> Détend les cordes de ma lyre ;
> Vénus ne veut plus me sourire,
> Les Grâces détournent leurs pas.
> Ma Muse, les yeux pleins de larmes,
> Saint-Lambert, vole auprès de vous ;
> Elle vous prodigue ses charmes :
> Je lis vos vers, j'en suis jaloux.
> Je voudrais en vain vous répondre ;
> Son refus vient de me confondre ;
> Vous avez fixé ses amours,
> Et vous les fixerez toujours.
> Pour former un lien durable
> Vous avez sans doute un secret ;
> Je l'envisage avec regret,
> Et ce secret, c'est d'être aimable.

On peut supposer l'émoi qu'une épître si élogieuse devait causer dans la société de la petite ville et la gloire qui en rejaillissait sur Saint-Lambert.

La célèbre Clairon, avant de débuter à la Comédie-Française, séjourna également à Lunéville et elle fit partie de la troupe de comédie que Stanislas avait réunie dès la première année de son séjour en Lorraine; elle aussi pénétra dans le petit cénacle et elle se lia intimement avec Mme de Graffigny et ses amis. Panpan se permettait de lui donner des conseils, voire même de lui adresser des flatteries, ce qui lui valut un jour cette réponse dans une lettre commencée par Mme de Graffigny elle-même :

« Parlez donc, maître Boniface (1), excrément de collège, petit grimaud, barbouilleur de papier, rimeur de halles, fripier d'écrits, cuistre ; vous êtes un temps infini à m'écrire pour ne me dire que des impertinences. Ah, vous aurez à faire à une seconde Mlle Beaumalles ! Monsieur, plus d'éloges de votre part, car ce serait mortelle injure pour moi (2). »

Une des plus intimes amies de Mme de Graffigny, une des plus assidues dans le salon de l'aimable bas-bleu, était la jeune marquise de Boufflers.

La charmante femme n'avait pas été appréciée de la

---

(1) Surnom que l'on donnait encore quelquefois à Panpan.
(2) L'adresse est de la main de Clairon : « A monsieur Deveaux, chez monsieur Michel, avocat au Parlement. Ville Neuve, à Nancy. » (*La Mère du chevalier de Boufflers*, par M. Meaume.)

vieille reine comme elle aurait mérité de l'être. Pour être juste, il faut avouer qu'elle ne fut pas davantage appréciée de la cour et que les premières années de son séjour à Lunéville ne lui furent pas des plus douces.

Aussi, comme elle avait des goûts littéraires très prononcés, fut-elle heureuse de renouer connaissance avec Mme de Graffigny qu'elle avait vue si souvent à la cour de Léopold ou de la Régente, et de retrouver Saint-Lambert qui tant de fois avait partagé les jeux de son enfance. Elle fit la connaissance de Panpan, de Desmarets ; elle trouva bientôt beaucoup de charme dans cette société jeune, gaie, cultivée ; aussi chaque fois qu'elle quittait la campagne pour venir résider à Lunéville, aimait-elle à se rencontrer avec ses nouveaux amis et à passer de longues heures à causer littérature, ou à entendre la lecture de leurs œuvres.

En 1738, Voltaire et Mme du Châtelet étaient installés à Cirey, en Champagne. Voltaire n'avait pas oublié son séjour en Lorraine, en 1735, et les agréables relations qu'il avait nouées avec quelques habitants. Quel fut l'étonnement et la joie de Mme de Graffigny lorsqu'elle reçut de Mme du Châtelet une invitation à venir rompre le tête-à-tête de Cirey et à faire un séjour près du célèbre philosophe !

La demande de la marquise apporta à la fois la joie et le trouble dans le petit cénacle. Certes, il était dur de se quitter, d'abandonner cette intimité charmante et de tous les instants ; mais comment ne pas être flattée d'une si précieuse invitation; comment ne pas être dans le ravissement à l'idée de vivre quelques jours dans l'intimité de l'*Idole?* D'autre part, Mme de Graffigny serait-elle à la hauteur des circonstances? soutiendrait-elle convenablement son rôle entre deux personnages si intimidants, d'un mérite si écrasant?

Mme de Boufflers, consultée, déclara qu'on ne pouvait sans offense dédaigner une si précieuse marque de distinction ; puis elle parla avec enthousiasme de Mme du Châtelet, de la *divine Émilie*, qu'elle connaissait depuis longtemps, qu'elle aimait tendrement, et qui sûrement ferait le meilleur accueil à son invitée.

Enfin, poussée par tous ses amis, Mme de Graffigny se décida à partir; mais avant de s'éloigner, elle s'engagea à tenir les habitués du cénacle au courant de ses moindres faits et gestes, à ne leur rien celer de ce que ferait ou dirait celui qui pour tous était l'*Idole*.

CHAPITRE V

Liaison de Voltaire et de Mme du Châtelet.

Avant de raconter le séjour de Mme de Graffigny à Cirey, il nous faut rappeler comment, et à la suite de quels événements, Voltaire et Mme du Châtelet se trouvaient dans cette résidence.

La liaison du philosophe et de la divine Émilie rentre strictement dans le cadre que nous nous sommes imposé; en effet, ils vont jouer bientôt tous deux un rôle si prépondérant dans notre récit, ils vont si bien transformer la petite cour de Lunéville et jeter sur elle un tel lustre, qu'il est indispensable de consacrer quelques pages rapides aux événements qui ont précédé et amené l'arrivée des deux illustres amants à la cour de Stanislas.

Nous avons déjà eu plusieurs fois l'occasion de parler de Mme du Châtelet.

Gabrielle-Émilie Le Tonnelier de Breteuil, fille du baron de Breteuil, introducteur des ambassadeurs, était née le 17 décembre 1706. Le 20 juin 1725, elle avait épousé le marquis Florent-Claude du Châtelet-Lomont, d'une grande famille lorraine (1).

(1) Quatre familles seulement avaient le droit de porter le titre

CHAPITRE V

Si l'on s'en rapporte au portrait mordant laissé par Mme du Deffant, Mme du Châtelet aurait été fort ridicule :

« Représentez-vous une femme grande et sèche... sans hanches, la poitrine étroite, de gros bras, de grosses jambes, des pieds énormes, une très petite tête, le visage maigre, le nez pointu, deux petits yeux vert de mer, le teint noir, rouge, échauffé, la bouche plate, les dents clairsemées et extrêmement gâtées. Voilà la figure de la belle Émilie, figure dont elle est si contente qu'elle n'épargne rien pour la faire valoir. Frisure, pompons, pierreries, verreries, tout est à profusion. Mais comme elle veut être belle en dépit de la nature, et qu'elle veut être magnifique en dépit de la fortune, elle est souvent obligée de se passer de bas, de chemises, de mouchoirs et autres bagatelles. »

Parlant de sa science, la terrible marquise se borne à dire :

« Née sans talent, sans mémoire, sans imagination, elle s'est faite géomètre pour paraître au-dessus des autres femmes, ne doutant pas que la singularité ne donne la supériorité. Sa science est un problème difficile à résoudre ; elle n'en parle que comme Sganarelle parlait latin devant ceux qui ne le savaient pas. »

de grands chevaux de Lorraine : les du Châtelet, les Lenoncourt, les Ligniville, les Haraucour. La seconde chevalerie portait le titre de petits chevaux ; mais plusieurs de ces petits chevaux prétendaient égaler les grands, d'où l'expression *monter sur ses grands chevaux*.

Ces railleries mordantes ne lui suffisant pas encore, elle reproche à sa victime ses prétentions, son impolitesse, son rire glapissant, ses grimaces et ses contorsions.

A la lecture de ce portrait, Thomas ne put s'empêcher de s'écrier. « Mme du Deffant me rappelle un médecin de ma connaissance qui disait : « Mon ami « tomba malade, je le traitai ; il mourut, je le disséquai. »

« C'était un colosse en toutes proportions, écrit encore de Mme du Châtelet une femme qui ne l'aime pas. C'était une merveille de force ainsi qu'un prodige de gaucherie : elle avait des pieds terribles et des mains formidables ; elle avait la peau comme une râpe à muscade ; enfin la belle Émilie n'était qu'un vilain Cent-Suisse. »

Pour être sincère, il faut avouer que Mme du Châtelet n'était pas précisément jolie ; mais elle était cependant plaisante, dans tous les cas, beaucoup mieux qu'on ne le pourrait croire si l'on s'en rapportait aux portraits cruels et injustes que nous venons de citer. Elle était grande, svelte et brune ; elle avait l'œil vif, la bouche expressive ; enfin sa figure était aimable et l'ensemble de sa personne fort agréable. Et puis, n'en déplaise à Mme du Deffant, elle était douée d'une rare intelligence ; son esprit pénétrant, délié, investigateur s'attaquait à tout ; elle parlait couramment le latin, l'italien, l'anglais ; elle causait très bien ; bref, c'était une femme d'une véritable valeur et d'une haute culture intellectuelle; mais avec des prétentions et des travers que beaucoup de ses contemporains n'ont pu lui pardonner.

Le mariage de Mme du Châtelet ne tourna pas plus heureusement que la généralité des unions de l'époque. Naturellement elle n'aimait pas son mari, qui du reste lui était fort inférieur, et, dès que le ménage eut un fils, les relations des deux époux devinrent plus froides encore (1). Du reste, M. du Châtelet était la moitié de l'année à l'armée et sa femme ne le voyait qu'à de longs intervalles.

Ce n'était pas l'usage alors de tromper son ennui par les soins de la maternité ou les pratiques étroites de la religion. Les femmes estimaient qu'elles avaient mieux à faire. Mme du Châtelet, en particulier, n'était pas douée d'une de ces natures paisibles dont le cœur et les sens sommeillent jusqu'à la mort, et la solitude n'était pas son fait.

Elle possédait un tempérament ardent et une âme passionnée; aussi, quand elle aime, s'abandonne-t-elle tout entière, sans restrictions et sans réserves. Cœur, esprit, corps, elle donne tout à l'amant adoré. Situation, fortune, préjugés, mari, avenir, enfant même, elle est prête à tout lui sacrifier, sans un soupir, sans un regret.

(1) En 1727, Mme du Châtelet eut un fils qui fut ambassadeur en Autriche, en Portugal, et colonel des gardes françaises. Il mourut sur l'échafaud en 1794.

Malheureusement pour elle, elle donne trop, et elle n'est pas payée de retour. Et puis, elle ne possède pas le véritable charme de la femme; on l'aime bien quelques jours, mais elle ne sait pas retenir et on ne s'attache pas à elle.

Aussi n'a-t-elle jamais été heureuse en amour. A ses caresses ardentes, à son dévouement absolu, on ne lui répond en général que par des sentiments plus discrets. Alors qu'elle rêve d'amours éternelles, on ne lui répond que par des liaisons éphémères ou des froideurs qui la désespèrent.

Quand elle se vit délaissée par son mari, elle n'hésita pas longtemps sur le parti qui lui restait à prendre; elle chercha un amant et M. de Guébriant fut l'heureux élu. Elle l'aima de toute son âme, elle l'idolâtra; mais le marquis était de son temps, il ne se piquait pas d'une constance à toute épreuve, et au bout de quelques mois il abandonnait purement et simplement sa conquête. Mme du Châtelet, qui avait cru naïvement à des liens éternels, fut au désespoir; quand elle ne put douter de son malheur, elle n'hésita pas : elle avala une dose de laudanum qui aurait pu tuer deux personnes. C'est ce qui la sauva.

Il lui fallut du temps pour se remettre de cette douloureuse épreuve physique et morale; mais, grâce à sa jeunesse et à une santé vigoureuse, elle se rétablit complètement.

La cruelle mésaventure par laquelle elle avait débuté

dans la voie de la galanterie ne découragea pas Mme du Châtelet. Au marquis de Guébriant succéda le jeune duc de Richelieu : c'était tomber de Charybde en Scylla. Le duc n'admettait que les liaisons d'un jour et il le prouva bien vite à sa nouvelle amie. Mais, cette fois, elle commençait à s'habituer aux mœurs de l'époque et elle ne prit pas au tragique l'incident qui survenait. Et même, par extraordinaire, les deux amants se séparèrent sans se brouiller à mort et une franche et cordiale amitié succéda à l'éphémère passion qui les avait réunis.

Mme du Châtelet eut-elle d'autres intrigues et se consola-t-elle de Richelieu comme elle s'était consolée de Guébriant? C'est possible, mais nous l'ignorons, et cela importe peu à notre récit.

Arrivons à l'événement capital de sa vie, à sa liaison avec Voltaire.

Elle avait déjà rencontré Voltaire dans son enfance, chez son père; elle le retrouva en 1733 dans les salons de Paris. Il était l'intime ami du duc de Richelieu et naturellement il fut bientôt lié avec Mme du Châtelet.

Le poète avait alors trente-neuf ans: il était dans tout l'éclat de la réputation et de la gloire; il jouissait d'un prestige inouï. Mme du Châtelet, dont le cœur était libre en ce moment, ne le revit pas sans une grande émotion, et bientôt elle s'éprit pour lui de la passion la plus folle, la plus irrésistible.

Voltaire, que les charmes physiques troublaient

assez peu, ne fut pas insensible à l'admiration qu'il inspirait à une femme jeune, aimable, instruite, dont tout le monde célébrait à l'envi l'intelligence et le savoir, et qui de plus, point capital pour Voltaire, appartenait à la plus haute noblesse; il répondit aux avances de la jeune Émilie et tous deux s'embarquèrent dans une liaison qui devait durer toute leur vie.

Enfin, à force de persévérance et après quelques essais malheureux, Mme du Châtelet avait trouvé, elle le croyait du moins, la passion profonde et éternelle qu'elle cherchait si consciencieusement; elle avait enfin trouvé un aliment à ce besoin d'affection et de dévouement qui la dévorait.

Comme on ne saurait être trop près l'un de l'autre quand on s'aime, les deux amants décidèrent de ne se quitter jamais, pas plus à Paris qu'à la campagne; et, pour commencer sans perdre de temps cette heureuse intimité, Mme du Châtelet offrit un logement à Voltaire dans l'hôtel qu'elle occupait à Paris, rue Traversière. M. du Châtelet, consulté, trouva cet arrangement fort convenable, et le monde ne se montra pas plus exigeant que le mari.

Mme du Châtelet aima son nouvel amant comme elle avait aimé les autres et comme elle savait aimer, c'est-à-dire avec fureur. Elle l'aima pendant quinze ans passionnément. L'esprit, le charme, la gloire de Voltaire l'enthousiasmaient. Elle était fière d'avoir enchaîné sous ses lois le premier génie du siècle. Voltaire n'était pas moins flatté d'être l'amant connu, reconnu, attitré d'une grande dame, d'une marquise authentique, d'un *grand chevau* de Lorraine ! Au fond, tous deux se convenaient fort bien ; leurs caractères, leurs intelligences se plaisaient extrêmement. L'habitude les enchaîna et bientôt ils ne pouvaient plus se passer l'un de l'autre.

Dans le premier moment d'enthousiasme, le philosophe lui aussi est véritablement sous le charme et il pare sa nouvelle amie de tous les mérites ; il lui décerne les titres les plus élogieux : elle est sa « docte Uranie », sa « reine de Saba », la « Minerve de France » ; mais le nom qu'il lui donne le plus volontiers est celui de *divine Emilie*, nom qui lui restera, et sous lequel elle est connue.

Voltaire, il faut l'avouer, a fait toute la réputation de Mme du Châtelet. A force de la placer sur un piédestal, de célébrer en vers, comme en prose, ses mérites, son savoir, sa beauté, il a fini par l'entourer d'un véritable prestige. Il est vrai que, dans un moment de mauvaise humeur, il répondait à un indiscret qui s'étonnait de cet enthousiasme vraiment excessif : « Mais, mon ami, elle aurait fini par m'étrangler si je n'avais consenti à vanter sa beauté et sa science. »

Cependant cette liaison, qui au début avait paru offrir à Mme du Châtelet tout ce qu'elle pouvait désirer, ne fut pas exempte de déceptions et de déboires.

Voltaire, d'un tempérament délicat, se croyait et se

disait mourant à tout instant; et la pauvre marquise se transformait fréquemment en garde-malade. Ce n'était pas le rôle sur lequel elle avait compté, elle dont la santé vigoureuse souhaitait d'autres occupations. Elle ne se plaignait pas cependant, et elle se montrait aussi bonne, aussi dévouée que son partner était quinteux, geignant, du reste charmant à ses heures et d'une verve intarissable.

Pour chercher un dérivatif et donner un aliment à son activité, Mme du Châtelet se plongea dans les études abstraites; elle se lança à corps perdu dans la géométrie, dans les travaux algébriques, dans les spéculations astronomiques les plus ardues; elle s'y adonna avec passion, leur demandant, en absorbant et en fatiguant son cerveau, d'apaiser l'ardeur de son tempérament, puisqu'on ne lui donnait pas l'occasion de l'utiliser plus agréablement.

La marquise avait encore d'autres sujets de souci : elle était jalouse de son amant, et, bien qu'elle n'eût pas trouvé dans cette liaison tout ce qu'elle en avait d'abord espéré, elle craignait toujours de se voir abandonnée; les cruelles mésaventures de sa jeunesse n'étaient pas faites pour la rassurer. Voltaire, de son côté, n'ignorait pas le passé orageux de la marquise; en dépit de sa philosophie, il redoutait toujours quelque nouvelle intrigue et se montrait fort soupçonneux. De là entre les deux amants des méfiances, des querelles, des scènes fréquentes.

CHAPITRE V

Ce n'était pas tout. Il y avait encore pour Mme du Châtelet un grave sujet de trouble et d'inquiétude.

La vie de Voltaire s'est passée dans des transes continuelles. Il avait le tort de devancer son siècle et ses écrits qui, aujourd'hui, nous semblent fort innocents ; ses théories qui, pour la plupart, sont devenues d'indiscutables vérités, soulevaient des tempêtes et lui valaient force lettres de cachet. Le gouvernement, les dévots ne cherchaient qu'une occasion de faire disparaître ce dangereux novateur. Voltaire avait goûté une première fois de la Bastille et il savait par expérience qu'il était plus facile d'entrer dans ce château royal que d'en sortir. Pour ne pas être exposé à y passer sa vie il devait, à chaque nouvelle alerte, se cacher, fuir à l'étranger jusqu'à ce que l'orage fût apaisé. Déjà, en 1729, sa situation était si critique qu'un moment il avait songé à retourner vivre en Angleterre « où nul ministre n'est assez puissant pour attenter à la liberté d'un citoyen ».

Mme du Châtelet vécut donc avec lui une existence agitée, troublée par des alarmes continuelles ; elle partagea toutes les anxiétés de son ami pour sa sécurité, ses angoisses incessamment renouvelées, ses rages folles contre ses persécuteurs. Bref, leur vie ne fut qu'un long tissu de craintes, d'émotions, d'agitations, et par moments d'enthousiasme et de gloire.

Voilà quelle était la situation réciproque des deux amants, situation qui dura quinze ans, au milieu d'alternatives que nous allons brièvement raconter.

Un an environ après le début de leur liaison, c'est-à-dire en 1734, Voltaire, à propos des *Lettres philosophiques*, avait dû fuir précipitamment et se rendre à Plombières dont les eaux lui étaient devenues subitement des plus nécessaires.

Au bout de quelques mois, le calme s'étant fait, le philosophe revint secrètement s'installer en Champagne, au château de Cirey, propriété de Mme du Châtelet, qu'elle mettait à la disposition de son malheureux ami. Cirey avait le double avantage d'être fort isolé ; puis d'être à une courte distance de la frontière de Lorraine. A la moindre alerte, le poète pouvait retourner prendre les fameuses eaux de Plombières.

En 1735, nouvelle alerte et non moins grave : des extraits de *la Pucelle* ont couru, et l'auteur est menacé des mesures les plus rigoureuses.

Cette fois, ce n'était plus à Plombières qu'il se réfugiait, mais à la petite cour de Lunéville. Il était, du reste, bien résolu d'y demeurer incognito, « comme les souris d'une maison qui ne laissent pas de vivre gaîment sans jamais connaître le maître ni la famille ».

L'oubli se fait encore une fois et Voltaire vient de nouveau goûter un peu de calme et de repos dans la délicieuse retraite de Cirey, près de la divine Émilie.

Le poète jouissait avec délices de la vie heureuse que la tendresse de son amie lui ménageait lorsqu'une nouvelle menace vint encore troubler sa quiétude. Cette fois, c'était à propos du *Mondain*, dangereux pamphlet qu'il avait confié à son ami l'évêque de Luçon et que l'on avait trouvé dans les papiers du prélat après sa mort.

Encore une fois il fallait fuir sans perdre une minute si l'on voulait éviter la Bastille. En décembre, Voltaire s'enfuyait en Hollande.

Enfin, en février 1737, Voltaire, ayant promis d'être sage, peut revenir à Cirey. Cette fois, les leçons du passé lui ont servi ; il se tient coi et c'est à peine si l'on entend parler de lui. Il reste enfoui à Cirey pendant plus de deux ans, ne recevant des nouvelles de Paris que deux fois par semaine.

Sa nièce, Mme Denis, étant venue le voir, écrit avec chagrin :

« Je suis désespérée, je le crois perdu pour tous ses amis. Il est lié de façon qu'il me paraît presque impossible qu'il puisse briser ses chaînes. Ils sont dans une solitude effrayante pour l'humanité. Cirey est à quatre lieues de toute habitation, dans un pays où l'on ne voit que des montagnes et des terres incultes ; abandonnés de tous leurs amis et n'ayant presque jamais personne de Paris.

« Voilà la vie que mène le plus grand génie de notre siècle ; à la vérité, vis-à-vis d'une femme de beaucoup d'esprit, fort jolie, et qui emploie tout l'art imaginable pour le séduire.

« Il n'y a point de pompons qu'elle n'arrange, ni de

passages des meilleurs philosophes qu'elle ne cite pour lui plaire. Rien n'y est épargné. Il en paraît plus enchanté que jamais. »

Tous deux, du reste, travaillaient à force : Voltaire, à ses ouvrages philosophiques, à la *Pucelle,* à ses tragédies ; Mme du Châtelet, à ses travaux astronomiques.

Deux années passent ainsi comme un songe. Cependant, à la fin de 1738, Mme du Châtelet trouve utile d'apporter un peu de variété dans ce perpétuel tête-à-tête, et, d'accord avec le philosophe, elle engage Mme de Graffigny, que tous deux connaissent et apprécient, à venir faire un séjour à Cirey.

CHAPITRE VI

(1739)

Séjour de Mme de Graffigny à Cirey.

A peine arrivée à Cirey, Mme de Graffigny tient la parole qu'elle a donnée à ses amis, et dans des lettres pleines de verve, d'un entrain endiablé, elle narre à son cher Panpan, à son aimable Panpichon, les moindres détails de sa vie.

Le ton qu'elle emploie vis-à-vis de Panpan est extrêmement libre : « Il est l'ami de son cœur, selon son cœur ; elle l'aime plus parfaitement que jamais ami ne l'a été ; elle le regrette à chaque instant du jour ; elle l'embrasse cent fois, etc., etc. »

Il est vrai que la dame qui ne manque ni d'exubérance, ni de tendresse, embrasse non moins vivement Saint-Lambert. Quant à Desmarets, *elle le baise sur l'œil gauche.*

Tous ses amis ont des surnoms et elle ne les désigne jamais autrement dans sa correspondance. Desmarets surtout en a une incroyable variété ; il est successivement : maroquin, Saint-Docteur, Cléphan, gros chien, gros chien blanc. Saint-Lambert est le Petit Saint, etc.

Laissons Mme de Graffigny raconter elle-même les divers incidents de sa route et l'accueil de ses hôtes :

« Cirey, 4 décembre 1738.

« Je suis donc partie avant le jour, j'ai assisté à la toilette du soleil; j'ai eu un temps admirable et des chemins jusqu'à Joinville comme en été, à la poussière près, mais on s'en passe bien. J'y suis arrivée à une heure et demie, dans une petite chaise de Madame Royale; cette voiture était assez bonne et même assez douce; j'avais un cocher excellent, voilà le beau. Voici le laid : les cochers m'ont dit qu'il leur était impossible d'aller plus loin? Que faire? J'ai pris la poste. Je suis arrivée à deux heures de nuit, mourante de frayeur, par des chemins que le diable a fait horribles, pensant verser à tout moment, tripotant dans la boue, parce que les postillons disaient que si je ne descendais, ils me verseraient. Juge de mon état. Je disais à Dubois (1) :
« Panpan ne se doute guère que je grimpe une mon-
« tagne à pied, à tâtons. » Enfin, je suis arrivée.

« La nymphe m'a très bien reçue, je suis restée un moment dans sa chambre; ensuite, je suis montée un moment dans la mienne pour me délasser. Un moment après, arrive... qui? ton Idole! tenant un petit bougeoir

---

(1) Sa femme de chambre.

à la main comme un moine. Il m'a fait mille caresses ; il a paru si aise de me voir que ses démonstrations ont été jusqu'aux transports ; il m'a baisé dix fois les mains et m'a demandé de mes nouvelles avec un air d'intérêt bien touchant ; sa seconde question a été pour toi, elle a duré un quart d'heure ; il t'aime, dit-il, de tout son cœur. Puis il m'a parlé de Desmarets et de Saint-Lambert...

« Tu es étonné que je te dise simplement que la nymphe m'a bien reçue, et c'est que je n'ai que cela à te dire. Son caquet est étonnant, je ne m'en souvenais plus, elle parle extrêmement vite ;... elle parle comme un ange, c'est ce que j'ai reconnu. Elle a une robe d'indienne et un grand tablier de taffetas noir. Ses cheveux noirs sont très longs ; ils sont relevés par derrière jusqu'au haut de la tête et bouclés comme ceux des petits enfants. Cela lui sied fort bien..... Pour ton Idole, je ne sais s'il s'est poudré pour moi ; mais tout ce que je puis te dire, c'est qu'il est *étalé* comme il le serait à Paris. »

Les premiers temps du séjour de Mme de Graffigny sont un enchantement de tous les instants. Elle ne se possède pas de joie et ne sait comment dépeindre son bonheur à ses amis :

« Cirey, vendredi, minuit.

« Dieu ! que vais-je lui dire, et par où commencer ? Je voudrais te peindre tout ce que je vois, mon cher Panpan ; je voudrais te redire tout ce que j'entends !

enfin, je voudrais te donner le même plaisir que j'ai; mais j'ai bien peur que la pesanteur de ma grosse main ne brouille et ne gâte tout; je crois qu'il vaut mieux tout uniment te conter, non pas jour par jour, mais heure par heure.....

« Ce que c'est que la vie! me disais-je : hier soir dans les ténèbres et la boue, aujourd'hui dans un lieu enchanté!... J'assaisonnai donc ce souper de tout ce que je trouvai en moi et hors de moi; mais de quoi ne parla-t-on pas : poésies, sciences, arts; le tout sur le ton de badinage et de gentillesse...

« A propos du soir — bonsoir! voilà une heure qui sonne, il faut un peu reposer les jambes rompues de cette pauvre abbesse, qui s'est mise au lit en embrassant tous ses chers amis, tels que Saint-Docteur, le Petit Saint et Panpichon. Bonsoir donc, tous mes fidèles et chers bons amis. »

Mais avant tout, il convient de faire aux amis infortunés qui n'ont pas le bonheur suprême de se trouver en présence de l'Idole, il convient de leur faire une description minutieuse du temple; au moins, ils pourront se le figurer par la pensée. Maigre consolation !

« Samedi, 5 heures soir.

« La petite aile tient si fort à la maison que la porte est au bas du grand escalier; il a une petite antichambre, grande comme la main; ensuite vient sa chambre, qui est petite, basse et tapissée de velours cramoisi ; une niche de même avec des franges d'or : c'est le meuble d'hiver. Il y a peu de tapisseries ; mais beaucoup de lambris, dans lesquels sont encadrés des tableaux charmants ; des glaces, des encoignures de laque admirables ; des porcelaines, des marabouts ; une pendule soutenue par des marabouts d'une forme singulière ; des choses infinies dans ce goût-là, chères, recherchées, et surtout d'une propreté à baiser le parquet ; une cassette ouverte où il y a une vaisselle d'argent ; tout ce que le superflu, chose *si nécessaire,* a pu inventer : et quel argent, quel travail ! il y a jusqu'à un baguier où il y a douze bagues de pierres gravées, outre deux de diamants.

« De là, on passe dans la petite galerie qui n'a guère que trente ou quarante pieds de long. Entre ses fenêtres sont deux petites statues fort belles sur des piédestaux de vernis des Indes : l'une est cette Vénus Farnèse, l'autre Hercule. L'autre côté des fenêtres est partagé en deux armoires, l'une des livres, l'autre des machines de physique ; entre les deux, un fourneau dans le mur qui rend l'air comme celui du printemps. Devant, se trouve un grand piédestal sur lequel est un Amour assez grand qui lance une flèche : cela n'est pas achevé. On fait une niche sculptée à cet Amour qui cachera l'apparence du fourneau (1).

(1) Sur le socle de la statue se trouvait cette inscription :
Qui que tu sois, voici ton maître ;
Il l'est, le fut, ou le doit être.

« La galerie est boisée et vernie en petit jaune; des pendules, des tables, des bureaux, tu crois bien que rien n'y manque..... Il n'y a qu'un seul sopha et point de fauteuils commodes, c'est-à-dire que le petit nombre de ceux qui s'y trouvent sont bons, mais ce ne sont que des fauteuils garnis; l'aisance du corps n'est pas sa volupté, apparemment.

« Les panneaux des lambris sont des papiers des Indes fort beaux; les paravents sont de même; il y a des tables à écrans, des porcelaines; enfin, tout est d'un goût extrêmement recherché. Il y a une porte au milieu qui donne dans le jardin : le dehors de la porte est une grotte fort jolie. »

Après avoir minutieusement décrit la demeure de l'Idole, il est de toute justice de dépeindre celle qui abrite les charmes de la déesse. Mme de Graffigny n'a garde d'y manquer :

« L'appartement de Voltaire n'est rien en comparaison de celui-ci : sa chambre est boisée et peinte en vernis petit jaune avec des cordons bleu pâle; une niche de même, encadrée de papier des Indes charmant. Le lit est en moiré bleu et tout est tellement assorti que, jusqu'au panier pour le chien, tout est jaune et bleu : bois de fauteuils, bureau, encoignures, secrétaire; les glaces et cadres d'argent, tout est d'un brillant admirable. Une grande porte vitrée conduit à la bibliothèque qui n'est pas encore achevée.

« D'un côté de la niche est un petit boudoir; on est

prêt à se mettre à genoux en y entrant ; le lambris est en bleu et le plafond est peint et verni par un élève de Martin qu'ils ont ici depuis trois ans.....

« Il y a une cheminée en encoignure, des encoignures de Martin avec de jolies choses dessus, entre autres une écritoire d'ambre que le prince de Prusse lui a envoyée avec des vers. Pour tout meuble, un grand fauteuil couvert de taffetas blanc et deux tabourets de même, car, grâce à Dieu, je n'ai pas vu une bergère dans toute la maison : ce divin boudoir a une sortie par sa seule fenêtre sur une terrasse charmante et dont la vue est admirable. De l'autre côté de la niche est une garde-robe divine, pavée de marbre, lambrissée en gris de lin, avec les plus jolies estampes. Enfin, jusqu'aux rideaux de mousseline qui sont aux fenêtres sont brodés avec un goût exquis... »

Mais nous n'en avons pas fini avec la description des splendeurs de Cirey ; il y a encore un appartement des bains qui est une pure merveille :

« Ah ! quel enchantement que ce lieu ! L'antichambre est grande comme ton lit ; la chambre de bains est entièrement de carreaux de faïence, hors le pavé qui est de marbre. Il y a un cabinet de toilette de même grandeur dont le lambris est vernissé d'un vert céladon clair, gai, divin ! sculpté et doré admirablement ; des meubles à proportion, un petit sopha, de petits fauteuils charmants, dont les bois sont de même façon, toujours sculptés et dorés : des encoignures, des porcelaines, des estampes, des tableaux et une toilette; enfin, le plafond est peint. La chambre est riche et pareille en tout au cabinet; on y voit des glaces et des livres amusants sur des tablettes de laque. Tout cela semble être fait pour des gens de Lilliput. Non, il n'y a rien de si joli, tant ce séjour est délicieux et enchanté! Si j'avais un appartement comme celui-là, je me serais fait réveiller la nuit pour le voir; je t'en ai souhaité cent fois un pareil, à cause de ton bon goût pour les petits nids. C'est assurément une jolie bonbonnière, te dis-je; toutes ces choses sont parfaites. Sa cheminée n'est pas plus grande qu'un fauteuil ordinaire, mais c'est un bijou à mettre en poche! »

On pourrait croire, d'après ces séduisantes descriptions, que tous les appartements de Cirey sont d'un luxe surprenant. Hélas! il n'en est rien! Tout ce qui n'est pas « l'appartement de la dame ou de Voltaire » est d'une « saloperie à dégoûter ».

Mme de Graffigny elle-même est horriblement logée et elle exhale ses plaintes de façon très plaisante. A l'en croire, elle habite l'antre d'Éole :

« Il faut que tu saches comment est faite ma chambre: c'est une halle pour la hauteur et la largeur où tous les vents se divertissent par mille fentes qui sont autour des fenêtres et que je ferai bien étouper si Dieu me prête vie. Cette pièce immense n'a qu'une seule fenêtre coupée en trois comme du vieux temps, ne portant rien que six volets. Les lambris qui sont blanchis diminuent un peu la tristesse dont elle serait eu égard au peu de jour.

« La tapisserie est à grands personnages, à moi inconnus et assez vilains. Il y a une niche garnie d'étoffes d'habits très riches, mais désagréables à la vue par leur assortiment. Pour la cheminée, il n'y a rien à en dire : elle est si petite que tout le sabbat y passerait de front. On y brûle environ une corde de bois par jour, sans que l'air de la chambre en soit moins cru. Des fauteuils du vieux temps, une commode, une table de nuit pour toute table; mais en récompense une belle toilette de découpures, voilà ma chambre que je hais beaucoup et avec connaissance de cause.

« Hélas! on ne saurait avoir à la fois tous les biens en ce monde. J'ai un cabinet tapissé d'indiennes qui ne l'empêchent pas de voir l'air par le coin des murs; j'ai une très jolie petite garde-robe sans tapisserie, fort à jour aussi, afin d'être assortie avec tout le reste. »

Mme de Graffigny a-t-elle au moins un gracieux horizon pour la consoler de la tristesse de son intérieur? Hélas! non. Une montagne aride, qu'elle touche presque de la main, bouche complètement la vue.

La vie à Cirey n'est pas très gaie pendant la journée : on prend le café vers onze heures dans la galerie de Voltaire qui reçoit ses hôtes en robe de chambre. Puis, à une heure, le philosophe, qui veut retourner à ses travaux, fait une grande révérence : c'est le signal du départ; chacun se retire dans sa chambre et reste seul jusqu'à neuf heures du soir. A ce moment, l'on soupe et l'on cause jusqu'à minuit.

Mais alors, quel charme! quelles délices! A cette heure, le philosophe n'a que vingt ans; il est inépuisable de verve, d'entrain; on ne se lasse pas de l'entendre. Quelle gaieté! quelle imagination plaisante! Il faudrait des volumes pour tout raconter. Et en même temps si aimable, si attentif, parlant sans cesse à Mme de Graffigny de ses amis, du cher Panpan, qu'il connaît et qu'il aime; de Desmarets, de Saint-Lambert, dont il admire les vers. Pas de soir où l'on ne boive à leur santé avec du *fin amour !*

Souvent, après le souper, Voltaire donne la lanterne magique « avec des propos à mourir de rire ». Il fait toutes sortes de contes, de plaisanteries sur ses amis, sur ses ennemis. « Non, il n'y a rien de si drôle », s'écrie Mme de Graffigny enthousiasmée. Un soir, à force de tripoter le goupillon de la lanterne qui est remplie d'esprit-de-vin, le philosophe la renverse sur sa main, le feu y prend et voilà la main en flammes. Tout le monde se précipite, le feu est éteint en un rien de temps, et la main n'est que légèrement brûlée. Aussitôt Voltaire, qui ne se trouble pas pour si peu, reprend le divertissement et ses boniments étourdissants. Ces heures sont délicieuses et se prolongent souvent fort avant dans la nuit.

Le philosophe s'occupe de Mme de Graffigny d'une façon charmante; il lui cherche des livres, des amusements; il lui promet des lectures quand elle sera « bien sage »; il craint qu'elle ne s'ennuie, « comme si l'on pouvait s'ennuyer auprès de Voltaire! Ah! Dieu! cela n'est pas possible, s'écrie Mme de Graffigny dans son ravissement; je n'ai même pas le loisir de penser qu'il y a de l'ennui au monde; aussi je me porte comme le Pont-Neuf et je suis éveillée comme une souris. Serait-ce parce que je mange moins ou parce que j'ai l'esprit remué vivement et agréablement?..... Ce que je dors, je le dors comme un enfant. Enfin, je sens, par une expérience qui m'était presque inconnue, que l'occupation agréable fait le mobile de la vie ».

On a pour Mme de Graffigny les attentions les plus délicates; celle à laquelle elle paraît le plus sensible, c'est qu'on paye les ports des lettres qu'elle reçoit : « Cela n'est-il pas bien galant ? » dit-elle. Elle n'éprouve qu'un regret, c'est qu'on n'affranchisse pas aussi celles qu'elle adresse à ses amis.

Plus on voit Voltaire, plus on est étonné de son amabilité, de sa bonté. Il y a dans son caractère des côtés charmants, attachants au possible. Ainsi, il ne peut entendre parler d'une belle action sans attendrissement.

Un jour, Mme de Graffigny ayant raconté ses malheurs conjugaux et la triste histoire de sa vie, elle émeut si profondément son auditoire qu'elle s'impressionne elle-même et qu'elle a toutes les peines du monde à ne pas « brailler ». — « Ah! quels bons cœurs! s'écrie-t-elle. La belle dame riait pour s'empêcher de pleurer ; mais Voltaire, l'humain Voltaire, fondait en larmes, car il n'a pas honte de paraître sensible. »

Un autre jour, Mme du Châtelet veut emmener Mme de Graffigny se promener en calèche; mais les chevaux sont fringants et, à la vue de leurs « gambades », la dame tremble et hésite. Elle aurait dû suivre de gré ou de force sans le compatissant philosophe qui déclare « qu'il est ridicule de forcer les gens complaisants à prendre des plaisirs qui sont des peines pour eux ». — « On l'adore à ce propos, n'est-ce pas », s'écrie Mme de Graffigny reconnaissante.

Les querelles entre Voltaire et la divine Émilie étaient du reste assez fréquentes et des plus plaisantes pour les spectateurs : une après-midi le poète devait lire *Mérope;* il arrive avec un habit assez peu élégant à la vérité, mais cependant agrémenté de belles dentelles. Mme du Châtelet lui demanda d'en changer. Voltaire, entêté comme d'habitude pour des riens, refuse et fait un long discours pour prouver qu'il a raison : il se refroidirait, il s'enrhumerait, il n'a pas d'autre habit. La déesse insiste, se fâche, et Voltaire agacé retourne dans sa chambre avec son manuscrit sous le bras. Un instant après il fait dire qu'il a la colique, et voilà *Mérope* au diable ! C'est en vain qu'on l'envoie demander par un domestique ; il répond qu'il a toujours la colique. Mme de Graffigny prend le parti d'aller elle-même le chercher; elle le trouve gai, bien portant, et ils causent tous deux fort agréablement. Quelques personnes du voisinage étant survenues, on fait de nouveau appeler Voltaire; il finit par venir au salon; mais aussitôt sa colique le reprend, il se met dans un coin et ne dit mot. Ce jour-là on n'en put rien tirer.

Comment Mme du Châtelet et Voltaire qui faisaient si grand accueil à Mme de Graffigny ne songeaient-ils pas à inviter ses amis? Elle qui avait la passion de l'amitié, elle qui écrivait : « Vivre dans ses amis, c'est presque vivre dans le ciel », pourquoi lui imposait-on une séparation qui devait lui être si cruelle?

C'est que Mme du Châtelet, plus encore que le philosophe, redoutait les visites importunes; les hôtes qu'il faut distraire, amuser; qui empêchent de travailler et qui par suite font perdre un temps précieux. Elle s'en ouvrit un jour très franchement à Mme de Graffigny qui l'assura que ses amis, et en particulier Saint-Lambert, sauraient parfaitement faire comme elle, c'est-à-dire s'adonner à la lecture et passer dans leur chambre la plus grande partie de la journée.

Sur cette réponse rassurante, elle fut chargée de convier Saint-Lambert à venir faire un séjour et même à arriver le plus vite possible.

Mais Saint-Lambert montre peu d'empressement :

« Allez, allez, mon Petit Saint, il n'y a que la crainte de paraître un âne qui vous empêche de venir, lui mande Mme de Graffigny. Venez en toute assurance; les ânes sont fort bien reçus ici; j'en suis un bon garant, car on ne leur parle jamais que de leurs âneries... Vous êtes un charmant petit saint qui faites de votre joli esprit tout ce que vous voulez et de votre cœur tout ce que vous devez. »

En attendant, Voltaire s'impatiente de ne pas voir arriver « son confrère en Apollon », et comme il veut être agréable à Mme de Graffigny, il demande qu'on fasse venir aussi Panpan, ce cher Panpichon, la coqueluche des dames de Lunéville.

Un soir à souper, il s'écrie :

— Ah çà ! voyons, faisons donc venir notre cher petit Panpan, que nous le voyions.

— De tout mon cœur, dit Mme du Châtelet ; mandez-lui, madame, de venir.

— Mais vous le connaissez, dit Mme de Graffigny au philosophe ; vous savez comme il est timide : jamais il ne parlera devant cette belle dame.

— Attendez, dit Voltaire ; nous le mettrons à son aise. Le premier jour, nous la lui ferons voir par le trou de la serrure ; le second, nous le tiendrons dans le cabinet, il l'entendra parler ; le troisième, il entrera dans la chambre et parlera derrière le paravent. Allez, allez, nous l'aimerons tant que nous l'apprivoiserons.

— Quelle folie, dit la marquise. Je serai charmée de le voir et j'espère qu'il ne me craindra pas.

Mme de Graffigny transmet fidèlement l'invitation ; mais comme elle est déjà bien revenue sur le compte de Mme du Châtelet, elle détourne plutôt son ami d'une visite qui ne lui donnerait que des déceptions.

« Elle est très froide et un peu sèche, lui dit-elle ; tu ne saurais quelle contenance tenir, et toutes les prévenances de ton aimable Idole ne te remettraient pas. Il est bien rare qu'elle soit comme je te l'ai d'abord dépeinte... elle est plus négligée que moi et plus mal tenue... Son ton t'abasourdirait, il est à mille lieux du tien et à deux mille de celui de la duchesse (1). »

Puis, elle craint qu'il ne soit pas suffisamment élégant, son habit de drap est trop vilain, et quant à sa « belle urne », elle est d'été.

Enfin, elle termine plaisamment :

« Que feriez-vous ici, pauvre sot ?... Apparemment vous ne seriez pas plus heureux que je ne le suis. Restez dans votre tanière, pauvre oison ! »

Qui pourrait croire que Mme de Graffigny pût être souffrante dans ce *palais enchanté ?*

Malgré le charme de la vie qu'elle mène, elle ne se porte pas trop bien cependant : elle souffre souvent de ce terrible mal qu'on appelle « des vapeurs » au dix-huitième siècle et que nous désignons savamment sous le nom de « neurasthénie » ; elle en est accablée par moments.

Elle n'est pas seule à en souffrir ; Voltaire en est la victime, lui aussi, sans vouloir en convenir du reste ; il attribue ses maux à des indigestions, mais ce n'est pas

(1) Mme de Richelieu.

la véritable cause. Comme tous les gens « à vapeurs », « tant qu'il est dissipé, il se porte bien ; dès qu'on le contrarie, il est malade ».

Desmarets est également affligé du même mal, et Mme de Graffigny l'a avoué à Voltaire. Cette confidence donne au philosophe le plus ardent désir de voir son confrère en maladie, car s'il passe sa vie à se moquer des médecins, personne plus que lui n'adore parler de ses maux. Il demande donc à tout prix qu'on fasse venir le jeune officier. « Il grille de le voir pour parler glaires avec lui, écrit Mme de Graffigny moqueuse; c'est aussi sa marotte ; il a aussi la barre dans le ventre ; enfin, que te dirais-je ? rien n'y manque. »

Cependant Voltaire ne peut vivre sans comédie, sans théâtre. Que faire ? Pour tromper son ennui, il fait venir des marionnettes qui remplaceront momentanément les comédiens du roi : elles obtiennent un succès étourdissant.

Enhardi par cette heureuse tentative, le philosophe se décide à organiser un théâtre véritable. La salle est très petite et la scène plus encore ; mais tout est admirablement arrangé et prête à l'illusion.

A partir de ce jour, la vie de Cirey est transformée ; il n'est plus question que de répétitions, de drames, de comédies ; tous les hôtes du château sont mis en réquisition, personne n'échappe à la tyrannie du maître de céans, et lui-même donne l'exemple.

Mme de Graffigny passe son temps à apprendre ses

rôles, mais elle a beaucoup de peine à les retenir et elle enrage de son manque de mémoire.

Enfin, après force répétitions, on joue *l'Enfant prodigue;* puis, le lendemain, *Boursoufle*, une farce que le philosophe vient de terminer et « qui n'a ni cul ni tête ».

Mais les acteurs ne sont pas en nombre suffisant, et Voltaire de se lamenter. Il se plaint amèrement que Panpan, Desmarets, Saint-Lambert, malgré de pressantes instances, ne veuillent pas venir grossir la troupe comique. Avec eux on ferait des merveilles.

Enfin, Desmarets se laisse séduire et il arrive à Cirey. A peine débarqué il est enrôlé dans la troupe du château. Il faut d'autant plus se presser que Mme de Graffigny veut se rendre à Paris, et que son départ est irrévocablement fixé au mercredi des Cendres.

Laissons Mme de Graffigny elle-même faire le récit de l'existence de Cirey pendant les jours gras de 1739 :

« Lundi gras.

« Je saisis un moment où Mme du Châtelet est montée à cheval avec Desmarets pour vous écrire, car, en vérité, on ne respire point ici.... Nous jouons aujourd'hui *l'Enfant prodigue* et une autre pièce en 3 actes, dont il faut faire des répétitions. Nous avons répété

Zaïre jusqu'à 3 heures du matin. Nous la jouons demain avec *la Sérénade* (de Regnard). *Il faut se friser, se chausser, s'ajuster, entendre chanter un opéra : ah! quelle galère!* On nous donne à lire des petits manuscrits charmants, qu'on est obligé de lire en volant! Desmarets est encore plus ébaubi que moi, car mon flegme ne me quitte pas et je ne suis pas gaie; mais pour lui il est transporté, il est ivre.

« Nous avons compté hier soir que, dans les vingt-quatre heures, nous avons répété et joué *33 actes, tant tragédie, opéra que comédie*. N'êtes-vous pas étonnés aussi, vous autres? Et ce drôle-là, qui ne veut rien apprendre, qui ne sait pas un mot de ses rôles, au moment de monter au théâtre, est le seul qui les joue sans fautes; aussi, il n'y a d'admiration que pour lui. Il est vrai de dire qu'il est étonnant. Le fripon a manqué sa vocation.

« Enfin, après souper, nous eûmes un sauteur qui passe par ici et qui est assez adroit. Je vous dis que c'est une chose incroyable qu'on puisse faire tant de choses en un jour.....

« Panpan, mon cher Panpan, nous sortons de l'exécution du troisième acte joué aujourd'hui; il est minuit et nous avons soupé; je suis rendue, la tête tourne à Desmarets. C'est le diable, oui le diable! que la vie que nous menons. Après souper Mme du Châtelet chantera un opéra entier; et vous croyez, bourreau, qu'on a le temps de vous conter des balivernes? Allez, allez!

vous êtes fou. J'ai reçu ce soir votre lettre de samedi ; Desmarets l'a lue à ma toilette... »

Cette vie enchanteresse, ce ciel serein sont bouleversés tout à coup par une catastrophe inattendue.

Voltaire apprend que des copies de *Jeanne* circulent; comme il en a souvent fait le soir des lectures, après souper, il croit à une indiscrétion de Mme de Graffigny; il l'accuse de lui avoir volé le manuscrit, d'en avoir envoyé des copies à Panpan, etc., etc. Bref, sa tête se monte et dans une scène inouïe de violence il se dit perdu sans ressources, il annonce qu'il va fuir en Hollande, au bout du monde; il adjure Mme de Graffigny, qui n'en peut mais, d'écrire à Panpan pour le conjurer de retirer toutes les copies qu'il a données, etc., etc.

C'est en vain que la malheureuse femme proteste de son innocence, assure qu'elle n'a rien envoyé; que Panpan est aussi peu coupable qu'elle, et pour cause, le philosophe ne veut rien entendre. Mme du Châtelet arrive et redouble d'invectives et de reproches, etc. Le lendemain tout était oublié; Voltaire, calmé, reconnaissait l'injustice de ses soupçons et l'on se remettait à jouer gaiement la comédie, comme si rien absolument ne s'était passé.

Mme de Graffigny n'en avait pas fini avec les émotions douloureuses. A peine rassurée du côté de Voltaire, elle eut avec Desmarets une courte explication qui ne lui laissa pas le moindre doute sur les sentiments qu'il conservait pour elle.

« J'ai la tête si troublée de comédie, de mon voyage, et du tendre aveu que vient de me faire Desmarets qu'*il ne m'aime plus et ne veut plus m'aimer*, que je suis comme ivre..... Ah! mon pauvre ami, que vais-je devenir? Mon cœur, mon triste cœur, ne peut, en ce moment douloureux, t'en dire davantage. Tu crois bien qu'avec la résolution que j'avais prise de n'avoir plus de querelles et de pousser la douceur jusqu'à l'*oisonnerie*, il ne fallait rien moins qu'un aveu aussi délibératif que celui-là pour me désoler..... Je l'ai reçu sans lui faire un seul reproche. Je t'assure que j'en souffrirai seule, mais je n'en reviendrai pas..... N'est-il pas étonnant qu'il m'ait parlé de la sorte pour le peu qu'il lui en coûte à me rendre heureuse?... »

Le lendemain Mme de Graffigny, le cœur brisé, quittait Cirey pour n'y plus revenir. Elle quittait également l'ingrat Desmarets qu'elle ne devait jamais revoir (1).

(1) Mme de Graffigny partit pour Paris avec sa nièce, Mlle de Ligniville. Les deux dames se logèrent rue d'Enfer, près du Luxembourg, et ouvrirent un salon littéraire. Mais la vie était chère et les petites pensions que servaient les cours de Vienne et de Lorraine furent bien vite insuffisantes. Pour augmenter ses revenus, Mme de Graffigny se chargeait de toutes les commissions de l'Empereur à Paris, et elle achetait, entre autres, les cadeaux qu'il destinait aux dames de la cour. Elle chercha aussi des ressources dans les productions littéraires; elle publia les *Lettres d'une Péruvienne*, qui eurent le plus grand succès, et elle fit jouer un drame, *Cénie*, qui ne fut pas moins goûté. Dès lors, le salon de la rue d'Enfer fut à la mode; on l'appela le bercail des beaux esprits. En 1751, Helvétius épousa Mlle de Ligniville.

CHAPITRE VII

Départ de Mme de Boufflers pour Paris. — Son séjour dans la capitale. — Mort de Charles VI. — Guerre entre la France et l'Empire. — La Lorraine est menacée. — Fuite de Stanislas. — Énergie de M. de la Galaizière. — Louis XV accourt au secours de l'Alsace et de la Lorraine. — Il tombe malade à Metz. — Visites de Marie Leczinska et de Louis XV à Lunéville.

Pendant les premières années du règne de Stanislas, Mme de Boufflers ne séjourna à la cour qu'autant que l'exigeaient ses fonctions de dame du Palais. Elle fit de longs séjours dans les terres patrimoniales de son mari, aux environs de Nancy, et elle profita de sa vie, relativement calme et retirée, pour mettre au monde deux fils, l'un le 10 août 1736, l'autre le 30 avril 1738.

En 1736, elle eut la douleur de perdre sa sœur, Louise-Eugénie, abbesse d'Épinal; en 1742, elle perdit également son frère, le primat de Lorraine (1) et aussi sa belle-sœur, la marquise de Marmier.

Le 9 juillet 1743, un nouveau deuil venait la frapper: son beau-frère Regis était tué à la bataille d'Ettingen et, dans les derniers jours de la même année, son beau-père succomba. Quelques mois après, M. de Boufflers

(1) C'est l'abbé de Choiseul qui fut désigné pour le remplacer.

dut se rendre à Paris pour régler les affaires de la succession ; il fut décidé que sa jeune femme l'accompagnerait ; c'était une occasion de la présenter à la marquise douairière qu'elle ne connaissait pas encore.

On peut supposer la joie de Mme de Boufflers en apprenant qu'elle allait enfin se rendre dans la capitale de la France, dans cette ville merveilleuse, objet de tous ses désirs ; qu'elle allait enfin paraître à cette cour célèbre dans le monde entier par son élégance et ses agréments ; l'écho des fêtes qui s'y donnaient, les récits enthousiastes de ses compagnes sur la beauté des femmes, sur la galanterie des hommes avaient bien souvent troublé la jeune femme.

Elle ne se possédait pas de joie à la pensée des plaisirs, des divertissements de tout genre qui devaient l'attendre à Paris. Elle se voyait habitant une ravissante demeure, meublée somptueusement, entourée de jeunes femmes de son âge, gaies comme elle, heureuses de vivre. Pendant tout le trajet sa tête travaillait et plus l'on approchait de la capitale, plus son émotion grandissait. Enfin, elle pénétra dans les murs de la bienheureuse ville.

Mais, hélas ! quelle déception quand, au lieu d'une riante demeure, elle vit le carrosse s'arrêter dans la cour d'un vieil et sombre hôtel du faubourg Saint-Germain. Au lieu des appartements somptueux que son imagination lui faisait entrevoir, elle pénétra dans des appartements tendus de serge noire et grise, comme il était d'usage chez les personnes en deuil ; au lieu des joyeuses compagnes qu'elle attendait, elle vit s'avancer vers elle une personne infirme qui, par sa pâleur, sa maigreur, la lenteur de sa démarche, la singularité de son costume, ressemblait plutôt à une ombre funèbre qu'à un être vivant.

C'était Mme de Boufflers, la mère, qui, en perdant son mari, avait fait vœu de ne jamais quitter le deuil.

Cet extérieur effrayant, ces vêtements lugubres, ces tristes entours, plongèrent la jeune Mme de Boufflers dans une terreur profonde. Elle s'attendait à un accueil si différent qu'à peine rentrée dans ses appartements particuliers elle se mit à fondre en larmes, et elle passa toute la nuit à pleurer sur son triste sort.

Il fallut bien cependant se résigner et faire contre mauvaise fortune bon cœur. La jeune femme sécha peu à peu ses larmes et, comme elle était douée de beaucoup d'esprit, elle chercha à vivre en bonne intelligence avec cette belle-mère qui l'effrayait si fort.

Or il se trouva que Mme de Boufflers, malgré sa sévérité apparente, avait une âme douce, une piété indulgente, un esprit juste et pénétrant. Elle aurait pu se montrer odieuse pour la jeune femme intimidée et effrayée, elle fut tout le contraire ; elle lui témoigna de la compassion, apaisa son trouble et son embarras, et elle s'efforça de la mettre à son aise.

Malgré le peu de rapport des âges, des idées et des penchants, la douairière s'éprit pour sa belle-fille d'un sincère attachement qui fut bientôt réciproque. La vie s'écoulait donc, sinon gaiement, du moins calme et paisible pour la jeune femme.

On rapporte d'elle une réponse bien plaisante. Elle parlait un peu légèrement de son mari devant sa belle-mère : « Vous oubliez qu'il est mon fils », lui fit remarquer Mme de Boufflers : « Cela est vrai, maman; je croyais qu'il n'était que votre gendre ! »

De cruels soucis d'argent rendaient la vie de la douairière de Boufflers des plus pénibles. Une pension de 12,000 livres que possédait son mari, et qui était tout leur avoir, s'était éteinte avec lui, et la marquise était restée dans une situation d'autant plus misérable qu'elle avait encore à sa charge deux filles, l'une de seize ans, l'autre de dix-sept, qui n'avaient aucun goût pour la vie religieuse et qui se refusaient obstinément à entrer au couvent.

Le maréchal de Noailles, ému de cette situation, s'adressa au roi et il fit obtenir à Mme de Boufflers une pension de 4,000 livres qui devint son unique ressource (1).

Dans la famille on s'inquiéta pour la jeune marquise d'une existence vraiment trop austère et qui pouvait

---

(1) Mme de Boufflers maria l'aînée de ses filles, Marie-Louise, le 13 février 1744, au marquis de Roquépine; la seconde, Marie-Cécile, épousa, le 25 mai 1744, le marquis d'Aubigné.

finir par avoir sur sa santé une influence fâcheuse. La douairière avait une belle-sœur, veuve comme elle, la duchesse de Boufflers, et qui tenait un grand état de maison.

On offrit à la jeune femme d'aller s'installer chez elle; elle devait y trouver une société mieux assortie à son âge et aux goûts qu'on pouvait lui supposer. La proposition était séduisante, car la maison de la duchesse de Boufflers était l'une des plus agréables de Paris. L'on ne s'en étonnera pas quand nous dirons que c'est elle qui devint plus tard si célèbre sous le nom de maréchale de Luxembourg.

C'était tomber d'un extrême dans l'autre. Quitter brusquement la vie austère, presque monacale, à laquelle elle était habituée et qu'elle supportait du reste impatiemment, pour devenir la commensale, la pupille si l'on peut dire de la duchesse de Boufflers, était pour la jeune marquise une aventure assez périlleuse.

Une grande fortune, un grand nom, un grand état dans le monde, donnaient à la duchesse une situation des plus brillantes et attiraient chez elle toute la société. C'était assurément une des femmes les plus spirituelles de son temps, une des plus aimables; mais elle avait peu d'égards pour la morale vulgaire et ses mœurs passaient pour fort relâchées.

Qu'allait devenir la jeune femme dans ce milieu élégant, raffiné et perverti? Quelles leçons allait-elle puiser auprès de cette duchesse entourée d'hommages intéressés et dont le comte de Tressan, le poète mondain, avait osé écrire :

> Quand Boufflers parut à la cour,
> On crut voir la mère d'Amour.
> Chacun s'empressait à lui plaire
> Et chacun l'avait à son tour.

Et puis les deux dames étaient toutes deux fort séduisantes, pleines d'esprit, de charme. N'y allait-il pas avoir conflit d'intérêts ou de succès? C'était une épreuve bien dangereuse et qui pouvait fort mal tourner.

Mais la duchesse avait trop bonne opinion d'elle-même pour craindre une rivalité. Au lieu de s'abaisser à une mesquine jalousie, elle se montra fort aimable pour sa jeune parente; elle lui facilita, de toutes manières, son entrée dans la société et, loin de chercher à l'éclipser et à l'écraser de sa supériorité, elle l'aida de tout son pouvoir.

La jeune femme, sous l'égide de la duchesse, pénétra donc dans les cercles les plus brillants; elle fut présentée à la cour; elle fit connaissance avec les hommes de lettres les plus célèbres, Voltaire, Montesquieu, le président Hénault, Tressan qu'elle devait plus tard retrouver en Lorraine.

Ce séjour dans une société éminemment raffinée développa prodigieusement, chez Mme de Boufflers, ses aptitudes naturelles. Au contact de tous les hommes distingués et de toutes les femmes charmantes qu'elle fut appelée à fréquenter, elle acquit ce ton parfait et ces manières incomparables qu'on ne trouvait qu'à Versailles et, en même temps, ce goût des lettres et des arts qui allait faire le charme de la cour de Lorraine.

Pendant que Mme de Boufflers goûtait à Paris les agréments d'une société choisie, les plus graves événements se passaient en Lorraine.

Stanislas, malgré son désir ardent de vivre en paix, de se consacrer uniquement au bonheur de ses sujets et au sien propre, allait éprouver bien des soucis. Un instant, il put se croire revenu aux pires jours de son existence, il se vit à deux doigts de sa perte.

Depuis son arrivée en Lorraine, de nombreux motifs de mécontentement et de plaintes s'étaient élevés contre la nouvelle administration, et la noblesse, aussi bien que les simples habitants, étaient venus plus d'une fois porter leurs doléances jusqu'aux pieds du roi de Pologne.

Si les Lorrains avaient eu l'espoir de conserver leurs lois, leurs usages, leurs traditions, ils furent bien vite détrompés. M. de la Galaizière n'eut qu'un but : transformer les deux duchés le plus rapidement possible en une province française. Il prit des mesures qui choquèrent les habitants et leur rendirent le nouveau régime de plus en plus pénible. Aussi les protestations s'élevèrent-elles de tous côtés, mais ce fut en vain.

La situation du chancelier n'était pas commode; lui-même écrivait à Fleury, le 17 mars 1740 :

« Je ne puis dissimuler à V. E. que les difficultés ne soient très grandes. Il ne s'agit de rien moins, Monseigneur, que de rétablir le règne de la justice, du bon ordre et de la subordination dans un pays d'où ils étaient bannis, et de sevrer la noblesse des bienfaits du prince quand elle ne les aura pas mérités par des services.

« Vous sentez, Monseigneur, combien une telle entreprise doit m'attirer de contradictions et me susciter d'ennemis. J'assure de nouveau V. E. que je m'étudierai sans cesse à employer tous les ménagements compatibles avec l'autorité, pour adoucir ce qu'un si grand changement entraîne nécessairement de rude après soi... »

La noblesse lorraine avait bien des sujets de plaintes; mais le coup qui lui fut peut-être le plus douloureux, parce qu'il la touchait dans sa fortune, c'est l'édit sur l'exploitation des bois. Cet édit lui causait, en effet, le plus grave préjudice, car elle possédait et exploitait la plus grande partie des vastes forêts qui couvraient le pays. C'est sur cette importante question que les récriminations furent les plus violentes. Il fut même décidé que des plaintes officielles seraient adressées au ministre du roi de France, en même temps que l'on ferait appel au grand-duc de Toscane, comme ancien souverain de la Lorraine.

Stanislas était très ému de cette situation. Il reçut un jour la visite de MM. de Raigecourt et d'Haussonville qui l'assurèrent que Fleury désavouait hautement tout ce qui se faisait ; ils reprochèrent au roi d'opprimer la noblesse : « Le blâme en retombera sur votre règne, lui dirent-ils ; il sera à jamais en exécration à la nation (1) ».

Le malheureux Stanislas, à la suite de cette entrevue, resta dans une agitation terrible et il ne put fermer l'œil de la nuit. Dès la première heure, il fit appeler la Galaizière ; mais ce dernier le rassura complètement en lui montrant les lettres approbatives du cardinal : « Je respire, lui dit le roi. Je vois bien qu'on ne cherche qu'à vous rendre la victime de tout ceci ; mais, puisque vous êtes approuvé de Son Éminence, je vous soutiendrai (2) ».

A ce moment survint un événement inattendu qui vint mettre à néant toutes les espérances de la noblesse lorraine.

L'empereur Charles VI mourut. La France refusa de laisser exécuter la *Pragmatique sanction* qu'elle-même avait acceptée, et la guerre commença entre la France et l'Empire.

La situation était des plus graves. Si les Lorrains s'étaient résignés, en apparence, au nouvel ordre de

---

(1) Saint-Lambert se faisait l'interprète des sentiments de haine que l'on éprouvait pour M. de la Galaizière lorsqu'il écrivait :

> J'ai vu le magistrat qui régit ma province,
> L'esclave de la cour et l'ennemi du prince,
> Commander la corvée à de tristes cantons,
> Où Cérès et la faim commandaient les moissons..

(2) Aff. étrang., Lorraine, 2 avril 1740.

choses, la plupart étaient prêts, à la première occasion favorable, à secouer le joug qui pesait si lourdement sur eux.

Ce n'était pas le moment, dans cette période incertaine et troublée, d'écouter les doléances de la noblesse et d'ébranler le pouvoir de M. de la Galaizière. Aussi la cour de France s'empressa-t-elle d'approuver tous ses actes et de le confirmer dans son autorité souveraine.

La France se conduisit en Lorraine comme en pays conquis. Non seulement elle leva dans le pays de nombreux régiments qui furent incorporés dans l'armée française, mais elle accabla d'impôts de tous genres les sujets de Stanislas; on les contraignit à fournir d'immenses approvisionnements pour les armées; on leur fit payer par deux fois l'impôt du vingtième, bien que la Lorraine, de l'aveu de tous, dût en être exemptée puisqu'elle ne faisait pas encore partie du royaume de France, etc.

Ces exactions véritables surexcitèrent encore davantage les habitants des deux duchés; tous faisaient des vœux pour le succès des armes de Marie-Thérèse.

En 1743, les Autrichiens, sous les ordres de Charles de Lorraine, frère de François III, s'approchèrent de la frontière de l'est du côté de la Sarre. L'effroi fut grand à la cour de Lunéville quand le prince annonça publiquement qu'il allait pénétrer dans les anciens États de son frère, aider les populations à secouer le joug qui les opprimait et les rendre à leur ancienne dynastie.

A Lunéville, on s'empressa d'armer les remparts, de creuser des fossés, enfin de mettre la ville en état de résister à un coup de main. Douze pièces de canon, qui étaient dans les bosquets, furent placées devant la grille du château. On faisait des patrouilles dans les rues et l'on arrêtait volontiers les bourgeois attardés. L'émotion était à son comble.

La reine Catherine, effrayée, ne voulut pas s'exposer à soutenir un siège; elle se réfugia à Nancy et descendit chez l'abbé de Choiseul, en attendant que le château qui n'avait pas été habité depuis longtemps fût en état de le recevoir. Le roi de Pologne vint la rejoindre peu de temps après (août 1743).

Heureusement, l'alarme fut de courte durée; à l'automne, Stanislas qui s'ennuyait à Nancy put rentrer à Lunéville.

Mais, au printemps de 1744, la situation s'aggrava de nouveau et devint même plus critique encore. Un chef d'aventuriers croates, le baron de Mentzel, publia une proclamation où il annonçait aux Lorrains son arrivée prochaine, et où il les menaçait de livrer leur pays au pillage s'ils ne se déclaraient immédiatement pour leurs anciens souverains.

Ces menaces étaient superflues. Les troupes autrichiennes n'avaient qu'à se montrer pour qu'une formidable insurrection éclatât en Lorraine.

La noblesse n'était pas moins mal disposée que le peuple. Une lettre de M. de la Galaizière à Fleury indique bien ses sentiments. Voici ce que le chancelier écrivait à propos du marquis et de l'abbé de Raigecourt dont les propos violents contre le gouvernement de Stanislas avaient fait scandale :

« Vous paraissez surpris de ce qu'ayant l'un et l'autre des bienfaits du roi, ils ne sont rien moins qu'affectionnés à son service; mais tel est le caractère du gros de cette nation; les bienfaits qu'elle désire avec plus d'ardeur qu'une autre, qu'elle recherche quelquefois même avec bassesse, ne l'attachent point; j'en fais depuis longtemps l'expérience; la reconnaissance n'est pas la qualité dominante dans cette province... Si on voulait punir MM. de Raigecourt, il faudrait étendre le remède à bien d'autres sujets de pareille étoffe. »

Avec un entourage aussi suspect, Stanislas ne vit qu'à demi rassuré et ses jours s'écoulent dans les transes. A la moindre victoire, il proclame que l'armée française est « composée d'autant de héros que de soldats »; à la moindre défaite, « il s'en remet à la Providence » et prépare en hâte ses paquets.

Au printemps de 1744, le roi et toute la cour s'installent à la Malgrange, près de Nancy, d'où il était plus facile de s'enfuir sans faire d'éclat. L'on y vivait dans une tranquillité relative, attendant toujours d'heureuses nouvelles qui n'arrivaient pas, lorsque tout à coup, le 3 juillet, le roi apprend par un courrier du maréchal de Coigny que le prince Charles a passé le Rhin à Spire, à la tête de 80,000 hommes. Il en reste si « étourdi » qu'à son ordinaire il s'en « remet à la Providence ».

Le 6, un autre courrier apporte la nouvelle que les ennemis se sont emparés des lignes de Wissembourg. Les troupes françaises ont été partout repoussées. La situation est si menaçante que le maréchal de Belle-Isle prévient Stanislas qu'il ne répond plus de sa sécurité.

Le courrier arrive à minuit et est reçu par le duc Ossolinski. On réveille aussitôt le roi et on commence sans plus tarder les préparatifs de départ. La terreur était générale, tout le monde était convaincu que les duchés envahis allaient échapper à la France.

Le jour même, à trois heures de l'après-midi, la reine Opalinska prenait la fuite, accompagnée de Mmes de Linanges et de Choiseul; elle allait chercher un refuge à Meudon. Stanislas, auquel l'âge et la douceur de sa nouvelle vie avaient enlevé le goût des aventures, voulait à tout prix l'accompagner; mais M. de la Galaizière s'y opposa et il le supplia de ne pas donner lui-même le signal du découragement. Tout ce qu'il put obtenir, c'est que le roi chercherait un abri derrière les murs de Metz.

Le soir même, en effet, le souverain terrorisé quittait la Malgrange et, après avoir voyagé toute la nuit, allait s'enfermer dans la citadelle de Metz avec son trésor et quelques courtisans.

Un seul homme se montra à la hauteur des circonstances et ne perdit pas la tête au milieu de l'affolement général : ce fut M. de la Galaizière.

Seul, sans ordres, sans appui, sans armée, abandonné par ceux qui auraient dû le seconder et partager ses dangers, il n'hésita pas à prendre toutes les mesures que commandait la gravité des circonstances. Il fit face à tout et s'arrangea de façon à pouvoir attendre les secours qu'il avait demandés en toute hâte.

Il groupa à la hâte quelques milices lorraines, enrégimenta les ouvriers des salines et les répartit dans les quelques régiments qui lui restaient de façon à s'assurer de leur fidélité. Tous les passages de montagne furent occupés ; des fortifications en terre, des abatis d'arbres élevés sans perdre une minute de tous côtés; bref, en quelques jours, grâce au zèle et à l'activité prodigieuse de son chancelier, la Lorraine fut à l'abri d'un coup de main et préservée des incursions des coureurs ennemis.

La promptitude et l'énergie de ces mesures sauvèrent le pays.

A la nouvelle de l'invasion de la Lorraine Louis XV, qui était en Flandre avec l'armée, accourut pour porter secours au maréchal de Coigny.

Un événement imprévu vint fort à propos modifier complètement la situation. Le roi de Prusse envahit la Bohême, et le prince Charles fut obligé de repasser le Rhin en toute hâte pour aller défendre le territoire de Marie-Thérèse.

La Lorraine était sauvée. Stanislas, remis de son effroi, rentra dans ses États.

A peine était-il réinstallé à Lunéville qu'il apprit que son gendre, en arrivant à Metz, était tombé gravement malade. On connaît les détails de la maladie du roi, sa conversion, le renvoi de Mme de Châteauroux, l'arrivée en toute hâte de Marie Leczinska et du dauphin.

La première entrevue du roi et de la reine fut touchante. Louis XV embrassa Marie Leczinska et lui demanda humblement et à plusieurs reprises pardon de sa conduite et des peines qu'il lui avait causées.

Cependant la maladie prit tout à coup une tournure favorable, et, dans les premiers jours de septembre, le roi était complètement rétabli.

Les vieilles dames de l'entourage de la reine, électrisées par une réconciliation qu'elles croyaient définitive, commirent mille maladresses et se couvrirent de ridicule. Elles remirent du rouge, enlevèrent « le bec noir » de leurs cheveux et se mirent à porter des rubans verts, symbole d'espérance. Dans l'attente « d'un glorieux événement », on mettait chaque soir deux oreillers sur le traversin de la reine.

Le roi, auquel ce manège ne put échapper, s'en agaça, et il recommença à être fort maussade. Et puis maintenant qu'il était guéri, il était honteux du spectacle qu'il avait donné, de sa pusillanimité, de sa vilaine conduite vis-à-vis de Mme de Châteauroux. Il en voulait à tout le monde, à l'évêque de Metz, à son confesseur le Père Pérusseau, à la reine elle-même. Il devint plus sombre et plus mélancolique chaque jour.

Enfin il envoya la reine faire une visite à son père, et il lui promit de la rejoindre le lendemain.

Marie Leczinska partit de Metz le 28 septembre, à onze heures du matin ; elle arriva le soir même à Lunéville.

Le lendemain, à huit heures du soir, Louis XV faisait à son tour son entrée dans la ville, aux acclamations du peuple et au son du canon.

Le roi de Pologne souhaita la bienvenue à son gendre à la descente du carrosse. Le soir, il y eut cavagnole comme à Versailles, puis illumination, feux d'artifice et l'on tira de nombreuses fusées sur la terrasse du château.

Malgré la variété de ces divertissements et l'affabilité de la réception, Stanislas ne put obtenir de son hôte une parole aimable. C'est à peine si Louis XV demanda à aller saluer la reine Catherine, qu'un asthme retenait dans ses appartements. En vain lui présenta-t-on les plus jolies femmes de la cour, il n'adressa la parole à aucune, et il y en eut même plusieurs qu'il refusa de recevoir.

Stanislas installa son gendre dans ses propres appartements, et quant à lui il alla se coucher « secrètement » dans un petit entresol de la garde-robe.

Le lendemain, le roi était de plus méchante humeur encore, s'il est possible ; rien ne put le divertir.

C'est en vain que le bon Stanislas fait visiter à son hôte toutes ses maisons de campagne ; c'est en vain qu'il croit l'amuser par la vue des jets d'eau, des grottes, des rocailles qui peuplent le parc et les environs : Louis XV reste impassible. Dans ces promenades, le roi de France est à cheval ; le roi de Pologne, comme d'habitude, dans la petite voiture à un cheval qu'il conduit lui-même.

A l'encontre de son maître, la Galaizière est d'une humeur charmante. Il donne des réceptions, invite les dames à dîner et à souper, leur fait mille galanteries ; il tient un grand état de maison (1).

Pendant le séjour de Louis XV à Lunéville, surgit une question d'étiquette assez plaisante.

Le cardinal de Tencin était arrivé et il mangeait à la table du roi de Pologne. Les cardinaux avaient le droit d'avoir un fauteuil devant les rois de Pologne. Le cardinal de Fleury en avait un à Meudon, le cardinal de Rohan en avait un aussi quand il venait à Lunéville. On présenta donc un fauteuil au cardinal de Tencin qui refusa et prit une chaise à dos. Malgré cette marque de modestie, les ducs qui étaient présents, MM. de Gesvres, de Villars, etc., ne voulurent pas manger avec le roi, à cause de « la chaise à dos » du cardinal

---

(1) L'appartement qu'il occupait dans l'aile du château ayant été brûlé en janvier 1744, il logeait à ce moment dans l'appartement appelé « du cardinal de Rohan » parce qu'on le réservait à ce prélat lors des visites qu'il faisait à la cour de Lunéville.

de Tencin. Pour éviter de nouvelles tracasseries, le lendemain on alla dîner au kiosque; là il n'y avait point de cérémonie et tout le monde eut des chaises à dos, ce qui calma l'effervescence.

Après un séjour de trois jours rendu plutôt pénible par son invariable mauvaise humeur, Louis XV annonça son départ.

Le 2 octobre, après avoir passé une revue des gendarmes et dîné au château de Chanteheu, il partit pour Strasbourg. Il avait complètement négligé d'aller faire ses adieux à la reine Opalinska, toujours souffrante. Ce procédé choqua vivement toute la cour. Il est probable qu'en route Louis XV réfléchit à l'inconvenance de sa conduite, car il envoya un courrier pour demander des nouvelles de sa belle-mère (1).

Le 9 octobre, Marie Leczinska reprenait tristement la route de Versailles et Stanislas, qui jamais ne se séparait sans chagrin de cette fille chérie, la suivit jusqu'à Bar-le-Duc (2).

(1) Après avoir fait capituler la ville de Fribourg, Louis XV revint à Paris. Il y fit son entrée le 13 novembre, et fut reçu au milieu d'acclamations enthousiastes. On lui donna des fêtes splendides. Quelques jours après, Mmes de Châteauroux et de Lauraguais étaient rappelées à la cour et rentraient en possession de toutes leurs charges; tous ceux qui avaient pris parti contre elles furent exilés. Au moment où la favorite triomphait et reprenait tout son pouvoir, un coup inattendu l'enlevait à l'affection du roi. Atteinte dans les premiers jours de décembre d'une fièvre maligne, la pauvre femme succombait le 8 décembre.

(2) De 1745 à 1748, la guerre continua, entremêlée de succès et de revers. Le 13 septembre 1745, François de Lorraine, grand-duc

De l'aveu général, M. de la Galaizière avait sauvé le pays de l'invasion ; on dut le récompenser des services éminents qu'il venait de rendre. Sa faveur n'eut plus de bornes. Un de ses frères, M. de Chaumont de Lucé, fut, sur les instances de Stanislas lui-même, nommé envoyé de France près de la cour de Lorraine ; un autre, M. de Mareil, celui qui commandait le Royal-Lorraine et qui avait brillamment combattu les Impériaux, fut nommé maréchal de camp et lieutenant du roi ; sa sœur, qui était religieuse, fut nommée coadjutrice du couvent où elle résidait ; le plus jeune de ses fils, qui n'avait que sept ans, reçut la riche abbaye de Saint-Mihiel, devenue vacante par la mort d'Antoine de Lenoncourt. Quelque temps après, Stanislas donnait encore à son sauveur la terre de Neuviller, érigée en comté, et la Galaizière en fit une des plus belles propriétés de la province.

Naturellement le chancelier devint plus puissant que jamais et tout plia sous son autorité. Stanislas, dont le rôle avait été loin d'être brillant, ne chercha plus à lutter contre un homme dont il reconnaissait la supériorité et il lui abandonna sans réserve le pouvoir absolu.

Pendant que ces événements se déroulaient en Lor-

---

de Toscane, mari de Marie-Thérèse, fut élu à Francfort roi des Romains, puis empereur d'Allemagne.

La guerre n'ayant plus d'objet, la paix fut signée le 18 octobre 1748.

raine, Mme de Boufflers avait poursuivi à Paris le cours de ses succès mondains ; elle s'était initiée à la société parisienne la plus séduisante et la plus raffinée et, par le charme de son esprit autant que par ses attraits physiques, elle y avait obtenu de grands succès.

De nouveaux deuils, et non des moins cruels, étaient venus la frapper pendant cette période agitée.

Le 24 juin 1744, son oncle, le marquis de Beauvau, colonel du régiment de la reine, s'était fait tuer bravement à la prise du chemin couvert de la ville d'Ypres, en Flandre.

L'année suivante, nouvelle douleur encore. Le 14 mai 1745, en même temps qu'elle apprenait la victoire de Fontenoy, on lui annonçait la mort de son frère Alexandre, âgé de vingt ans. Le jeune homme avait été tué glorieusement à la tête du régiment de Hainaut qu'il commandait.

C'est à peu près vers cette époque que Mme de Boufflers revint en Lorraine ; elle y était rappelée par le soin de ses intérêts et aussi pour remplacer à la cour sa sœur, Mme de Montrevel, dont le caractère altier n'avait pu longtemps s'accommoder de l'humeur revêche de la vieille reine.

A la suite de difficultés avec Mme de Montrevel, Stanislas en effet avait jugé qu'elle ne pouvait plus conserver ses fonctions de dame du palais ; mais, comme il était important de ne pas se brouiller avec une famille aussi puissante que celle des Craon, le roi cherchait à lui obtenir une compensation par l'intermédiaire du cardinal de Fleury. Il écrivit à ce dernier :

« Lunéville, le 5 février 1742.

« Je ne sais si vous savez que, par des raisons indispensables, la reine mon épouse s'est séparée avec Mme de Montrevel, qui a été à son service, en observant néanmoins tout ce que la bienséance et la considération que nous avons pour la maison de Craon pouvait exiger dans un pareil cas.

« La reine même, étant disposée de donner personnellement à Mme de Montrevel les marques de son amitié, hormis celui de la reprendre à son service, voudrait lui procurer une douceur qui dépend de vous : c'est un logement au Louvre, moyennant lequel cette dame fixerait son séjour à Paris. Vous sentez par votre propre cœur généreux la satisfaction que vous donnerez à la reine si vous lui donnez occasion de faire connaître le sien à Mme de Montrevel, malgré le mécontentement qu'elle en a eu, en lui faisant sentir votre grâce accordée en sa faveur. Je me flatte que vous ne me la refuserez point, par le plaisir que vous avez d'obliger celui qui est de tout son cœur, de Votre Eminence, le très affectionné cousin.

« Stanislas, roi. »

Au dos de cette lettre, la reine Catherine écrivit à son tour :

« Le roi vous ayant expliqué mes sentiments au sujet de Mme de Montrevel, je n'y joigne, sinon que je me flatte de l'obtenir de l'amitié de Votre Eminence, étant de tout mon cœur sa très affectionnée cousine et amie.

« CATHERINE. »

CHAPITRE VIII

(1745 à 1747)

Le peuple et la noblesse se rallient à Stanislas. — Le règne de Mme de Boufflers. — Ses luttes avec le Père de Menoux.

A partir de 1745, une transformation complète s'opère en Lorraine. Les derniers événements ont prouvé aux habitants que tout espoir de retrouver leur ancienne nationalité est perdu et que leur sort est irrévocable. Ils s'inclinent donc devant la destinée et cherchent à s'accommoder le mieux possible du régime qui leur est imposé.

Quant à Stanislas, rassuré désormais sur l'avenir, il reprend bien vite ses paisibles habitudes et il poursuit plus que jamais l'œuvre qu'il a si habilement commencée : il s'efforce de rallier au nouveau régime la noblesse et le peuple et de transformer sa cour en une cour élégante et lettrée.

L'essor qu'il sut donner au commerce, à l'industrie ; l'intelligence avec laquelle il favorisa les arts ; les travaux considérables qu'il fit entreprendre et les embellissements dont il orna Lunéville et Nancy amenèrent la prospérité et la richesse dans le pays, et attirèrent au roi de Pologne bien des partisans. L'éclat et le renom dont il sut entourer la cour de Lunéville ne lui furent pas non plus inutiles; on était flatté d'appartenir à ce petit pays dont toute l'Europe parlait avec envie et éloges.

En même temps que par ses bienfaits, sa simplicité, sa bonhomie Stanislas ramenait peu à peu à lui la population lorraine, par des titres et des faveurs habilement distribués il s'attachait toute la noblesse du pays.

Bien des nobles qui, au début, s'étaient tenus farouchement à l'écart, se montraient moins irréconciliables. Vivre près du souverain est toujours si tentant! Puis la cour devenait de plus en plus agréable; on disait merveille des fêtes qui s'y donnaient. N'était-ce pas folie de ne pas prendre sa part de ces divertissements et de bouder indéfiniment devant l'inévitable?

Bientôt les plus anciennes et les plus nobles familles acceptent des charges à la cour de l'usurpateur, et chaque jour Stanislas voit avec bonheur s'élargir le cercle de ses courtisans. C'est ainsi que la fusion s'opère et que disparaît progressivement l'hostilité du début.

En même temps, par ce commerce de plus en plus suivi avec une noblesse qui avait si souvent fréquenté la cour de Versailles ou celle de Lorraine, au temps du duc Léopold, les mœurs s'adoucissaient; l'élément polonais, d'abord si prépondérant, était peu à peu écarté; le roi s'efforçait de grouper autour de lui des artistes, des hommes de lettres, des philosophes, des savants et toute une pléiade de femmes jeunes, aimables, spirituelles. La cour s'acheminait doucement vers ces formes raffinées et ce goût des lettres et des arts qui devaient quelques années plus tard la faire briller d'un si vif éclat.

Lunéville devient un Versailles au petit pied, une réduction de la cour de Louis XV. Il y a une maîtresse officielle comme à Versailles ; des courtisans, des poètes, des écrivains comme à Versailles ; des représentations, des chasses comme à Versailles. Fontainebleau, Compiègne, Marly, Rambouillet sont remplacés par Commercy, la Malgrange, Einville, Chanteheu, etc.

Mais, à la différence de Versailles, tout ce pompeux décorum n'est qu'en façade, toute cette représentation extérieure n'est qu'apparente. Lunéville est une cour bon enfant, simple, où chacun vit à sa guise, et sans souci de l'étiquette.

On y trouve réunis tous les contrastes : religion, impiété, austérité, galanterie ; tout s'y rencontre et s'y mêle, sans heurt, sans choc, sans éclat.

On y fait consciencieusement l'amour; on y pratique une religion étroite ; on y débite des tirades philosophiques qui en France vous auraient valu la Bastille et le pilori ; en même temps on y rencontre des processions que suit avec componction toute la cour.

C'est le plus singulier assemblage qui se puisse imaginer, et tout se passe sous l'œil bienveillant et paternel de Stanislas.

Nous avons vu dans un précédent chapitre que le roi de Pologne, malgré l'ardeur de ses convictions religieuses et en dépit de la reine Opalinska, ne dédaignait pas le beau sexe. Nous l'avons vu, malgré l'indignation de la vieille reine, amener avec lui, à Lunéville, la duchesse Ossolinska et l'installer dans ses fonctions de favorite.

Par goût, par tempérament, le roi aimait les femmes avec passion. Son âge, il est vrai, avait calmé l'ardeur de ses appétits; mais il n'était pas sans éprouver de temps à autre des retours terrestres. Et puis, ne devait-il pas quelque chose à son rang, à sa situation, au prestige qui était une des obligations de sa charge? Tous les souverains d'Europe, se conformant à l'usage établi par Louis XIV, avaient une maîtresse attitrée; c'était devenu une fonction de la cour réglée par le cérémonial, l'étiquette. Un roi avait une maîtresse comme il avait un grand chambellan, un maître des cérémonies, un confesseur; il n'était même point nécessaire qu'elle fût jolie : il suffisait qu'elle sût représenter et remplir sa charge avec dignité.

Stanislas n'avait pas cru pouvoir déroger à un usage aussi constant, aussi bien établi.

Après avoir beaucoup aimé la duchesse Ossolinska, le roi s'aperçut un jour qu'elle l'ennuyait; et, comme « il avait besoin d'être diverti », il passa à de nouvelles amours, non sans éprouver de la part de l'abandonnée force reproches et scènes violentes. Il imagina de remplacer la duchesse par la propre dame d'honneur de la reine, la comtesse de Linanges, Polonaise assez peu civilisée, grosse, courte, camarde, et qui à première vue ne paraissait guère susceptible de remplir convenablement le nouvel emploi qu'on lui confiait.

Stanislas, habitué aux formes un peu sauvages des Polonaises, s'éprit quand même de Mme de Linanges ; mais l'intrigue fut de courte durée, et bientôt le roi jeta les yeux sur des beautés plus séduisantes.

Son séjour à Meudon l'avait déjà initié aux grâces des dames françaises. Quand il se trouva à Lunéville entouré de ces Lorraines si spirituelles et si fines, qui toutes, ou à peu près, avaient été formées aux belles manières de la cour de Versailles, il subit peu à peu leur influence et il se détacha insensiblement de ses amies polonaises. On prétend que, grâce à la facilité de mœurs qui régnait alors, il ne trouva pas de cruelles. Comment s'aviser de résister à un souverain qui vous a distinguée ?

S'il faut en croire la chronique scandaleuse de l'époque, Mme de Bassompierre, sœur de Mme de Boufflers, ne fut pas insensible aux instances royales ; Mme de Cambis, nièce de Mme de Boufflers, aurait eu également des bontés pour le roi ; enfin, un certain nombre de « haultes et puissantes dames » ne dédaignèrent pas la faveur du monarque jusqu'au jour où se leva éblouissante et sans rivale l'étoile de Mme de Boufflers.

Depuis son retour en Lorraine Mme de Boufflers, autant par goût que par les nécessités de sa charge, ne quittait guère la cour; elle était de toutes les réunions, de toutes les fêtes, et elle y apportait avec l'agrément de sa personne toutes les grâces de son esprit. Mais comme, consciente de sa valeur, elle ne faisait rien pour briller, on ne lui accorda pas tout d'abord la justice qu'elle méritait. Seul, le brillant chancelier sut la remarquer, l'apprécier, et l'on assure qu'il rendit à la jeune femme des hommages empressés. Il était homme du monde, fort bien de sa personne, spirituel, intelligent; rien d'étonnant à ce que Mme de Mme de Boufflers ait été touchée de ses soins et qu'elle ne se soit pas montrée plus cruelle qu'il n'était d'usage à cette époque. Bientôt M. de la Galaizière passa pour un heureux vainqueur.

Mais Stanislas, qui n'avait pas trouvé le bonheur tel qu'il le cherchait dans les liaisons plus ou moins éphémères qui avaient succédé au règne de la duchesse Ossolinska, ne resta pas longtemps insensible à la beauté et à l'esprit de la jeune marquise. Il s'éprit bientôt pour elle d'un goût des plus vifs et il se posa en rival de son chancelier.

Stanislas avait alors 63 ans; mais son âge ne l'empêchait pas d'être encore très aimable, très gai et d'une galanterie plus séduisante que celle de bien des jeunes gens de sa cour. Il n'avait pas encore été envahi par l'obésité, et l'on retrouvait aisément des traces de sa beauté d'autrefois. Puis il avait un passé romanesque, une auréole de gloire militaire, enfin il était Roi!

Mme de Boufflers, qui ne se piquait pas de fidélité conjugale, ne se piquait pas davantage de fidélité envers un amant. Elle vit qu'elle allait jouer un rôle considérable en Lorraine et elle ne résista pas au plaisir de dominer. M. de la Galaizière fut sacrifié.

La marquise fit évincer toutes les maîtresses qui avaient tenu l'emploi jusqu'alors; il y eut naturellement des pleurs et des grincements de dents. La duchesse Ossolinska, qui n'avait pas renoncé à l'espoir de ramener un infidèle, eut de si terribles vapeurs qu'elle en faillit devenir folle. Tout fut inutile. Mme de Boufflers triompha et bientôt elle fut en possession du titre, non de maîtresse *déclarée,* ainsi qu'il était d'usage à la cour de France, mais de maîtresse avérée, et elle domina sans rivalité et sans partage. Elle reprenait une fonction qui devenait pour ainsi dire héréditaire dans sa famille et qu'elle conserva jusqu'à la mort du roi.

Si Mme de Boufflers n'est plus, à cette époque, la toute jeune femme dont nous avons déjà fait le portrait; si les années lui ont déjà enlevé la fraîcheur de la prime jeunesse, elle n'en est pas moins restée fort séduisante et supérieure par son charme aux plus belles. Elle possède toujours une blancheur de teint éblouissante, des cheveux magnifiques, une taille divine, une figure d'enfant pleine d'agrément. La légèreté de sa démarche, l'élégance de ses manières, l'extrême vivacité de sa physionomie la rendent délicieusement jolie et agréable. Elle a près de trente-quatre ans ; personne n'oserait lui en donner plus de vingt.

Son portrait physique est peu facile à faire, mais comment la peindre au moral ? Elle est si vive, si alerte, si primesautière ! Son âme est, comme sa physionomie, toujours en mouvement ; on ne peut la saisir.

Elle est douée d'un esprit supérieur, à la fois fin, juste, gai, original. Tous ceux qui l'approchent sont unanimes à dire qu'il surpasse sa beauté. Et cependant, c'est la nature même ; jamais aucun soin, aucun apprêt, aucune recherche.

Sauf avec ses amis les plus intimes, elle parle peu et on pourrait vivre des siècles avec elle sans se douter de sa rare instruction ; elle craint de passer pour pédante ; puis elle a toujours présente à la mémoire une maxime tirée des proverbes de Salomon : « Le silence est l'ornement de la femme. » Mais son silence même ne cache pas toujours son esprit ; on le voit percer dans les mouvements de son visage « comme une vive lumière à travers un tissu délicat ».

Quand elle parle, il lui est impossible de le faire sans originalité ; toutes ses paroles sont inattendues, promptes, vives, pénétrantes. Elle est dans la conversation d'une extrême mobilité, et on lui reproche, non sans raison, de passer à chaque instant d'un sujet à un autre sans rien approfondir. Cela tient à ce qu'elle est douée d'une surprenante vivacité d'esprit et que la première apparition d'une idée la lui montre tout entière, dans tous ses détails et dans toutes ses conséquences.

Elle lit beaucoup, non pour s'instruire, mais pour s'exempter de parler. Ses lectures se bornent à un petit nombre de livres favoris qu'elle relit sans cesse : « Elle ne retient pas tout ; mais il en résulte néanmoins pour elle à la longue une somme de connaissances d'autant plus intéressantes qu'elles prennent la forme de ses idées. Ce qui en transpire ressemble en quelque sorte à un livre décousu, si l'on veut, mais partout amusant et où il ne manque que les pages inutiles. »

Comme toutes les femmes habituées à dominer, la marquise est assez autoritaire, et elle supporte impatiemment les contrariétés ; elle ne veut pas d'obstacles à ses fantaisies. Cela ne l'empêche pas d'avoir des amis, très fidèles, très attachés et qui l'aiment profondément. Elle-même est une amie sûre et, bien qu'elle ait parfois de l'humeur, on ne peut lui reprocher de ne pas être constante dans ses attachements.

Elle est trop en vue pour ne pas exciter la jalousie et l'envie ; mais elle semble ignorer ses ennemis et ne répond à la malveillance que par l'indifférence ou le mépris ; quand elle est trop ostensiblement provoquée, elle riposte par quelque trait piquant, mais avec tant de grâce et de sang-froid qu'on voit bien que l'offense n'a pu l'atteindre.

Sans être méchante, elle a le trait mordant et, ses

jours d'humeur, mieux vaut ne pas s'exposer à ses railleries : « Elle a plus souvent désespéré ses amants par ses bons mots que par ses légèretés », a écrit d'elle M. de Beauvau.

Une des plus nobles qualités de Mme de Boufflers est son désintéressement. Elle n'use de son pouvoir et de son influence qu'en faveur de ses amis. Bien que sa fortune soit plus que modeste, elle ne songe pas un instant à profiter de sa situation pour l'augmenter; elle ne demande jamais rien au roi et ne reçoit que les misérables 625 livres que lui valent par an ses fonctions de dame du palais. Quant à Stanislas, ravi de pouvoir se croire aimé pour lui-même, il ne songe pas un instant à dédommager la marquise de son désintéressement et de sa réserve

La conduite de Mme de Boufflers est d'autant plus méritoire qu'elle a une passion malheureuse : elle aime le jeu, elle y perd souvent, et bien des fois elle est cruellement gênée pour payer ses dettes.

Son caractère, du reste, est à la hauteur des circonstances et elle supporte vaillamment les coups du sort. De même que l'heureuse fortune ne l'enivre pas, de même les revers, même les plus cruels, ne peuvent l'abattre; elle conserve toujours la même égalité d'humeur, la même liberté d'esprit, la même sérénité immuable.

Son esprit aimable et son naturel dégagé de tout artifice rendaient son commerce des plus agréables.

Elle devint bientôt le centre de toutes les attractions ; elle fut l'âme de la petite cour de Lunéville, de cette petite cour spirituelle et lettrée que Stanislas eut l'art de grouper autour de lui, qu'elle eut l'art plus grand encore de retenir et d'amuser.

Le règne de Mme de Boufflers ne s'établit pas sans conteste, et elle eut à lutter contre bien des oppositions, à vaincre bien des jalousies.

Stanislas, qui était l'homme de tous les contrastes, ne se contentait pas d'avoir en effet une maîtresse attitrée, il avait aussi un confesseur, non moins attitré, le Père de Menoux.

Le Père de Menoux, d'une bonne famille de robe, appartenait à la célèbre Compagnie de Jésus, et il était fort digne d'en faire partie. Après avoir professé les humanités dans différents collèges, il s'était adonné à la prédication. Il avait vécu à la cour et savait par expérience comment il en faut user avec les grands. Fin, subtil, retors, il était doué de beaucoup d'esprit et d'une rare intelligence. N'abordant jamais de face les questions délicates, usant toujours de moyens détournés, ne se rebutant jamais, le Père de Menoux caressait l'espoir de devenir tout-puissant à la cour de Stanislas et il poursuivait son but avec la persévérance ordinaire à son Ordre. Il jouissait déjà d'une influence presque absolue sur l'esprit de la reine ; il ne lui restait qu'à gagner le roi.

Pour qui connaissait les sentiments religieux de

Stanislas, cela paraissait facile. Sa piété était grande et sa ferveur ne pouvait faire de doute pour personne ; il pratiquait ouvertement et scrupuleusement tous les exercices exigés par l'Église. Le Père de Menoux crut donc qu'il arriverait facilement à dominer complètement le pieux monarque, et il n'attachait qu'une importance fort secondaire aux « passades » de son royal pénitent. Mais quand il vit la violence de sa passion pour Mme de Boufflers, pour cette femme si séduisante et d'une haute valeur intellectuelle, il comprit qu'une influence rivale de la sienne se dressait à la cour et qu'il fallait à tout prix la faire disparaître s'il ne voulait lui-même passer au second plan. Si Stanislas n'exerçait en Lorraine aucun pouvoir effectif, il avait cependant la libre disposition de la feuille des bénéfices : ne serait-ce pas pitié de voir ces riches revenus récompenser de condamnables voluptés et passer entre les mains d'une famille avide, on ne le savait que trop ?

Mme de Boufflers faisait de son côté un raisonnement analogue. Comme elle n'était pas d'humeur ni de caractère à se laisser diriger et à passer à la remorque du jésuite, qu'elle entendait bien obtenir le premier rang et le garder ; comme, d'autre part, elle était trop franche pour dissimuler, elle se disposa à entamer ouvertement la lutte et elle ne laissa rien ignorer de ses intentions au Père de Menoux.

La guerre éclata donc entre la maîtresse et le confesseur, violente et acharnée, chacun usant au mieux de ses intérêts des armes à sa disposition, le confesseur criant partout qu'il ferait chasser la maîtresse, la maîtresse qu'elle ferait chasser le confesseur.

Le Père de Menoux tonnait contre l'adultère! le double adultère! Il menaçait Stanislas des peines les plus sévères de l'Église; il lui faisait entrevoir pour l'éternité des châtiments terribles s'il ne se hâtait de mettre un terme à une liaison coupable, scandaleuse et qui ne pouvait exister sans remords. Ces rudes semonces laissaient le roi terrifié et dans un état moral lamentable.

Mais arrivait la maîtresse. Elle avait recours à des arguments moins effrayants, mais plus persuasifs peut-être; elle rassérénait le roi et lui rendait bien vite la confiance et la sécurité. Du reste, elle exigeait, avec non moins d'énergie, le renvoi de l'insolent jésuite.

Le pauvre Stanislas ne savait auquel entendre, et il était très malheureux de ces querelles; il les trouvait fort déplacées, lui qui savait si bien concilier le soin de son salut et le commerce intime des dames, en particulier de Mme de Boufflers.

Renvoyer la maîtresse adorée, celle qui faisait la douceur et la joie de sa vie, mais il n'y voulait pas songer! De quoi s'avisait donc ce Père de Menoux? Croyait-il donc si facile, à soixante-trois ans, de retrouver une maîtresse jeune, charmante et spirituelle?

Renvoyer le confesseur, Mme de Boufflers en parlait à son aise : ne serait-ce pas offenser le Ciel? Était-il bien prudent de s'exposer à des châtiments éternels pour des biens périssables?

L'infortuné monarque avait beau agiter la question dans son esprit, la retourner dans tous les sens, il n'y trouvait jamais qu'une solution raisonnable : garder à la fois la maîtresse et le confesseur.

Alors, il louvoyait, atermoyait, transigeait, cédant tantôt à l'un, tantôt à l'autre. Un jour, le souci des biens terrestres occupait seul le roi ; alors la maîtresse triomphait, le confesseur paraissait perdu. Le lendemain, Stanislas n'avait plus en tête que son salut éternel et c'est la maîtresse qui tremblait.

Ainsi, par un habile jeu de bascule, le roi parvenait sinon à satisfaire les deux ennemis, du moins à ne pas trop les mécontenter, et il arrivait à maintenir entre eux une paix apparente.

Quelquefois, les jours où le Père de Menoux triomphait, il infligeait au roi une retraite de quelques jours à la Mission de Nancy ; le pieux monarque s'y rendait docilement avec le ferme espoir d'obtenir enfin la grâce de s'amender ; mais, comme il s'y ennuyait fort, le résultat était tout l'opposé de celui qu'on attendait : « Le roi, écrit Mme de la Ferté-Imbault, avait d'autant plus besoin à son retour de la gaieté, de la folie, et même de la dépravation de Mme de Boufflers. » La marquise, qui n'épargne personne dans ses propos, ajoute méchamment mais véridiquement : « Mme de Boufflers, par contre, profitait du temps de retraite de Sa Majesté pour s'amuser à sa mode, et reprendre le train d'autrefois avec M. de la Galaizière ; de sorte qu'au total, le diable n'y perdait rien. »

Le résultat de ces querelles entre la maîtresse et le confesseur fut que Mme de Boufflers et le Père de Menoux, dans leur ardent désir de s'évincer mutuellement, cherchèrent à se créer des partisans et des appuis. La question ne se borna plus à une misérable rivalité d'influence entre une femme et un jésuite ; elle s'agrandit, devint une rivalité politique, et il y eut bientôt deux camps très tranchés à la cour de Lunéville.

Les philosophes, les hommes de lettres, les savants, la population et le parti lorrain se groupèrent derrière Mme de Boufflers, ainsi que les courtisans qui suivaient sa fortune.

Le Père de Menoux au contraire était soutenu par le parti français : il avait pour lui la reine de France, le dauphin, qui tous deux détestaient la maîtresse, la Galaizière, Solignac, Thiange, Alliot, beaucoup de courtisans et tous les fonctionnaires.

Ces deux partis se détestaient et se faisaient une guerre sourde et acharnée ; tout l'art du gouvernement de Stanislas fut de maintenir la balance à peu près égale entre eux et d'obtenir une paix apparente qui le laissât jouir de la tranquillité à laquelle il tenait par-dessus tout.

Tout en ayant l'air de se tenir éloigné de toutes les

intrigues et de laisser la maîtresse et le confesseur se débrouiller comme ils pouvaient, M. de la Galaizière soutenait secrètement le Père de Menoux.

La situation du chancelier n'était pas sans offrir quelque embarras. Il était, d'un côté, tenu à bien des égards vis-à-vis de Mme de Boufflers, quand ce ne seraient que ceux d'un galant homme vis-à-vis d'une femme qui a eu des bontés pour lui... et qui peut en avoir encore. D'un autre côté, comment aurait-il pu soutenir les philosophes, ces hardis novateurs qui menaçaient son œuvre et le troublaient dans ses projets de gouvernement ?

Mais il y avait donc des philosophes à la cour de Lunéville ? Presque autant que de jésuites.

C'est encore un de ces contrastes qui existaient dans l'âme du bon Stanislas; il était d'une piété étroite et rigoureuse et n'aimait rien tant que de causer impiété avec les aimables païens qu'il attirait à sa cour.

CHAPITRE IX

La cour de Lunéville : les Lorrains, les étrangers, les artistes.

Voyons rapidement quels sont les personnages principaux de la petite cour, ceux qui forment l'entourage immédiat et journalier du roi, ceux qui composent sa société intime.

Les femmes sont assez nombreuses : il y a d'abord la marquise de Boufflers naturellement ; puis ses sœurs, Mmes de Mirepoix, de Bassompierre, de Chimay, de Montrevel ; ses nièces, Mmes de Caraman et de Cambis ; puis la duchesse Ossolinska, la princesse de Talmont, la belle comtesse de Lutzelbourg, la comtesse de Linanges ; Mmes de la Galaizière, de Lenoncourt, de Gramont, de Choiseul, de Raigecourt ; des Armoises, de Lambertye ; Mmes Alliot, Héré, Durival, etc., etc.

Nous ne parlerons pas des amis polonais du roi, on les connaît déjà ; puis, peu à peu, ils perdent du terrain, et se montrent plus rarement à la cour.

Les Français et les Lorrains sont les vrais courtisans de Stanislas. Citons d'abord la Galaizière qui, en dehors de ses fonctions, est homme du monde spirituel et séduisant ; son frère, le comte de Lucé, homme instruit, aimable, et que le roi affectionne tout particulièrement ; sa bonté, sa complaisance, la douceur de son caractère l'ont fait aimer de toute la cour. Il est au plus mal avec le Père de Menoux, ce qui lui vaut l'amitié de Mme de Boufflers.

Le marquis de Boufflers, le mari de la favorite, cumule ses devoirs militaires dans l'armée française avec ses fonctions à la cour de Stanislas ; aussi se trouve-t-il bien souvent éloigné de la Lorraine. On ne le voit à Lunéville qu'à de rares intervalles, mais personne ne se plaint de son absence et pour cause (1).

Le marquis du Châtelet, grand chambellan, est un vieux militaire, indifférent, tatillon, vulgaire et qui n'a aucun agrément dans l'esprit. Quand il n'est pas à l'armée, il vient à Lunéville, mais toujours seul, sa femme, la divine Émilie, refusant obstinément de le suivre. Elle a, nous le savons, d'autres occupations.

Le secrétaire du roi est le chevalier de Solignac (2). Stanislas l'aime parce qu'il a été dès sa jeunesse uni à sa fortune et qu'il a partagé tous les périls de sa vie

(1) Mestre de camp, lieutenant du régiment d'Orléans-Dragons en 1737, M. de Boufflers commanda à l'armée de Westphalie, sur les frontières de Bohême et en Bavière, de 1741 à 1743 ; il finit cette campagne en haute Alsace. Il commanda le régiment d'Orléans à l'armée de Moselle en 1744, servit au siège de Fribourg et passa l'hiver en Souabe. En 1745, il servit à l'armée du Bas-Rhin et fut déclaré, au mois de novembre, brigadier. Employé à l'armée du prince de Conti en 1746, il servit sur la Meuse, puis entre Sambre et Meuse. Il assista à la bataille de Lawfeld en 1747 et au siège de Maestrich en 1748. Maréchal de camp au mois de janvier 1749, il se démit du régiment d'Orléans et quitta le service.

(2) Pierre-Joseph de la Pimpie (1686-1773).

aventureuse. Élève de Fontenelle, Solignac aime les lettres, les arts et les cultive avec goût; il contribue beaucoup au charme de la cour. C'est un homme instruit, dévoué et discret. Stanislas l'a baptisé gaiement son « teinturier ordinaire », car c'est lui qui est chargé de corriger les élucubrations politiques du royal philosophe et de les mettre en bon français.

Alliot, conseiller aulique et grand maître des cérémonies de Lorraine, est l'intendant du palais. C'est un des personnages les plus modestes, mais peut-être le rouage le plus important de la cour. C'est lui qui règle toutes les dépenses, paye les serviteurs, maintient l'ordre et l'économie dans le palais; c'est grâce à lui que Stanislas, avec un revenu modeste, peut faire figure de roi et se livrer à mille fantaisies coûteuses sans contracter de dettes (1).

Enfin, il y a dans l'entourage intime de Mme de Boufflers : son frère, le prince de Beauvau; ses beaux-frères de Bassompierre, de Chimay; le chevalier de Listenay, Devau, Saint-Lambert, l'abbé Porquet, etc. Mais nous ne les citons que pour mémoire; nous en parlerons dans un prochain chapitre.

Ce ne sont pas seulement les personnages résidant en Lorraine qui font les délices de la cour; les étran-

---

(1) Les comptes du palais et ceux personnels à Stanislas étaient arrêtés tous les huit jours; tous les vendredis, un conseil, composé de cinq personnes et nommé conseil aulique, se réunissait et réglait les comptes.

gers, les personnages de passage, épisodiques, si l'on peut s'exprimer ainsi, contribuent pour une large part à l'agrément du cercle royal ; ils y apportent l'imprévu et une agréable diversité.

C'est, à Lunéville, une succession incessante de visites, toutes plus agréables les unes que les autres.

D'abord les Lorrains qui résident à Versailles ont souvent le mal du pays, et ils viennent, à tous propos, voir leurs parents ou leurs amis et faire de longs séjours dans leur ancienne patrie ; ils y transportent les goûts, les mœurs, l'urbanité français.

Puis, Lunéville n'est-il pas sur la route d'Allemagne, et aussi à quelques lieues de Plombières, la plus célèbre station thermale du dix-huitième siècle ?

Quel personnage marquant s'aviserait de se rendre en Allemagne ou d'aller prendre les eaux de Plombières sans venir rendre hommage au roi Stanislas, sans venir faire un séjour dans cette spirituelle petite cour, dont la réputation grandit chaque jour et où l'on est sûr d'être si bien accueilli ?

Stanislas est ravi de cet empressement universel ; outre que toutes ces visites flattent sa vanité, elles apportent dans sa vie une utile distraction. Femmes de cour, grands seigneurs, philosophes, jésuites, poètes, militaires, tout le monde est accueilli à Lunéville à bras ouverts ; on y est fêté, entouré, choyé, et on ne vous laisse quitter cette cour rêvée sans la promesse formelle d'un retour prochain.

On voit défiler à la cour de Lorraine nombre d'illustrations du monde, des lettres et des arts.

La princesse de la Roche-sur-Yon, de la maison de Condé, se rend presque tous les ans à Plombières. Elle ne manque jamais de s'arrêter à la cour de Stanislas et d'y faire un long séjour (1).

M. de Belle-Isle, qui commande à Metz, et la maréchale, sont devenus d'intimes amis du roi, qui écrit les lettres les plus tendres à son « chérissime » maréchal ; tous deux rendent de fréquentes visites à leur royal voisin, et leur arrivée cause toujours une grande joie.

Parmi les principaux hôtes qui viennent successivement charmer et distraire la cour de Lunéville, il faut citer le prince de Conti, le prince héritier de Hesse-Darmstadt, Mlle de Charolais; l'évêque de Toul, Mgr Drouas de Boussey; le comte et le marquis de Caraman, le comte de Stainville, le maréchal de Bercheny, un vieil ami de Stanislas, qui demeure près de Châlons; Mgr de Choiseul-Beaupré, le maréchal de Maillebois et son fils, etc., etc.

Il y a au château de nombreux appartements destinés aux étrangers ; mais quelquefois l'affluence est telle qu'on ne peut loger tous les invités et qu'il faut leur retenir des chambres à l'hôtel du *Sauvage*, le meilleur de la ville.

(1) Louise-Adélaïde de Bourbon, fille de Louis-François de Bourbon, prince de Conti, et de Marie-Thérèse de Bourbon-Condé, dite Mlle de la Roche-sur-Yon, née le 2 novembre 1696, morte le 20 novembre 1750.

Beaucoup de visiteurs ne restent que quelques jours ; d'autres font des séjours prolongés.

La marquise de la Ferté-Imbault vint un printemps accompagner Mlle de la Roche-sur-Yon à Plombières ; elles s'arrêtèrent naturellement à Lunéville ; elles ne devaient y demeurer que trois jours, mais elles se plurent tellement dans ce « pays des fées » qu'elles y restèrent trois semaines. Stanislas ne se lassait pas de causer avec la marquise, dont l'esprit et la gaieté l'émerveillaient, du moins c'est elle qui le dit. Elle avoue même naivement qu'elle avait fait la plus forte impression sur le roi, et qu'il éprouvait pour elle des sentiments très vifs. Chaque matin, à neuf heures, il venait familièrement dans sa chambre pour lui rendre visite, la traitant presque en camarade, s'amusant à lui faire débiter mille folies, l'accablant de déclarations brûlantes qui se terminaient par un grand éclat de rire et qu'elle recevait de même : « J'étais si fou d'elle et elle si folle de moi, disait-il en riant quinze ans plus tard au duc de Nivernais, que je fus au moment de faire doubler ma garde contre elle et contre moi. »

Mais Stanislas ne reçoit pas seulement avec plaisir les grandes dames et les grands seigneurs ; il a le goût des lettres et, tout en étant très religieux, il se pique de philosophie. Il ne craint pas les nouveautés, et rien ne lui plaît tant que d'attirer à sa cour les esprits les plus audacieux de son temps. Il admet dans son intimité ; que dis-je, il recherche les philosophes dont les opinions passent pour les plus subversives, ceux qui débitent et répandent les maximes les plus hardies.

C'est là un des côtés les plus singuliers du caractère de Stanislas et, disons-le, un de ceux qui lui font le plus d'honneur.

La tolérance nous paraît aujourd'hui la chose la plus naturelle du monde; mais il faut se rappeler qu'au dix-huitième siècle elle n'existait à aucun degré, qu'on vivait encore en plein fanatisme et que les vérités, qui nous paraissent les plus irréfutables, soulevaient alors des tempêtes. La tolérance était aussi contraire au sentiment public qu'à l'esprit des gouvernements. On peut citer les quelques rares esprits qui, devançant leur siècle, l'appelaient de leurs vœux, Choiseul, Stanislas, Voltaire surtout, qui s'en fit l'apôtre infatigable.

Donc en pratiquant la tolérance Stanislas avait un grand mérite et sa conduite était d'autant plus digne de louanges qu'il était lui-même plus religieux. Il portait des reliques, mais il ne trouvait pas mauvais qu'on en plaisantât.

Sa tolérance était la même pour tous ; il accueillait aussi libéralement les philosophes qui fuyaient la Bastille que les jésuites qui fuyaient les foudres du Parlement. A sa cour, chacun avait toute liberté de conscience : ses premiers médecins, son trésorier étaient protestants.

Pour Stanislas, le plus grand de tous les plaisirs était de causer avec des personnes dont l'esprit était comme le sien vif et cultivé; peu lui importait leurs opinions, il adorait discuter.

Les hommes de lettres aussi bien que les philosophes n'étaient pas sans apprécier l'honneur rare que leur faisait leur royal confrère, si bon, si familier, si accessible; ils se plaisaient infiniment dans cette cour paisible où ils étaient admirés comme ils méritaient de l'être et où ils jouissaient en paix du fruit de leurs travaux, loin de l'envie et des cabales. Voltaire n'a pas vécu d'années plus heureuses que celles qu'il a passées à Lunéville.

Mais ce séjour viendra à sa date; parlons d'abord des visites qui ont précédé celle de l'illustre philosophe.

Helvétius, fermier général et philosophe tout à la fois, faisait de fréquentes tournées en Lorraine pour les besoins de sa charge. C'était un homme d'une rare distinction et qui sur bien des sujets avait des éclairs de génie; mais ses idées pour l'époque étaient singulièrement avancées. Cela ne l'empêchait pas, à chacun de ses voyages, de rendre visite au roi de Pologne. La hardiesse de son langage ne choquait nullement Stanislas qui se plaisait à discuter longuement avec lui (1).

---

(1) C'est dans un de ces voyages qu'il fit la connaissance de Mlle de Ligniville qu'il retrouva ensuite à Paris chez Mme de Graffigny; séduit par les charmes de la jeune fille, il hasarda une demande qui fut agréée, à la surprise générale. Mlle de Ligniville était fort pauvre, il est vrai; mais elle appartenait à une des plus grandes familles de Lorraine; épouser un homme de finances, quelque riche qu'il fût, était une mésalliance insigne pour l'époque.

Le président de Montesquieu vient aussi à la cour de Lorraine; il y est reçu avec de grands honneurs et il y fait un séjour prolongé. Malgré une simplicité d'allures qui touchait presque à la rusticité, il est très fêté, très apprécié de tous, de Stanislas surtout qui, séduit par son esprit brillant et profond, ne peut plus le quitter. Ils s'entendent à merveille et passent des heures entières à causer philosophie, art, tolérance, etc.

S'il faut en croire Mme de la Ferté-Imbault, dont les méchancetés sont assez suspectes, Montesquieu était arrivé en Lorraine si fatigué par des excès de travail qu'il fuyait toute conversation sérieuse et de parti pris n'abordait que les sujets les plus banals. Il aurait même prié la marquise de répondre à ceux qui s'étonneraient de sa « bêtise » que c'était un régime qu'il s'était imposé pour tâcher de retrouver un jour un peu d'esprit : « Il observa si bien son régime, ajoute la malicieuse marquise, que toute la cour de Lorraine et même les domestiques ne revenaient pas de lui voir l'air et la conduite d'un imbécile (1). »

La veille du départ de Montesquieu, Mme de la

---

(1) *Le Royaume de la rue Saint-Honoré* par le marquis Pierre DE SÉGUR. — Quelque temps après, Mme de la Ferté-Imbault, étant en séjour chez la princesse de la Roche-sur-Yon, à Vauréal, vit arriver de sa fenêtre une chaise de poste « très vilaine, avec un laquais très mal vêtu ». Elle demande à son valet le nom de ce visiteur. « Madame, répondit l'homme respectueusement, c'est cet imbécile que vous avez vu chez le roi de Pologne. » L'imbécile, c'était le président de Montesquieu !

Ferté-Imbault prétend l'avoir ainsi apostrophé en présence de Stanislas et de la cour : « Président, je vous suis bien obligée, car vous avez paru si sot, et par comparaison m'avez si fort donné l'air d'avoir de l'esprit, que si je voulais établir que c'est moi qui ai fait les *Lettres persanes*, tout le monde ici le croirait plutôt que de les croire de vous. »

En dépit des cancans de Mme de la Ferté-Imbault, le président était ravi de son séjour, ravi de son hôte : « J'ai été comblé de bontés et d'honneurs à la cour de Lorraine, écrit-il à l'abbé de Guasco, et j'ai passé des moments délicieux avec le roi Stanislas. »

C'est à regret qu'il quitte cette cour aimable et où il a été si bien accueilli. Aussi a-t-il promis de revenir l'année suivante avec Mme de Mirepoix.

Tous les visiteurs ne sont pas heureusement des philosophes impies, des novateurs aussi hardis que Voltaire, Helvétius, etc.; il y en a de plus paisibles. Le président Hénault, le plus fidèle courtisan de Marie Leczinska, vient fréquemment à la cour de Lorraine, soit en allant à Plombières, soit en en revenant. Jamais du reste il ne quitte Versailles sans que la reine lui fasse promettre d'aller voir son père pour lui en rapporter des nouvelles. Stanislas de son côté ne se lasse pas d'entendre parler de sa fille chérie, et c'est toujours avec une joie non dissimulée qu'il voit arriver le cher président. Sa figure douce et agréable, les grâces et l'ornement de son esprit le font aimer du roi qui l'entraîne avec lui en de longues promenades. Tout en causant de Versailles, tout en abordant mille questions politiques ou philosophiques, Stanislas montre avec orgueil à son interlocuteur les bassins, les jets d'eau, les rocailles qui sont l'innocente passion du vieux monarque.

La première fois que le président visite les bosquets, le kiosque, le pavillon turc, d'un style et d'une architecture si bizarres, si différents de ce qu'il voit à Versailles, il prend peur et se croit un instant transporté dans les jardins du grand Seigneur. Il aperçoit une statue, et convaincu qu'elle ne peut être que celle de Mahomet il s'apprête à lui rendre les salamaleks d'usage. Mais en s'approchant il reconnaît son erreur : c'est une simple statue de saint François ; sa vue rassérène le bon président et le ramène à la réalité.

Hénault est ravi de Stanislas ; il lui trouve du goût, de l'esprit, l'imagination féconde et agréable, la conversation raisonnable et gaie : « Il raconte juste, voit bien, dit à tout moment les choses les plus plaisantes. » Bref, le Président est sous le charme :

« Je ne saurais vous dire, écrit-il, à quel point je suis enchanté du roi de Pologne. Ce n'est pas comme Mme de Sévigné qui se récria que Louis XIV était un grand roi parce qu'il l'avait priée à danser ; j'aurais les mêmes raisons à peu près, car j'ai été comblé de ses bontés. Mais à le voir sans intérêt personnel, on le trouve adorable, si pourtant je n'avais pas d'intérêt à trouver tel le père de la reine. Mais non, je ne me fais pas d'illusion. Nous regrettons tous les jours de n'avoir pas vu Henri IV. Eh! il n'y a qu'à aller à Lunéville, à Einville, à la Malgrange! on le trouvera là. »

On voit encore à Lunéville Moncrif, Cerutti, Maupertuis, La Condamine, l'abbé Morellet qui fait l'éducation du fils de la Galaizière, etc., etc., etc.

Stanislas ne se contente pas de s'entourer d'hommes de lettres et de philosophes distingués ; il a l'art de grouper autour de lui une pléiade d'artistes incomparables, qui fait bientôt de Lunéville un centre artistique dont la renommée se répand dans toute l'Europe et jette sur la petite cité lorraine un lustre étonnant.

Un des plus brillants parmi ces artistes est certainement Jean Lamour (1), l'auteur des admirables grilles de la place royale de Nancy, d'un travail si varié et si délicat (2). Il avait pour sa profession un véritable fanatisme et regardait la serrurerie comme de l'orfèvrerie en grand. Son imagination féconde inventait sans cesse pour les grilles des parcs et les balcons des palais de nouveaux modèles, remplis de goût et tous plus remarquables les uns que les autres.

Stanislas lui donna le titre officiel de « serrurier du roi de Pologne ». Il l'aimait beaucoup, lui rendait de fréquentes visites dans son atelier, causait avec lui de son art, discutait ses modèles, etc. (3).

(1) 1698-1771.
(2) Elles lui furent payées 144,184 livres 81,9 den.
(3) Lamour devint riche. Il possédait dans sa maison de la rue

Stanislas a auprès de lui plusieurs sculpteurs dont les noms sont restés célèbres : Barthélemy Guibal (1), Joseph Soutgen (2); les trois frères Adam, qui tous trois ont laissé, en Lorraine aussi bien qu'à Versailles, des travaux admirables. Le plus célèbre, Nicolas Adam, celui que l'on a surnommé le Phidias du dix-huitième siècle, fut chargé d'élever le mausolée de Catherine Opalinska, et il en a fait une œuvre impérissable.

En 1746, arriva à Lunéville un pauvre ouvrier flamand, Cyfflé (3), que Guibal accueillit par pitié. On découvrit bientôt que ce modeste artisan était un véritable génie et il fit preuve de qualités si rares qu'on lui confia les œuvres les plus délicates. Émerveillé de ses travaux, Stanislas le nomma son premier ciseleur. Quand il eut un fils, le roi voulut être son parrain, et c'est la marquise de Bassompierre qui fut la marraine (4).

Les architectes, les peintres, les musiciens, voire même les comédiens, n'étaient pas moins bien accueillis du roi de Pologne.

Notre-Dame un cabinet de peintures et d'autres curiosités qu'il montrait avec orgueil.

(1) Mort en 1757.
(2) 1719-1788. Né en Westphalie.
(3) Né à Bruges en 1724.
(4) Après la mort de Stanislas, Cyfflé, associé avec Chambrette, fonda à Lunéville une manufacture de porcelaine et de faïence, avec la permission d'employer la terre de Lorraine et la terre de pipe. Il produisit des ouvrages très remarquables. Néanmoins, ses affaires furent loin de prospérer; il dut quitter la Lorraine et il alla fonder une nouvelle manufacture près de Namur. Il mourut dans la misère en 1810.

Héré (1) était directeur général des bâtiments du roi; c'est lui qui a construit à Nancy les bâtiments du gouvernement et de la place Royale, qui forment peut-être l'ensemble le plus pur de l'art architectural au dix-huitième siècle, etc. Stanislas travaillait avec lui presque chaque jour. Il lui conféra la noblesse et lui fit cadeau d'un magnifique hôtel.

Le roi aimait passionnément la peinture et il s'adonnait souvent, avec son premier peintre Girardet (2), à son goût favori. On a de lui le portrait de plusieurs de ses amis, entre autres celui du bailli de Thianges; il a laissé aussi plusieurs ouvrages de sainteté illustrés par ses soins. Mais le bon prince était comme sa fille Marie Leczinska, il avait plus de bonne volonté que de talent et il avait grand besoin d'un « teinturier » pour rendre ses œuvres supportables. Le teinturier du roi était le peintre André Joly (3) qui a laissé des œuvres intéressantes. Entre temps, Joly était chargé de la décoration des innombrables pavillons royaux qui ornaient le parc et les environs.

Stanislas qui aimait tous les arts avait un goût marqué pour la musique; on lui en faisait tous les jours à son lever et à son coucher, et même pendant les repas, à l'exception du vendredi, où par esprit de mortification il se contentait d'un simple morceau de harpe. Aussi

(1) 1705-1763.
(2) 1709-1778.
(3) Né en 1706.

avait-il voulu réunir près de lui des musiciens de premier ordre. Son orchestre se composait de sujets brillants et renommés. Parmi eux se trouvait le fameux violon Baptiste (1), l'ami et le compagnon de Lulli. Chaque jour, la musique du roi donnait, dans une salle du château, un concert délicieux (2).

Enfin, Stanislas avait tenu à avoir une troupe de comédie. Dès 1736, il avait pris à son service la troupe de Claude-André Maizière, et lui avait fait construire à Lunéville, près du château, une salle magnifique. Comme beaucoup de costumes et de décors manquaient, on simplifia les choses en enlevant à l'opéra de Nancy tout ce qui faisait défaut. La troupe de Stanislas donnait souvent des représentations fort appréciées (3).

On peut deviner, d'après ce rapide tableau, ce qu'était la cour de Lunéville. Mais ces fréquentes visites de grandes dames et d'illustres seigneurs, ces séjours prolongés d'hommes de lettres célèbres et de philosophes, cette présence continuelle d'artistes éminents dans tous

(1) Il mourut à Lunéville le 14 août 1755, âgé de quatre-vingt-quinze ans.

(2) Le personnel de la musique royale se compose de 7 chanteurs, 2 haute-contre, 3 haute-taille, 4 basse-taille, 10 violons, 2 hautbois, 5 basses de violon, 2 bassons, cor de chasse, luth, etc. Le maître de musique était M. Delapierre. La musique coûtait à Stanislas 25,000 francs par an.

(3) La troupe de comédie du roi coûtait 18,000 livres par an. Elle était composée de 14 personnes. Les comédiens étaient : Maizière, Du Coin, de Lorme, Huriau, Comasse, Plante, Le Bœuf, Prince, Pitou. — Les comédiennes se nommaient : Clairon, la Barnau, Béris, Prince, de Lorme, Fanchon, Camasse et sa fille.

les genres n'étaient pas sans avoir amené une métamorphose complète dans les habitudes et dans les mœurs. Le roi n'avait pas été seul à se transformer.

Au contact d'une société élégante, sous l'influence des arts, des lettres et de la philosophie, les caractères fougueux des Polonais se sont apaisés peu à peu ; aux passions bruyantes ont succédé les galanteries aimables ; les plaisirs tranquilles et de bon goût ont remplacé les plaisanteries grossières et brutales.

Mme de Boufflers et son frère le prince de Beauvau eurent une grande part dans ce changement des mœurs ; tous deux possédaient au suprême degré ce goût et ce ton français qui faisaient l'attrait de la cour de Louis XV, et ils eurent sur la société de Lunéville la plus heureuse influence.

Peu à peu, la cour devint aussi polie et plus lettrée que celle de Versailles.

Le petit cercle royal était modelé sur la cour même de France ; mais l'étiquette en était bannie, ce qui en complétait le charme. Malgré les innombrables fonctions, malgré la pompe apparente, on ne connaissait à Lunéville ni les pratiques gênantes du cérémonial, ni les flatteries basses et viles. On raconte qu'au début du règne de Stanislas, un homme qui avait rempli des fonctions à la cour de Léopold demanda au roi à être replacé : « Et quelle charge aviez-vous ? dit Stanislas. » — « J'étais, sire, grand maître des cérémonies. » — « Eh ! fi, fi, monsieur, s'écria le bon roi, je ne permets pas seulement que l'on me fasse la révérence ! »

C'était la vérité même. Le roi était gracieux à l'excès pour les personnes de son intimité; il n'avait pour eux que propos aimables ; sa bonté et sa bienveillance n'avaient pas de bornes. Sa cour était moins le palais d'un souverain que la retraite d'un philosophe ou la demeure d'un riche gentilhomme, amoureux des lettres et des arts. C'était, il est vrai, un roi sans courtisans, mais entouré d'amis; les hommages qu'on lui rendait étaient dictés par le cœur. Il aimait mieux être « diverti qu'adoré » et il était de l'avis du chevalier de Boufflers qui assurait que Dieu seul a un assez grand fonds de gaieté pour ne pas s'ennuyer de tous les hommages qu'on lui rend.

La vie était gaie, facile et douce, et les journées s'écoulaient sans qu'on y songeât.

Le roi avait conservé ses habitudes d'autrefois; il se levait à cinq heures et sa matinée entière était occupée par les conférences avec les architectes, les sculpteurs, les maçons, etc.; il dînait à onze heures et demie. L'après-midi était consacré au jeu, à la comédie, à l'opéra, au concert, à la promenade ou à la chasse.. Mais c'est le jeu qui l'emportait sur toutes les autres distractions; Stanislas et Mme de Boufflers l'aimaient avec passion et en recherchaient les émotions violentes. Le jeu favori de la cour était la comète (1).

(1) Comète ou manille :
« Ce jeu est nouveau et a fait le premier divertissement de

Le souper était servi à huit heures, et, à dix heures irrévocablement, le roi se retirait; mais nous verrons que toute la cour n'imitait pas son exemple et que chaque soir de joyeuses réunions avaient lieu dans les appartements privés de la favorite.

On peut supposer qu'une grande austérité de mœurs ne régnait pas dans une cour où se trouvaient tant de jeunes seigneurs, tant de poètes, d'hommes de lettres, tant de jeunes et jolies femmes, tant de ces Lorraines renommées pour leur beauté. On y rimait force madrigaux, on y chantait force ballades langoureuses, on y courait fort les bosquets du parc, et l'amour y trouvait largement son compte.

Stanislas était trop indulgent pour ne pas fermer les yeux; et puis n'était-ce pas encore en réalité un hommage qu'on lui rendait et comment aurait-il pu trouver mauvais qu'on suivît si bien l'exemple qu'il donnait lui-même?

Louis XV, roi de France. Le nom de manille qu'on lui a donné est plutôt un nom de caprice que de raison; à l'égard de celui de la comète qu'il porte aussi, on pourrait bien l'avoir nommé ainsi par la longue queue des cartes qu'on jette en jouant chaque coup, les comètes étant pour l'ordinaire accompagnées d'une longue traînée de lumière. Ce jeu est fort divertissant. Il convient de dire que c'est un jeu à perdre considérablement lorsque le malheur en veut à quelqu'un. Ainsi, l'on se réglera là-dessus pour taxer ce qu'on voudra que chaque jeton vaille. » (*Académie des jeux*, 1730, Paris.)

Stanislas avait à ce point la passion du jeu qu'il demanda à Louis XV la permission d'établir à Lunéville un jeu comme celui de l'hôtel de Gesvres. Le roi refusa.

CHAPITRE X

Goûts littéraires et artistiques de Mme de Boufflers. — Sa société intime. — M. de Beauvau. — Mme de Mirepoix. — Mme Durival. — Le chevalier de Listenay. — Panpan. — Saint-Lambert. — L'abbé Porquet.

Mme de Boufflers avait un esprit fin, délicat, cultivé ; elle rimait fort agréablement et elle possédait toutes les qualités qui peuvent faire jouir des belles-lettres et de la société d'hommes distingués. Elle n'était pas moins bien douée sous le rapport des arts : elle était excellente musicienne, jouait de la harpe à ravir, chantait de façon charmante ; enfin, elle dessinait et peignait avec goût, et elle a laissé quelques pastels qui sont de petits bijoux.

Ces talents si variés, et dont elle était loin de faire parade, l'occupaient sans cesse et elle n'avait jamais un moment de loisir.

Le culte des lettres était pour elle un grand agrément et elle passait souvent des heures entières à composer une ode ou un sonnet. Elle était beaucoup trop nonchalante pour travailler sérieusement, et cependant elle écrivait des vers pleins de gaieté et d'esprit, et qui se faisaient eux-mêmes, « comme les boutons de fleurs qui s'épanouissent par la seule action de la sève ». Mais ces pièces légères et fugitives n'étaient pas destinées à vivre plus d'une heure, et il est difficile de les apprécier aujourd'hui que l'à-propos a disparu.

Elle aimait à se juger elle-même, non sans malice, et se critiquait volontiers. Faisant allusion à son peu de goût pour les conversations inutiles et les bavardages mondains, elle envoyait un jour, à son frère de Beauvau, cette spirituelle chanson où, tout en plaisantant, elle se peignait elle-même beaucoup mieux peut-être qu'elle ne pensait :

Air : *Sentir avec ardeur*.

Il faut dire en deux mots
Ce qu'on veut dire ;
Les longs propos
Sont sots.

Il faut savoir lire
Avant que d'écrire,
Et puis dire en deux mots
Ce qu'on veut dire.
Les longs propos
Sont sots.

Il ne faut pas toujours conter,
Citer,
Dater,
Mais écouter.
Il faut éviter l'emploi
Du moi, du moi,
Voici pourquoi :

Il est tyrannique,
Trop académique ;
L'ennui, l'ennui
Marche avec lui.
Je me conduis toujours ainsi
Ici,
Aussi
J'ai réussi.

Il faut dire en deux mots
Ce qu'on veut dire ;
Les longs propos
Sont sots.

Son penchant pour les plaisirs ne l'empêchait nullement d'être sentimentale à ses heures, et elle a laissé quelques pièces qui prouvent bien que le langage du cœur ne lui était pas étranger.

Aux doux charmes de l'espérance
Je me livrais bien follement ;
Vous ne m'aimiez qu'en apparence,
Je vous aimais réellement.

Ma raison, mon esprit, ma vie,
Se soumettaient à votre loi,
J'étais bien plus que votre amie,
Tout était vous, rien n'était moi.

Souvenirs d'une âme insensée,
Puisque vous n'êtes qu'une erreur,
Eloignez-vous de ma pensée ;
Vous seriez mon plus grand malheur.

On a d'elle des quatrains charmants, pleins de sentiment et de finesse :

> Nous ne sommes heureux qu'en espérant de l'être ;
> Le moment de jouir échappe à nos désirs ;
> Nous perdons le bonheur faute de le connaître,
> Nous sentons son absence au milieu des plaisirs.

Ou encore celui-ci :

> De tous les biens celui que l'on préfère
> N'est pas l'amour, mais le don de charmer.
> Il est un temps où l'on plaît sans aimer,
> Il en est un où l'on aime sans plaire.

Dans un jour de verve elle écrivait cette spirituelle chanson qu'elle aurait pu s'appliquer à elle-même, tant elle y dépeignait bien son humeur changeante et volage.

Les Sept Jours de la semaine.

Sur l'air : *Ton humeur est, Catherine...*

> Dimanche, j'étais aimable ;
> Lundi, je fus autrement ;
> Mardi, je pris l'air capable ;
> Mercredi, je fis l'enfant ;
> Jeudi, je fus raisonnable ;
> Vendredi, j'eus un amant ;
> Samedi, je fus coupable ;
> Dimanche, il fut inconstant.

Aimable, indulgente, presque timide, Mme de Boufflers aimait peu la représentation; elle ne cherchait que les plaisirs calmes, les émotions douces; elle se laissait vivre paisiblement et, loin de vouloir briller par tous ses dons naturels, elle les gardait pour sa chère intimité.

Quelque familière que fût la cour de Lunéville, elle s'en isolait le plus souvent possible; en dehors de la vie officielle, elle avait su grouper autour d'elle quelques amis particuliers, qui partageaient ses goûts, et se créer une petite vie intime où elle trouvait beaucoup d'agrément.

Elle habitait au château l'appartement réservé au capitaine des gardes (1). C'était un vaste rez-de-chaussée assez élevé et qui était situé dans l'aile du château parallèle aux petits appartements de la reine; il en était séparé par une cour plantée d'arbres; les fenêtres donnaient sur la chapelle. Des corridors intérieurs mettaient facilement en communication avec les appartements du roi; de plus une sortie avec perron sur la rue donnait une grande liberté (2).

C'est le soir que l'on se retrouve, quand la journée officielle est terminée. Le roi, qui a des habitudes immuables, passe la soirée chez la marquise; mais il se retire toujours à dix heures. Les autres invités n'imitent pas son exemple et c'est seulement quand le monarque a disparu que commence la soirée véritable. Mme de

(1) Le marquis de Boufflers était capitaine des gardes.
(2) Ce perron porte encore à Lunéville le nom de perron Boufflers.

Boufflers tient une espèce de cour et offre à souper à tous ceux qui sont dans la confidence. On rit, on cause, on joue, on fait de la musique, on philosophe à tort et à travers, on écrivaille à rimes que veux-tu; le temps fuit et on reste réuni souvent jusqu'à une heure avancée de la nuit.

Les hôtes les plus assidus de ces petites réunions intimes sont : le prince de Beauvau et la maréchale de Mirepoix, quand ils sont en Lorraine. Mme de Boufflers adorait son frère, et le tendre attachement qu'elle lui avait voué dura autant que sa vie. Elle n'était jamais plus heureuse que quand elle l'avait près d'elle, à Lunéville, et alors elle ne le quittait plus.

Malheureusement le prince est souvent à l'armée; du reste il s'y couvre de gloire : sa réputation est si bien établie que les soldats l'ont surnommé le *jeune brave*, et que le maréchal de Belle-Isle écrit de lui cette jolie phrase : « C'est l'aide de camp de tout ce qui marche à l'ennemi. » L'affection de Mme de Boufflers pour son frère s'explique d'autant mieux que le prince est charmant. La nature lui a donné, avec un esprit juste et un goût exquis, une âme élevée, une figure noble et imposante. Il a passé plusieurs hivers à Paris, a été accueilli intimement chez les duchesses de Luxembourg, de la Vallière, de Boufflers, qui donnent le ton à la société; il s'est lié avec Voltaire, avec Mme du Châtelet, et c'est ainsi qu'il a pris les usages du monde le plus élégant; aussi, malgré sa jeunesse, son ton est-il parfait et son esprit orné de toutes sortes de connaissances. On commençait par le respecter ; bientôt on l'aimait, et c'était pour toujours. Jamais commerce ne fut plus doux et plus facile que le sien (1).

Mme de Boufflers a également la plus grande affection pour sa sœur, la maréchale de Mirepoix. Elle cherche à l'attirer le plus souvent possible en Lorraine ; mais M. et Mme de Mirepoix s'aiment à la folie, ils forment un des rares bons ménages qu'on puisse citer au dix-huitième siècle, et ils ne peuvent se quitter. C'est seulement quand le maréchal est à l'armée que Mme de Mirepoix consent à venir s'installer près de sa sœur.

Mme de Mirepoix était aussi renommée par l'agrément de son esprit que par le charme de sa physionomie. Spirituelle, fine, serviable, du plus aimable caractère, éloignée de toute intrigue et du commerce le plus sûr, elle rendit ses deux maris fort heureux. Elle avait une grâce infinie et un ton parfait, une politesse aisée et une humeur égale ; mais elle avait plus de pensées délicates que d'imagination, plus de séduction que de sensibilité. « Elle possédait cet esprit enchanteur, dit le prince de Ligne, qui fournit de quoi plaire à chacun. Vous auriez

(1) Il avait épousé, le 3 avril 1745, Marie-Sophie-Charlotte de la Tour d'Auvergne, née le 20 décembre 1729. C'était une femme aimable ; « elle avait cette facilité d'être heureuse qui préserve également les femmes des égarements, des inquiétudes et de l'humeur. » Elle avait une physionomie charmante, mais elle était assez disgraciée quant à la tournure.

juré qu'elle n'avait pensé qu'à vous toute sa vie (1). »

Mme de Boufflers a encore auprès d'elle ses trois sœurs, Mmes de Bassompierre, de Chimay et de Montrevel; toutes trois habitent la Lorraine et résident presque toujours à Lunéville.

Une des amies les plus intimes de la marquise, une de celles dont le genre d'esprit lui plaît le mieux, est Mme Durival, femme du secrétaire du conseil. Certes elle ne se soucie pas plus de son mari que s'il n'existait pas; mais elle est originale, pleine de fantaisie et d'invention; elle a complètement conquis Mme de Boufflers qui ne peut plus se passer d'elle et l'a fait nommer dame du palais.

Mme Durival peint très agréablement, joue du violon à merveille et elle contribue grandement aux plaisirs de la société.

Le chevalier de Listenay est également un assidu du petit cercle intime. C'est un homme fort séduisant et qui a reçu en France la meilleure éducation; il a le goût des arts et, quand il arrive à Lunéville en 1745, il conquiert bien vite, par son affabilité, les bonnes grâces de Stanislas. De plus, il est Lorrain, ce qui est un titre de plus à la faveur du roi qui le nomme gentilhomme de sa

(1) M. de Mirepoix était d'apparence assez originale. « Le Mirepoix, dit le président Hénault, est, comme vous le connaissez, parlant des coudes, raisonnant du menton, marchant bien, bonhomme, dur, poli, sec, civil, etc. » Il possédait une grande noblesse d'âme, et il montra à la guerre de véritables talents. Il mourut le 25 septembre 1757.

chambre (1). Mme de Boufflers apprécie son esprit, son urbanité, ses goûts littéraires et il devient un de ses amis les plus fidèles. Il est appelé à jouer plus tard dans la vie de la marquise un rôle des plus importants.

Le plus aimé peut-être dans le petit cercle de Mme de Boufflers est l'aimable et spirituel Panpan, que nous allons voir se pousser peu à peu dans le monde.

La marquise n'est pas une amie ingrate; si elle ne profite pas de sa fortune pour elle-même, elle en use largement pour venir en aide aux amis des premiers jours, à ceux qui lui ont fait accueil et l'ont aidée à passer des heures exquises dans le culte des lettres et des arts.

Par l'influence de la Galaizière, elle a obtenu pour Panpan la place de receveur des finances à Lunéville, place d'autant plus précieuse qu'il est moins fortuné. Mais cela ne lui suffit pas, il faut que Panpan ait ses entrées à la cour. Alors elle demande, pour lui, la place de lecteur. Le roi trouve qu'il a déjà assez de sinécures autour de lui, et il résiste quelque temps. La marquise insiste; alors le bon Stanislas de s'écrier : « Eh! que ferai-je d'un lecteur?... Ah! bah, ce sera comme le confesseur de mon gendre! » et Panpan est nommé lecteur du roi! avec deux mille écus de traitement!

(1) Il prit plus tard le nom de prince de Bauffremont, après la mort de son frère aîné.

Maintenant Panpan est un personnage ; il a des fonctions officielles, il émarge au budget. Et surtout, inappréciable faveur, il peut approcher sans cesse de la belle marquise.

Les grandeurs ne grisent pas Panpan, il est philosophe. L'amitié de la favorite, les bonnes grâces du roi ne lui ont enlevé aucune de ses qualités, et il a gardé ses vieux amis d'autrefois.

En dépit des honneurs il mène toujours une vie insouciante et paisible. Son salon de la rue d'Allemagne est toujours le rendez-vous des beaux esprits de la cour et de la ville, des causeurs d'élite. Mais l'heureuse fortune qui lui arrive, très inattendue, ne l'empêche pas de se plaindre, de se lamenter ; il a souvent des vapeurs, il est neurasthénique.

Le bon abbé Porquet a agréablement plaisanté son ami Panpan sur ses prétendues infortunes et sur ses manies de vieux garçon :

> Tous les malheurs des gens heureux,
> J'en conviens, assiègent ta vie ;
> Cependant souffre qu'on t'envie,
> Et plains-toi, puisque tu le veux.
> Le ciel te prodigua tous les défauts qu'on aime ;
> Tu n'as que les vertus qu'on pardonne aisément :
> Ta gaîté, tes bons mots, tes ridicules même,
> Nous charment presque également.
> Bel esprit à la cour, et commère à la ville,
> Qui, comme toi, d'un air agréable et facile,
> Sait occuper autrui de son oisiveté,
> Minauder, discuter, composer vers ou prose,

> Et, nécessaire enfin par sa frivolité,
>   Par des riens valoir quelque chose ?
> Supprime donc des pleurs qu'on essuie en riant ;
> D'un homme tout entier ose montrer l'étoffe :
>   A tout l'esprit d'un philosophe
>   Ne joins plus le cœur d'un enfant.

Panpan était assez joli garçon pour plaire aux dames, mais il joignait à ses autres qualités beaucoup de modestie, car il a laissé de lui-même ce portrait peu flatté :

> Un front assez ouvert, des cheveux bien placés
> De mon individu forment le frontispice.
> Deux petits yeux sans feu, mais aussi sans malice,
>   Au moindre ris dans mon crâne enfoncés,
> De tous les autres yeux peuvent braver la vüe.
> Suit un nez qui promet, dit-on, plus qu'il ne tient.
>   Une pudeur fort ingénüe
> Souvent à ce discours s'empare de mon teint.
>   Bouche vermeille et d'assez bonne taille
>   Couvre des dents mal en bataille
>   Que, par un sort disgracieux,
> Montre le même ris qui vient cacher mes yeux.
> Un menton ombragé d'un poil épais et rude,
>   Si leur caquet me causait du souci,
> Pourrait aux médisans donner le démenti :
> Mais c'est le moindre objet de mon inquiétude.
> Taille grêle et mal prise, un grand col, peu de reins
>   Point d'estomac, beaucoup d'épaule,
>   La cuisse sèche, et la jambe assez drôle,
>   Au naturel voila mes attraits peints.

Panpan est un des coryphées du salon de Mme de Boufflers ; son caractère facile, son humeur enjouée le rendent inappréciable ; il colporte les nouvelles, fait de l'esprit, met de l'entrain dans toutes les réunions ; bref il amuse la marquise ; avec lui jamais un moment d'ennui, de lassitude !

Et cependant les plaisanteries de Panpan ne sont pas toujours marquées au coin du bon goût le plus parfait. Elles manquent quelquefois d'atticisme, comme celles du roi, et mieux vaut les passer sous silence.

Comme les petits cadeaux entretiennent l'amitié et que Panpan est fort ami de Mme de Boufflers, il la comble à chaque instant de souvenirs toujours accompagnés d'un galant madrigal.

Un jour la marquise, en rendant visite à Panpan, a daigné admirer une fontaine en porcelaine. Vite, le lecteur du roi la lui envoie accompagnée de ce quatrain :

> Boufflers jeta sur vous un œil de complaisance
> Fontaine, allez couler sous son aimable loi.
> Fussiez-vous celle de Jouvence,
> Je me reprocherais de vous garder pour moi.

Une autre fois il lui fait hommage d'un petit Amour de porcelaine accompagné de ces vers.

C'est l'Amour qui parle :

> J'ai toujours régné par vos charmes,
> Vous me prêtez toujours d'aussi puissantes armes.
> Je ne veux jamais vous quitter.
> Les graces, la gaîté, l'esprit, le caractère,

> Auront dans tous les temps le droit de m'arrêter.
> Eh! qu'auriez-vous un jour à regretter?
> Le temps vous a donné plus de moyens de plaire
> Qu'il ne pourra vous en ôter.

Saint-Lambert ne fut pas moins heureux que son ami Panpan. Après avoir rempli quelques emplois subalternes il obtint, par l'influence de Mme de Boufflers et grâce à son amitié avec M. de Beauvau, le grade de capitaine dans le régiment des gardes lorraines, que commandait le prince. Lui aussi a donc ses entrées à la cour et il fait partie du petit cercle de la favorite.

Malgré son origine roturière, Saint-Lambert avait des prétentions à la noblesse, et avant de prendre le titre de marquis il voulait s'en donner les allures. Il apportait dans tous ses rapports un ton de froideur et même de hauteur qui lui donnait, il le croyait tout au moins, le ton et les manières d'un gentilhomme; il ne rendait guère d'hommages et se contentait d'accepter ceux qu'on lui offrait. Ce manège, cette réserve voulue pouvaient se retourner contre lui; elles le servirent grandement au contraire; on admira sa belle tenue; sa froideur devint de la distinction, sa hauteur de la noblesse, et on s'éprit pour sa personne d'une véritable engouement. Comme du reste il était jeune et fort joli garçon, il passa bientôt pour avoir des bonnes fortunes; cela seul suffit pour lui en attirer et il devint la coqueluche des belles dames de Nancy et de Lunéville.

Sa réputation littéraire contribue encore à le grandir ; il compose des poésies qu'on s'arrache dans les salons ; il rime des madrigaux pour les dames ; Voltaire lui adresse des épîtres, on le proclame grand poète, il est célèbre. Il en profite pour faire tourner toutes les têtes et pousser sa fortune. Quelques-unes des premières productions du jeune poète sont fort jolies, et l'on s'explique l'enthousiasme qu'elles provoquaient, les espérances qu'elles faisaient naître dans les salons littéraires de Lunéville.

Une entre autres d'un tour facile, léger et railleur obtient le plus vif succès.

Saint-Lambert passe ses quartiers d'hiver chez des parents jansénistes, et c'est de là qu'il envoie à son ami le prince de Beauvau cette épître, où il se moque spirituellement du rigorisme étroit qui l'entoure :

>A vivre au sein du jansénisme,
>Cher prince, je suis condamné,
>Et, des Muses abandonné,
>Dans le vieux château de Ternai,
>Je répète mon catéchisme.
>Des intrigues de Port-Royal
>J'apprends à fond tous les mystères :
>J'entends mettre au rang des saints pères
>Nicole, Quesnel et Pascal.
>J'en lis un peu par courtoisie.
>Ces fous, plein de misanthropie,
>Souvent ne raisonnaient pas mal :
>Ils ont eu l'art de bien connaître
>L'homme qu'ils ont imaginé ;

Mais ils n'ont jamais deviné
Ce qu'est l'homme et ce qu'il doit être.
. . . .
Un vieux janséniste grondeur
Dit qu'en détruisant la nature
On fait plaisir à son auteur,
Et qu'on charme le Créateur
En tourmentant la créature.
Du petit nombre des élus
Tous ses ennemis sont exclus ;
Et ces sauvages cénobites
Qui vantent à Dieu leur ennui,
Ne voudroient plus vivre pour lui,
S'il étoit mort pour les jésuites !

Mais il ne s'agit pas seulement de décocher à Port-Royal quelques critiques acérées ; Saint-Lambert, reconnaissant, se souvient de ses anciens maîtres, de ces jésuites de Pont-à-Mousson qui l'ont élevé ; il couvre d'éloges leur indépendance d'esprit et cette tolérance mondaine qui leur vaut tant d'amis :

Indulgente société !
O vous, dévots plus raisonnables,
Apôtres pleins d'urbanité,
Le goût polit vos mœurs aimables.
Vous vous occupez sagement
De l'art de penser et de plaire ;
Aux charmes touchants du bréviaire
Vous entremêlez prudemment
Et du Virgile et du Voltaire ;
Vous parlez au nom du Seigneur,
Et vous n'ennuyez point les hommes ;
Vous nous condamnez sans fureur,

> Vous nous voyez tels que nous sommes.
> Je ne prends point pour directeur
> Un fou dont la mauvaise humeur
> Érige en crime une faiblesse,
> Et veut anéantir mon cœur
> Pour le conduire à la sagesse.
> Je sens, j'ai des goûts, des désirs ;
> Dieu les inspire ou les pardonne :
> Le triste ennemi des plaisirs
> L'est aussi du Dieu qui les donne.

Au nombre des qualités sérieuses de Mme de Boufflers, il faut certainement compter l'affection très profonde qu'elle portait à ses enfants. Au lieu de les faire élever au loin, comme il était d'usage constant à l'époque, elle voulut les garder près d'elle, aussi longtemps que possible, et surveiller elle-même leur éducation.

L'intention était excellente, le but louable; mais la cour de Lunéville, à tout prendre, n'était pas un milieu très favorable pour des jeunes gens, et Mme de Boufflers n'eut peut-être pas à se louer beaucoup de sa détermination.

Son fils aîné était naturellement destiné à l'état militaire; par l'influence de Stanislas, il fut envoyé de bonne heure à Versailles et élevé avec le dauphin, dont il était le menin. On ne pouvait espérer pour lui un avenir plus brillant.

La fille fut élevée au château de Lunéville près de sa mère; on la voyait sans cesse à la cour où elle avait reçu le surnom assez prétentieux de « la divine mignonne (1). »

De même que le fils aîné était destiné à l'état militaire, non moins naturellement on destinait le fils cadet à la carrière ecclésiastique. Lui aussi devait trouver dans cette voie un avenir brillant, car il était bien à supposer que Stanislas ne le laisserait manquer ni de dignités ni de bénéfices.

L'enfant, comme sa sœur, était élevé à la cour. Probablement en raison de l'élégance de ses manières, on lui avait donné le gracieux surnom de « Pataud ».

Quand « Pataud » commença à grandir et qu'on put l'enlever aux mains des femmes, Mme de Boufflers songea à lui donner un précepteur. Puisque l'enfant était destiné à l'état ecclésiastique, quoi de plus naturel que de confier son éducation à un abbé qui, tout en formant son esprit, saurait le préparer à remplir dignement son futur sacerdoce.

Ainsi pensa Mme de Boufflers, et après bien des hésitations son choix s'arrêta sur un certain abbé Porquet(2) dont on lui avait vanté les qualités et qui après des études assez brillantes avait été maître particulier au collège d'Harcourt. C'était bien le plus étrange abbé qu'on pût imaginer. Quand nous le connaîtrons, nous devinerons ce que son élève a pu devenir sous une pareille direction et nous ne nous étonnerons pas si le

(1) Elle était née en 1744.
(2) Pierre-Charles-François, né à Caen en 1728.

jeune chevalier a si mal ou plutôt si bien profité de ses leçons.

L'abbé Porquet était un tout petit homme, de la plus mauvaise santé et qui n'avait que le souffle. Il disait de lui-même : « En vérité, je crois que ma mère m'a triché, elle m'a mis au monde empaillé. » Il avait l'air froid et compassé, mais il était d'une propreté extrême ; sa perruque, son rabat, tous ses vêtements étaient toujours dans un ordre si parfait qu'il ressemblait à une gravure de modes, ce qui lui attirait bien des plaisanteries.

Il était du reste pétri d'esprit et se montrait fort agréable dans le monde. Ces qualités enchantèrent Mme de Boufflers, lui firent oublier le but plus sérieux qu'elle recherchait en le prenant ; au bout de peu de temps, le précepteur passait au second plan : elle ne voyait plus que l'homme aimable, gai, spirituel et qui contribuait à l'agrément de la société qui gravitait autour d'elle.

Bientôt l'abbé fut si apprécié que la marquise voulut lui obtenir ses entrées à la cour. Mais à quel titre les demander? L'embarras ne fut pas long. Stanislas n'avait-il pas besoin d'un aumônier? Il en avait déjà plusieurs. Qu'importe. Abondance de biens ne peut nuire. Et voilà Porquet aumônier du roi de Pologne, pourvu de fonctions officielles, émargeant au budget comme Panpan. Il n'en fut pas plus fier.

Ses débuts ne furent pas des plus heureux. La première fois qu'il parut à la table royale, Stanislas, soit naïveté, soit malice, lui demanda fort indiscrètement de dire le *Benedicite*. Puisqu'il avait un aumônier, autant valait l'utiliser. Mais le pauvre abbé, interdit d'une question aussi imprévue, resta court. Malgré tous ses efforts il ne put jamais se rappeler le moindre mot de la prière qu'on lui demandait. Stanislas voulait profiter de l'incident pour se débarrasser d'un aumônier aussi singulier; mais Mme de Boufflers argua de la timidité de l'abbé et elle obtint sa grâce.

Si Porquet avait oublié le *Benedicite*, il ne manquait pas d'esprit et ses ripostes amusaient Stanislas.

Un jour qu'il faisait au roi la lecture de la Bible il s'endormit à moitié et lut : « Dieu apparut en singe à Jacob... » — « Comment! s'écria le roi, c'est en songe que vous voulez dire? » — « Eh! sire, répliqua Porquet vivement, tout n'est-il pas possible à la puissance de Dieu! »

Le bon abbé prêtait le flanc, il faut l'avouer, à la critique, et son peu de zèle religieux lui valait bien des plaisanteries. On prétend qu'un jour où il se plaignait à Stanislas de ne pas obtenir plus rapidement les hautes dignités ecclésiastiques, le roi lui répondit en riant : « Mais, mon cher abbé, il y a beaucoup de votre faute; vous tenez des discours très libres; on prétend que vous ne croyez pas en Dieu. Il faut vous modérer : tâchez d'y croire; je vous donne un an pour cela. »

Le Père de Menoux naturellement avait été indigné

de voir une nouvelle robe noire introduite à la cour. Porquet pouvait-il être autre chose qu'un intrument entre les mains de Mme de Boufflers! Nouveau sujet de crainte et de colère pour le jésuite. Aussi dès les premiers jours le confesseur et l'aumônier s'étaient-ils voué une haine acharnée.

Mais c'est en vain que le Père de Menoux s'élevait contre le nouvel aumônier, montrait à Stanislas son indignité, son ignorance religieuse; le roi ne voulait rien entendre et Porquet plus que jamais restait aumônier.

Si l'abbé était peu recommandable au point de vue religieux et de plus un médiocre précepteur, c'était du moins un délicat, un lettré et un homme de goût. Il tournait facilement le vers, mais il ne composait pas rapidement : « Il rêvait trois mois à un quatrain. »

Lui-même s'est raillé spirituellement en écrivant à son intention cette épitaphe :

> D'un écrivain soigneux il eut tous les scrupules;
> Il approfondit l'art des points et des virgules;
> Il pesa, calcula tout le fin du métier,
> Et sur le laconisme il fit un tome entier.

Porquet n'est pas seulement aimable, il est galant, fort galant même. Tout en plaisantant sa mauvaise santé, il laisse entrevoir des goûts bien fâcheux pour un abbé :

> Hélas ! quel est mon sort !
> L'eau me fait mal, le vin m'enivre ;
> Le café fort
> Me met à mort ;
> L'amour seul me fait vivre.

On comprend qu'avec de pareils penchants l'abbé aime fort à lutiner les belles dames de la cour. Aussi ne s'en prive-t-il pas ; elles le lui rendent, il est vrai, et le taquinent volontiers. Il riposte non sans esprit, mais sur un ton grivois qui donne bien à penser sur sa moralité.

A sept dames, qui s'étaient amusées à lui écrire le même jour, il fait cette plaisante réponse :

> Par pitié ! moins d'honneur, moins de bontés, Mesdames !
> N'excitez pas un feu qui malgré moi s'éteint :
> Je n'ai point dans un jour ma réponse à sept femmes :
> Qui trop embrasse, mal étreint.
> Composons, s'il vous plaît ; tant de gloire me gêne ;
> Accordez-moi du temps, chacune aura son tour ;
> Mais à marcher trop vite on se met hors d'haleine.
> Autrefois j'eusse écrit un volume en un jour :
> Je ne me permets plus qu'un billet par semaine?

Puisque Porquet est poète, il est naturel qu'il adresse des vers à son élève, à ses amis, à divers personnages de la cour ; mais ce qui est plus étrange, ce qui jette un jour singulier sur toute cette société, sur ses habitudes, sur ses mœurs, c'est qu'il est en commerce poétique avec la mère de son élève, et que tous deux échangent de petits vers galants.

Un soir, après avoir dîné chez l'abbé, Mme de Boufflers compose ces vers pour son amphitryon :

> Le dîner, dans la vie, est chose intéressante :
> Cher abbé, le vôtre m'enchante.
> Vous savez embellir et donner un repas,
> Vous faites de bons vers, et servez de bons plats.
> L'un, il faut l'avouer, est plus rare que l'autre.
> Et tous les deux chez vous se trouvent aujourd'hui.
> Partout vous aurez place à la table d'autrui;
> Moi, j'en demande une à la vôtre.

Et l'abbé de riposter aussitôt :

> Un succès, jeune Eglé, ne répond point d'un autre;
> Défiez-vous de l'art qui vous sert aujourd'hui :
> Vous plairez une fois avec l'esprit d'autrui,
> Et tous les jours avec le vôtre.

Naturellement le jour de la fête de la marquise, le précepteur n'a garde d'oublier le bouquet de circonstance et il envoie ce madrigal, fort galant assurément, mais rempli d'allusions assez inquiétantes et qu'il vaut mieux peut-être ne pas approfondir :

> Votre patronne au ciel a trouvé son bonheur;
> Ici-bas vous faites le nôtre;
> Son partage est sans prix, le vôtre a sa douceur :
> Qui n'a pas son destin doit envier le vôtre.
> Ah ! bienfaisante Eglé, répondez à nos vœux.
> Vous n'êtes point ambitieuse;
> Contentez-vous du bien, en attendant le mieux.
> Un peu plus tard vous serez bien heureuse,
> Mais plus longtemps aussi vous ferez des heureux.

Mme de Boufflers, contre son habitude, s'étant un jour laissée aller à quelque misanthropie, l'abbé lui prodigue de spirituels conseils :

>Appréciez bien moins la vie,
>Si vous voulez en mieux jouir ;
>Avec trop de philosophie.
>On parviendrait à la haïr.
>Ou désirs ou regrets, voilà notre partage ;
>Mais sous ce triste aspect pourquoi l'envisager?
>Vivre, dit-on, c'est voyager.
>Dans les distractions achevons le voyage ;
>Le sommeil vient sans y songer.

Il arrivait parfois à la marquise, dans ses jours de gaieté, de lancer au précepteur quelques boutades, qui nous paraîtraient peut-être aujourd'hui assez risquées ; mais, alors, que ne disait-on pas? que ne risquait-on pas ?

N'a-t-elle pas osé écrire en riant ces quelques vers :

>Jadis je plus à Porquet
>Et Porquet m'avait su plaire :
>Il devenait plus coquet ;
>Je devenais moins sévère.
>J'estimais son rabat
>J'admirais sa perruque
>Aujourd'hui j'en rabats
>Car je le crois eunuque.

Quel drôle de monde! Quelle singulière société! Quel étrange précepteur!

CHAPITRE XI

Bonté du roi. — Son esprit de repartie. — Ses plaisanteries. — Son goût pour les constructions. — Ses maisons de campagne. — Le luxe de sa table. — Les surtouts. — Les desserts. — Les truquages du roi. — Le vin de Tokay. — Bébé.

Si Stanislas était pour ses courtisans le roi le meilleur et le plus facile, il n'était pas moins bon, accessible, familier pour ses sujets. Il se faisait adorer d'eux par sa bonhomie, sa simplicité, par la confiance même qu'il leur témoignait. « Il avait coutume de se promener par tout le pays dans une calèche : il n'avait qu'un seul page avec lui dans ses courses, et il se plaisait à fumer dans une grande pipe à la turque de six pieds de long. Comme on lui représentait à ce sujet qu'il exposait sa personne : « Eh ! qu'ai-je à craindre, dit-il, ne suis-je pas au milieu de mes enfants ? »

Dans ses promenades, il se plaisait à interroger familièrement les paysans qu'il rencontrait ; à causer avec eux de leur famille, de leurs besoins, de leurs récoltes, des nouvelles qui pouvaient les intéresser. Un jour, aux environs de Toul, il arrête un paysan et lui demande comment va l'évêque de la ville, qui était malade : « Monseigneur fait dans ses culottes, répond le paysan troublé par la dignité royale, mais il n'en est pas moins plein de respect pour Votre Majesté. »

Il était généreux et compatissant ; jamais un infortuné ne fit en vain appel à sa charité. Il ne se contentait pas de soulager les maux de ceux qui avaient recours à lui, il allait souvent au-devant des besoins de ses sujets. Il faisait distribuer gratuitement les remèdes aux indigents et fournissait secrètement de larges aumônes aux pauvres honteux. Dans toutes les villes importantes il avait établi des greniers d'abondance pour les années de disette. On le vit fréquemment faire des avances aux négociants que frappaient des malheurs immérités et il avait établi de ses propres fonds, à Nancy, une caisse de commerce à la disposition des magistrats municipaux.

Sa bonté ne le cédait en rien à sa bienfaisance, et on cite de lui des traits bien faits pour lui attacher les cœurs de ceux qui l'entouraient.

Comme il réglait l'état de sa maison (1), il donna l'ordre de porter sur la liste des pensionnaires un officier français qui lui avait donné des preuves d'attachement. « En quelle qualité Votre Majesté veut-elle qu'il figure sur la liste ? » demanda Alliot inquiet des libéralités du prince. « En qualité de mon ami », répondit le roi en souriant.

On raconte qu'un certain jour un nommé Jacques,

(1) La maison du roi était composée de 455 personnes, non compris 68 pensionnaires.

palefrenier du château, pénétra jusque dans le cabinet du prince. Ce dernier, occupé à rédiger des dépêches importantes pour la cour de France, ne l'apercevait pas. Jacques se mit à tousser et à faire du bruit avec ses sabots. Stanislas, pensant que c'était son valet de chambre, continua son travail. Jacques à la fin perdit patience et désespérant de se faire remarquer, prit le premier la parole : « Sire, dit-il, je suis Jacques. » — « Et que fait Jacques ici ? dit le roi en souriant. Pourquoi Jacques si matin ? Il faut donc que je quitte le roi de France et mes affaires pour écouter maître Jacques ? Allons, dis-moi ce que tu veux. » Jacques exposa sa requête : sa femme était accouchée, et, bien qu'étant, elle aussi, au service du roi, elle n'avait pas le moyen de payer les mois de nourrice. « Eh bien, dit Stanislas avec bonhomie, va trouver Alliot de ma part et dis-lui de te porter pour 50 écus de gratification que je te fais pendant trois ans, pourvu que tu t'acquittes bien de ton service (1). »

C'est par de pareils traits, répétés et colportés, que Stanislas conquérait tous les cœurs.

Le roi de Pologne était volontiers facétieux dans la conversation et il possédait à un rare degré l'esprit de repartie.

Le Père de Menoux cherchait souvent à abuser de la crédulité du roi et il croyait y réussir ; mais Stanislas

---

(1) JOLY, *le Château de Lunéville*.

ne se laissait tromper que quand il le voulait bien. Un jour, en présence du jésuite, il répondait en riant à un peintre qui faisait son portrait et ne parvenait pas à saisir la ressemblance : « Adressez-vous donc au Père de Menoux que voilà si vous voulez bien m'attraper. »

Il visitait un jour les travaux de reconstruction de l'aile du château longeant le canal et qui avait été détruite en 1744 par un incendie. Quelques jeunes officiers de la garnison de Nancy l'accompagnaient. L'un d'eux, à la vue des tailleurs de pierre courbés sur leur travail, dit assez haut pour être entendu : « Voilà des bûches qui martèlent des pierres. » — « Vous vous trompez, dit le roi sévèrement ; tous les hommes ont une valeur relative, quelle que soit leur condition. »

Puis, il se mit à interpeller familièrement les ouvriers, les interrogeant avec bonhomie. Tout à coup, il dit à l'un deux : « Que pensez-vous des militaires ? Sans doute vous les estimez bien au-dessous des maçons ? » — « Certainement, lui répondit l'ouvrier, puisque les maçons sont faits pour édifier et que les militaires ne sont bons qu'à détruire. Votre Majesté n'ignore pas que pour préserver une muraille faite par des maçons, on fait souvent sauter un grand nombre de militaires. » — « Entendez-vous, Messieurs, dit le roi ravi, en se tournant vers les officiers ; entendez-vous comme les bûches parlent ? »

« Et ces messieurs, qu'en pensez-vous ? » interrogea encore le roi fort amusé. — « Je crois, répondit un des maçons, que ces braves messieurs ne sont pas aussi cruels sur la brèche que les bourreaux de soldats qu'ils y envoient. » — « Et puis, riposta un autre, quand d'aventure ces messieurs feraient faire par-ci par-là quelques enterrements à la guerre, en échange, combien de baptêmes ne font-ils pas faire à Nancy ? »

« Pour le coup, sauve qui peut, dit le roi riant aux éclats de l'épigramme. Nous avons fait parler des bûches, je m'aperçois qu'elles mordent cruellement (1). »

L'esprit facétieux de Stanislas ne se bornait pas uniquement à la conversation, mais ses plaisanteries n'étaient pas toujours d'un atticisme parfait. On cite de lui des traits qui rappellent plutôt le barbare que le grand seigneur.

Il lui arrivait quelquefois, quand il n'avait à sa table que des intimes, d'aborder dès le début du repas un sujet de conversation passionnant ; puis, quand il voyait ses convives disputant avec la plus vive animation, il s'emparait avec les doigts d'une volaille et la dévorait à belles dents. Aussitôt fait, il se levait de table tranquillement. Force était naturellement à tous les convives de le suivre, mais les dents longues et la mine assez piteuse.

Une autre des bonnes plaisanteries royales consistait à emmener les dames se promener dans les jardins du château et particulièrement sur un pont de bois jeté

---

(1) JOLY, *le Château de Lunéville.*

en travers du canal, en face du rocher. Un système de tuyaux adroitement dissimulé amenait l'eau jusque sous le pont et la répandait en gerbes au moment où l'on s'y attendait le moins. Quand Stanislas, par d'habiles détours, avait conduit les dames jusque sur le pont, il pressait un bouton, et immédiatement des jets d'eau froide allaient fort indiscrètement rafraîchir les dessous des visiteuses ; les paniers dont elles étaient ornées favorisaient à merveille ce genre de distraction. Les cris, la frayeur et la colère des victimes faisaient la joie du bon roi. Il était bien rare qu'une nouvelle venue n'eût pas à souffrir de cette médiocre facétie.

La gaieté du monarque s'exerçait à tout propos. Mme de la Ferté-Imbault raconte que, pendant son séjour à Lunéville, le roi la mena un jour à une fête de village où elle acheta pour 15 sols de ces petits rubans que l'on nommait *faveurs*, et qui servaient à attacher des colliers. « Le roi, voyant mon emplette, dit-elle, prit mon paquet, et se mit à l'élever en l'air au milieu de la foire en criant à tue-tête : « Les faveurs de « Mme de la Ferté-Imbault à 15 sols ! à 15 sols ! Qui « en veut ? » au grand divertissement de tout le public. »

Stanislas avait au suprême degré ce que nous appelons le goût de la truelle.

A peine arrivé en Lorraine, il donna un libre cours à son goût favori. Mais il ne se contenta pas de faire élever des édifices nouveaux ; il eut la malheureuse idée d'améliorer ceux qui existaient ou de les reconstruire complètement sur des plans de sa façon; il souleva ainsi bien des critiques, et s'attira même bien des animosités dans le peuple. Ce qui n'était chez lui qu'une manie fut considéré comme une profanation des souvenirs nationaux, de tout ce qui rappelait les jours glorieux de la patrie lorraine.

Il démolit une partie des monuments du palais ducal et de l'église Saint-Georges; il démolit l'église de Bon-Secours(1) et la réédifia sur un autre emplacement et sur un nouveau plan.

On raconte qu'un potier d'étain, dont la maison s'élevait en face de Bon-Secours, désespéré de ne plus voir le monument tel qu'il y était accoutumé depuis son enfance, fit murer toutes les fenêtres de sa façade et ne prit plus de jour que sur son jardin.

Stanislas ne se borna pas à faire de Nancy une des plus belles villes d'Europe; il consacra encore tous ses soins à Lunéville et à Commercy, dont il avait fait ses demeures de prédilection. Si ses devoirs de souverain l'obligeaient en effet à séjourner quelquefois à Nancy, son goût le ramenait toujours à Lunéville ou à Commercy.

Il s'ingénia, dès les premières années de son séjour, à embellir Lunéville et à en faire une résidence délicieuse.

Le château construit par Léopold lui plaisait fort et

---

(1) Elle avait été construite en 1631, après une peste.

il y résidait avec bonheur. Un des grands charmes de cette demeure étaient les beaux jardins, le parc immense, les eaux superbes qui entouraient le château. Là, sans choquer personne, et sans se soucier du qu'en-dira-t-on, Stanislas pouvait donner libre cours à son penchant pour les constructions les plus fantaisistes.

Le bon roi n'avait pas toujours le goût très raffiné. Il avait rapporté de Turquie et de sa captivité à Bender la passion des minarets, des coupoles, des kiosques, des terrasses ; enfin il affectionnait un style moitié turc, moitié chinois, recherché et bizarre, qui souvent n'était pas heureux.

Sous sa direction, les jardins de Lunéville se peuplent de petits cabinets, de grottes, de bassins, de rochers artificiels, de jets d'eau à l'infini. Des machines de son invention fournissent les eaux en abondance. Ces enfantillages font la joie du vieux roi et son plus grand plaisir est de les faire admirer aux étrangers qui visitent sa cour.

A peine installé à Lunéville, Stanislas commence les travaux. Chaque jour, la matinée est consacrée à son passe-temps favori ; entouré de ses dix-sept architectes, peintres, sculpteurs, il examine les plans, décide les travaux, discute, ordonne, dirige lui-même la construction de ses palais, de ses maisons de campagne ; il va sur place encourager les ouvriers, voir l'effet de ses combinaisons ; il fait construire, démolir, reconstruire, et il dépense ainsi le plus clair de ses revenus.

Son premier soin est d'assainir les environs de sa résidence et de les embellir. Devant le château s'étend un long canal qui va jusqu'à Chantehéu, petit village peu éloigné de la ville. Tout autour du canal sont de vastes marécages. Stanislas, en peu de temps, et par d'habiles combinaisons, fait écouler les eaux et transforme en jardins charmants ce qui n'était qu'une étendue malsaine et nauséabonde.

Dans le parc, il fait construire huit pavillons composés d'une chambre, de trois cabinets et d'une petite cuisine. Chaque pavillon est entouré d'un ravissant jardin. Ces asiles champêtres sont destinés aux courtisans privilégiés ; mais ils sont obligés d'y loger pendant la belle saison et d'offrir à dîner au prince une fois par mois. M. de la Galaizière qui, malgré tout, est fort bien en cour et que Stanislas cherche à amadouer, reçoit un de ces pavillons.

Mais ces cottages et les jardins qui les entourent ne suffisent pas à orner le parc au gré du roi. A gauche du château et en contre-bas de la terrasse, il fait élever à grands frais un rocher artificiel sur lequel se dresse tout un village avec des paysans en bois peint de grandeur naturelle. On y voit des maisons, un ermitage, un cabaret. Tous les personnages, il y en a trois cents, sont mis en mouvement au moyen de l'eau, et, lorsque ce vaste jouet fonctionne, c'est un remue-ménage général : des coqs chantent, des moutons paissent, des chèvres se battent, un chat poursuit un rat, un ivrogne boit et sa femme lui jette un seau d'eau par la fenêtre, un charretier bat ses chevaux, des scieurs de long travaillent, une femme file, une autre se balance sur une escarpolette, etc. (1).

En même temps qu'il s'amuse à orner son parc de ces puérilités, Stanislas couvre les environs de Lunéville de maisons de plaisance destinées à son usage personnel et d'une architecture aussi variée qu'étrange. Par contre, elles sont toutes délicieusement décorées à l'intérieur et meublées avec un goût parfait.

Bientôt l'on voit s'élever à la tête du grand canal un petit bâtiment à la chinoise que le roi surnomme le *Kiosque*. C'est là qu'il ira dîner et coucher pendant les grandes chaleurs de l'été.

A l'autre extrémité du canal, vis-à-vis l'aile du château, se dresse un pavillon à la turque, que l'on appelle *le Trèfle*, car il en a la forme. L'intérieur ne contient rien de particulier, si ce n'est, comble du raffinement, « un petit endroit pour une chaise percée ».

Un quart de lieue plus loin se trouve une ferme appelée *Jolivet*. Stanislas la transforme et en fait un lieu de plaisance. Du premier étage, l'on jouit d'un superbe point de vue : d'abord, le château de Lunéville avec toutes ses dépendances ; puis, plus loin, le château de Craon.

A Einville, à Chanteheu, encore des maisons de

(1) C'est Richaud, horloger de Nancy, qui était l'auteur de ce jouet précieux.

plaisance pour le monarque, avec des jardins admirables, des « ménageries (1) », des eaux jaillissantes, des cascades, etc.

Mais tous ces pavillons, tous ces rendez-vous de chasse, toutes ces fermes ne suffisent pas encore; Léopold a fait commencer un château à la Malgrange, près de Nancy : le roi de Pologne le fait démolir et en construit un nouveau beaucoup plus important, très agréable et où il passe la plus grande partie de l'été.

Stanislas fit également exécuter de grands travaux à Commercy; on se rappelle que la duchesse de Lorraine s'y était retirée en 1737 et qu'on lui avait laissé la jouissance du château sa vie durant. Après être restée en enfance pendant quelque temps elle mourut d'apoplexie le 27 décembre 1744. Le roi prit aussitôt possession du château qui devint une de ses résidences favorites.

Comme il y avait des eaux magnifiques, il en profita pour faire jeter sur le canal un pont, qu'on appela pont d'eau, parce que les parapets étaient chargés de quatorze colonnes sur lesquelles l'eau ruisselait sans cesse; la nuit, des lumières enfermées dans des globes de cristal éclairaient ce pont extraordinaire. Il fit également élever un kiosque dont les stores étaient formés de nappes d'eau très légères. Enfin à l'extrémité du canal on éleva un château d'eau d'où l'on découvrait une

---

(1) C'est-à-dire des jardins potagers.

vue des plus étendues et des plus riantes. Des bassins immenses, avec des cygnes et d'élégantes galères, des cascades, des fontaines nombreuses faisaient des jardins de Commercy un séjour enchanteur.

Dans la vaste forêt qui avoisinait le château, le roi fit construire, près de la Fontaine Royale, un ravissant pavillon ; c'est là que, pendant les grandes chaleurs de l'été, il conviait à goûter les jeunes et jolies dames de la cour.

Stanislas se prit d'une grande passion pour sa nouvelle résidence et il partagea bientôt tout son temps entre Lunéville et Commercy.

Le souci des biens terrestres ne faisait pas oublier au vieux monarque le soin de son salut. N'était-il pas juste que le Ciel eut sa part dans ces constructions et ces dépenses? Au besoin, le Père de Menoux se chargeait de le rappeler au roi. Aussi Stanislas fit-il élever à Nancy pour douze missionnaires jésuites une vaste et belle demeure que l'on appella la *Mission*. La chapelle était grande et on ne peut mieux ornée, les dortoirs et les réfectoires superbes. Il y avait des chambres pour les personnes pieuses qui désiraient faire des retraites. Stanislas s'y était réservé un fort bel appartement qu'il occupait de temps à autre. Chaque fois que le roi séjournait à la Mission, on y donnait des fêtes, on y jouait la comédie; les Pères jésuites chantaient des poèmes de leur composition, ils tiraient des feux d'artifice; bref ils s'ingéniaient de toutes façons à distraire leur hôte. C'est le Père de Menoux qui naturellement fut placé à la tête de cette fondation, qui avait coûté 800,000 livres. Chaque Père recevait 800 livres de rente annuelle et ils avaient en outre 12,000 livres d'aumônes à distribuer.

Si le plus clair des revenus royaux passait en monuments, constructions, bâtisses plus ou moins champêtres, Stanislas dépensait encore des sommes considérables pour sa table; elle n'était pas seulement servie avec profusion et raffinement, mais il l'entourait d'un luxe inouï et apportait dans le choix des objets destinés à l'orner la même fantaisie et la même puérilité que dans l'ornementation de son parc et de ses jardins.

C'est Stanislas qui le premier a l'idée de ces surtouts d'une variété et d'une richesse incroyables, qui deviennent à la mode à cette époque; il en invente de tous les genres; il leur donne les formes les plus capricieuses, les plus bizarres. Les uns représentent une chasse au cerf, d'autres des paysages champêtres, d'autres des scènes mythologiques. A la demande du roi, Cyfflé compose de véritables objets d'art; un entre autres soulève l'admiration unanime : un pavillon à jour, soutenu par huit colonnes cannelées, abrite une vasque élégante. Au milieu du bassin s'élève un rocher sur lequel Léda folâtre avec le cygne. Une légère galerie couronne le petit édifice au sommet duquel jaillit une gerbe d'eau entourée d'amours.

La fertile imagination du roi fait toujours jouer à

CHAPITRE XI

l'eau un grand rôle. Il fait imiter les fontaines monumentales de Nancy et de véritables jets d'eau surgissent sur les tables pendant les repas.

Stanislas était un véritable gastronome et les plaisirs de la table formaient l'une de ses distractions favorites. Il était, du reste, doué d'un appétit si violent qu'il avançait souvent l'heure de son dîner : « Pour peu que Votre Majesté continue, lui disait un jour M. de la Galaizière, elle finira par dîner la veille. » Son goût n'était pas toujours exquis : ainsi « il mangeait sans cuisson la choucroute ou des choux râpés saupoudrés de sucre, et des viandes cuites avec des fruits. »

Il avait introduit en Lorraine un raffinement culinaire inconnu avant lui (1). C'étaient surtout les desserts qui étaient l'objet de sa sollicitude et sur lesquels s'exerçait son ingéniosité.

Le chef d'office, c'est-à-dire celui qui était chargé de préparer et de dresser le dessert, était un artiste nommé Joseph Gilliers (2).

---

(1) Le service de la bouche était confié à un premier maître d'hôtel qui avait sous ses ordres 3 maîtres d'hôtel ordinaires, 1 contrôleur de cuisine, 5 chefs cuisiniers, 6 aides, 3 garçons de cuisine, 5 relaveurs, 4 marmitons et 1 garde-vaisselle.

Pour la rôtisserie, il y avait 1 chef, 2 aides et 2 garçons.

De même pour le service de la pâtisserie.

L'échansonnerie et la paneterie étaient dirigées par 2 chefs et 3 officiers.

Enfin venaient 6 couvreurs de table, 1 contrôleur, 1 chef du café, 3 garçons de la cave, etc.

(2) Il a laissé un monument de son art en un magnifique in-4°

Gilliers avait l'art de composer des desserts, des pièces montées, qui faisaient la joie de Stanislas. Tantôt c'est un jardin enchanté, tantôt : « au milieu d'un parc en miniature, qu'on croirait dessiné par Lenôtre, s'élève une grotte en rocaille, du sommet de laquelle jaillit une fontaine ; à droite et à gauche du massif, de petits bassins contiennent les eaux de deux gerbes liquides. De distance à autre, des promeneurs, figurés par des statuettes, semblent parcourir ces lieux charmants ; d'autres y goûtent les douceurs du repos au milieu des fruits, des fleurs et des sucreries ».

Les pâtissiers du roi se livraient aux plus ingénieuses fantaisies. Un jour, quatre servants déposèrent sur la table royale un pâté monstre, ayant la forme d'une citadelle. Tout à coup, le couvercle se soulève et des flancs du pâté s'élance Bébé, le nain du roi, costumé en guerrier, le casque en tête, un pistolet à la main qu'il fait partir au grand effroi des dames. On juge de la joie et de l'hilarité de l'assistance.

Mais le plaisir du monarque ne se bornait pas à servir à ses convives des plats recherchés ou d'une forme savante ; son plus grand bonheur était de truquer les

---

enrichi de nombreuses planches et intitulé *le Cannaméliste français : les Usages, le choix et les principes de tout ce qui se pratique dans la préparation des fruits confits, secs, liquides ou à l'eau-de-vie, ouvrages de sucre, liqueurs rafraîchissantes, pastilles, pastillages, neiges, mousses et fruits glacés.* Les planches sont par Dupuys, dessinateur de Sa Majesté, et gravées en taille-douce par le célèbre François. L'ouvrage est dédié au duc Ossolinski.

CHAPITRE XI

mets qu'il leur offrait et de jouir de leur crédulité ou de leur déception.

Il faisait servir comme gibier étranger et pour plongeons du Nord des oies plumées vivantes, tuées à coups de baguettes et marinées. Des dindons, traités de la même manière et marinés dans des herbes odoriférantes des bois, étaient présentés comme coqs de bruyère.

La joie du roi était complète quand ses convives étaient dupes de ces inventions.

Stanislas ne se contentait pas de truquer les plats; il truquait aussi les vins qu'il offrait à ses amis, et pour eux il ne dédaignait pas d'opérer lui-même.

Son prédécesseur sur le trône de Lorraine, François, devenu roi de Hongrie, avait coutume de lui envoyer chaque année une feuillette de vin de Tokay. On sait que le premier cru de Tokay était réservé uniquement pour la table de l'empereur d'Autriche. Les souverains étrangers ne pouvaient en boire qu'autant que l'empereur voulait bien leur en expédier.

« L'envoi du roi de Hongrie avait lieu en grande cérémonie : le tonneau, placé sur une voiture pavoisée aux armes d'Autriche et de Hongrie, était escorté par quatre grenadiers sous les ordres d'un sergent. » C'est en ce pompeux équipage qu'arrivait chaque année en Lorraine le tokay impérial, et le roi témoignait toujours d'une grande satisfaction à l'arrivée du cadeau de son prédécesseur. Toute la cour était au courant de ce grave événement, et le vin, reçu par Stanislas luimâme dans la cour d'honneur du château, était ensuite soigneusement enfermé dans les caves royales. Quelques jours après le monarque, accompagné d'un acolyte discret, descendait dans ses caves ; là, il s'affublait d'un tablier et, avec du vin de Bourgogne additionné de quelques ingrédients de circonstance, il composait un vin de Tokay de sa façon. Le mélange était versé dans des bouteilles faites spécialement à la verrerie de Porcieux, et distribué, comme vin de l'empereur d'Autriche, aux grands de la cour et aux meilleurs amis du roi. Personne, naturellement, n'avait l'indiscrétion de demander par quel étrange phénomène se produisait ainsi la multiplication du vin de Tokay.

Toujours guidé par le même esprit d'enfantillage, Stanislas cherche à s'entourer de phénomènes qui l'amusent. A Nancy, le portier de son palais est un géant (1).

A Lunéville, il a un nain comme on n'en a jamais vu, dont il s'amuse comme d'une poupée et qui fait ses délices. C'est le plus petit personnage de la cour, mais non le moins important. Il est âgé de cinq ans et n'a que 15 pouces de haut ; il ne pèse que 12 livres.

C'était un véritable prodige ; quand il était né, il ne pesait qu'une livre un quart ; on l'avait porté à l'église sur une assiette garnie de filasse ; un sabot rembourré lui avait servi de berceau. A deux ans, il

(1) Il était originaire de la principauté de Salm.

commençait à marcher, et on lui fit ses premiers souliers qui avaient 18 lignes de long.

Stanislas, ayant entendu parler de ce phénomène, demanda à le voir et il en fut si émerveillé qu'il le garda à sa cour.

Malgré sa petitesse, Bébé était admirablement proportionné et avait une très jolie figure (1). Mais il était orné de tous les défauts : entêté, colère, paresseux, jaloux, gourmand, sensuel, il ne lui en manquait pas un. Quand il avait mis quelque chose dans sa tête, on ne pouvait le faire obéir qu'en lui promettant un costume nouveau ou une friandise. Quand on le contrariait, il cassait volontiers les verres et les porcelaines du roi. Stanislas ne faisait que rire des incartades de son nain, et il le gâtait outrageusement.

Il lui avait fait donner des habits de toutes les couleurs et de toutes les formes; celui que Bébé portait avec le plus d'élégance était celui de hussard.

Bébé avait encore reçu une très jolie calèche, attelée de quatre chèvres, qu'il conduisait lui-même dans les allées du parc. On lui donna aussi un hôtel en bois, haut de trois pieds, qu'on installa dans une des pièces du château. Quand il était en querelle avec le roi, ou qu'il voulait lui résister, c'est dans son hôtel que Bébé allait bouder. Si Stanislas le faisait appeler, Bébé ouvrait la

---

(1) Il s'appelait Nicolas Ferry et était né à Plaisnes, dans les Vosges, le 11 novembre 1741.

fenêtre et disait avec dignité : « Vous direz au roi que je n'y suis pas. »

Il était si petit qu'un jour il s'égara dans un champ de luzerne; il se crut perdu et appela au secours jusqu'à ce qu'on fût venu le délivrer. Aussi Stanislas avait-il toujours peur d'égarer son nain. Bébé, qui avait un goût marqué pour la plaisanterie, s'amusait souvent à se cacher. Stanislas, ne voyant plus son nain, s'agitait, s'inquiétait; toute la cour était en alarme, et Bébé, tranquillement assis sous quelque fauteuil, riait de bon cœur.

Ce facétieux personnage ne se cachait pas que sous les meubles; il avait imaginé d'autres abris plus agréables : on le retrouvait quelquefois paisiblement installé sous les paniers des dames, si bien que les femmes de la cour craignaient toujours d'écraser le petit personnage.

Stanislas était un joueur de tric-trac acharné; or, Bébé détestait ce jeu : le bruit des jetons et du cornet blessait sa sensibilité. Dès qu'on commençait à jouer, il faisait tant de bruit et était si insupportable que le roi n'avait d'autre ressource que de cesser la partie. Alors, on plaçait le nain sur la table; il entrait dans le tric-trac, mettait tous les jetons en piles, s'asseyait dessus et se laissait tomber en riant aux éclats.

Stanislas voulut faire donner à Bébé une éducation brillante, mais il dut bien vite y renoncer. Malgré tous les efforts, on ne put développer chez lui ni raison, ni jugement; on ne put jamais lui faire comprendre l'idée de Dieu et d'une religion.

La princesse de Talmont s'était prise d'une grande amitié pour Bébé; elle eut la prétention de réussir là où tous les maîtres avaient échoué, et elle se donna beaucoup de peine pour l'instruire, sans succès du reste. Cependant, Bébé, reconnaissant de ses soins, s'était pris pour elle d'une si grande passion qu'il en était jaloux. Un jour, la voyant caresser un petit chien, il devint furieux, lui arracha l'animal des mains et le jeta par la fenêtre en disant : « Pourquoi l'aimez-vous plus que moi? »

Bébé était donc à la cour, sinon le plus heureux des hommes, du moins le plus heureux des nains. « Que dites-vous de sa bête de mère, écrit le président Hénault, qui fait dire des messes pour qu'il grandisse? »

CHAPITRE XII

État des mœurs au dix-huitième siècle.

Avant de poursuivre notre récit et de raconter les aventures où se trouve mêlé le nom de Mme de Boufflers, nous prions le lecteur de vouloir bien se rappeler quel était l'état des esprits et des mœurs au milieu du dix-huitième siècle, c'est-à-dire à l'époque dont nous nous occupons.

Sans cette précaution indispensable, nous craindrions fort que Mme de Boufflers ne passât aux yeux de nos lecteurs, et plus encore de nos lectrices, pour une femme charmante, assurément, séduisante, spirituelle, mais fort galante et d'assez mauvaises mœurs.

Il ne faut pas cependant que notre héroïne soit plus mal jugée qu'il ne convient. Apprécier les femmes de ce temps-là avec nos idées actuelles serait le comble de l'injustice. Autant vaudrait leur reprocher leurs cheveux poudrés, leur rouge ou leurs robes à paniers. Par suite de leur éducation et des usages de l'époque, elles n'envisageaient pas l'existence de la même façon que nous, et leurs idées religieuses et morales étaient fort différentes des nôtres. Il ne faut pas plus nous en choquer que nous ne nous choquons de leurs costumes.

Critiquons et déplorons les mœurs de l'époque tant que nous le voudrons, mais n'en rendons pas responsables les contemporains qui n'avaient que le tort d'être de leur temps.

Aussi, pour porter un jugement équitable sur les femmes du monde au dix-huitième siècle, devons-nous avant toutes choses avoir présentes à l'esprit les mœurs qui avaient cours. Nous avons déjà abordé le sujet dans des ouvrages précédents (1), nous y renvoyons le lecteur. Mais il y a certains points que nous avons laissés dans l'ombre et sur lesquels il nous paraît utile d'insister pour mieux faire comprendre la désinvolture morale de nos aïeules.

De même que la religion, aux yeux des gens de la cour, passait pour une institution très nécessaire, d'un intérêt social de premier ordre, mais qui s'adressait uniquement aux basses classes et qui n'avait d'autre but que de les maintenir dans le devoir et l'obéissance, de même l'austérité des mœurs et le respect des obligations du mariage, au regard des mêmes gens de cour, n'avaient de valeur que pour la bourgeoisie et les classes inférieures. La fidélité dans le mariage n'était à leurs yeux qu'un sot et risible préjugé, bon assurément pour les petites gens, mais dont les hautes classes n'avaient nullement à s'inquiéter.

(1) *Le Duc de Lauzun et la Cour intime de Louis XV*, Plon-Nourrit et Cie, 10e édition, 1903, chapitre 1; *Les Demoiselles de Verrières*, Plon-Nourrit et Cie, 1904, chapitre 1.

Il y a, du reste, un principe qui domine toute la morale du dix-huitième siècle, au moins pour les gens dont nous nous occupons, c'est que la vie est courte, que mille accidents peuvent l'abréger encore, qu'il faut donc en jouir de son mieux et que c'est folie pure d'en user comme si elle devait être éternelle ou qu'on dût la vivre deux fois.

L'amour paraissait aux gens de cette époque une chose toute simple, toute naturelle; c'était même à leurs yeux le seul bon côté de la vie, le seul qui en fasse le charme et l'agrément, le seul qui quelquefois en fasse oublier les amertumes et les tristesses.

Loin d'en faire fi, loin de pratiquer le renoncement et de répudier les dons les plus précieux de la nature pour l'édification du prochain ou dans l'espoir de récompenses futures et hypothétiques, ils en jouissent autant qu'ils le peuvent. Cela leur paraît tout simple d'aimer, d'être heureux sans songer aux choses de l'autre monde! C'est la pure morale païenne.

Mais pourquoi nos ancêtres ne cherchaient-ils pas tout simplement l'amour dans le mariage, au lieu de le pousuivre si passionnément au dehors?

Parce que les mœurs s'y opposaient tout autant que les usages.

On ne se mariait que pour se conformer aux habitudes, donner satisfaction à sa famille, assurer sa descendance. Le mariage était un arrangement de famille; on unissait deux noms, deux fortunes. Quant au cœur, à la sympathie réciproque, personne n'y songeait.

Les filles sont élevées au couvent. Mais les bruits du monde pénètrent dans ces pieuses retraites : avant même d'entrer dans la vie, elles savent qu'on n'aime pas son mari, que c'est là un malheur général et dont on se console fort aisément.

A quinze ans, elles sortent du couvent pour monter à l'autel avec un fiancé qu'elles n'ont jamais vu.

Ainsi les usages créaient, entre deux êtres qui la veille encore s'ignoraient, des liens indissolubles. On les appelait à vivre ensemble, eux dont les natures, les caractères, les sentiments étaient peut-être si dissemblables, si incompatibles, si peu faits pour s'accorder.

Devaient-ils donc, pour respecter un lien contracté dans de telles conditions, briser leur vie entière, renoncer au bonheur en ce monde, en cette vie si courte? Ils n'y songeaient pas un instant.

Marié au hasard et sans consentement moral, le mari n'entendait nullement enchaîner sa vie. A peine le sacrement reçu, il reprenait sa liberté ; mais il était assez équitable pour ne pas exiger de sa femme plus qu'il ne donnait et il la laissait libre de ses inclinations.

Alors, que restait-il à la femme et quelle était sa situation? Abandonnée peu après son mariage, souvent au lendemain de ses noces, elle avait le choix entre deux solutions :

Rester fidèle à l'homme dont elle portait le nom? Mais alors elle était condamnée à l'isolement du cœur, à l'absence d'affection, de tendresse. A seize ans, voir sa vie perdue, gâchée sans espoir, était-ce possible? Il fallait, pour accepter un pareil sacrifice, une vertu bien surhumaine, ou n'avoir ni imagination, ni cœur, ni sens. « Comment supposer que le cœur d'une femme ne soit pas occupé! », dit très justement le prince de Montbarrey.

La seconde solution était plus séduisante : c'était de chercher un consolateur, et c'est presque toujours à ce dernier parti que la femme s'arrêtait.

Et dans ce cas encore deux solutions pouvaient se présenter. Ou le choix était heureux et alors ces deux êtres réunis par une inclination réciproque s'adoraient, ne se quittaient plus et devenaient le modèle des faux ménages. Ils sont nombreux au dix-huitième siècle, ces couples que le hasard a rapprochés, qui s'aiment à la folie et se restent scrupuleusement fidèles.

Mais, hélas! souvent la femme n'était pas plus heureuse dans le choix de l'amant que ses parents ne l'avaient été dans celui du mari; alors, elle cherchait encore, et puis encore, et bientôt elle n'écoutait plus que sa fantaisie.

Cette désinvolture et ce mépris des lois morales entraînaient-ils pour la femme la perte de sa situation sociale; tombait-elle sous la réprobation du monde? En aucune façon, et par la force même des choses, puisque l'immoralité était générale.

Le dix-huitième siècle est plein d'indulgence pour ce

joli péché d'amour, qui lui paraît de tous le plus naturel, le plus excusable; il ne vous en détourne pas comme d'une faute irréparable. On n'a pas encore élevé toutes ces barrières morales et religieuses qui faisaient dire spirituellement au prince de Ligne : « On a fait un crime de tout ce qu'il y a de plus charmant. La nature ne s'en doutait pas. On y a fait venir l'honneur, la réputation, la décence, l'amour-propre. S'il y a des hasards, des convenances, des rapprochements et puis quelque folie, c'est un temps passé bien heureusement (1). »

L'éducation, les mœurs, les usages, l'exemple, la littérature, tout vous entraînait à l'amour, à l'amour illégitime s'entend; tout vous y poussait.

Aussi l'adultère régnait-il en maître, mais l'adultère serein, paisible, reconnu, légitime!

La femme n'est pas seulement libre de suivre ses penchants, on ne trouve pas mauvais qu'elle serve en même temps la fortune de sa maison. Celle qui par chance attire l'attention du souverain est enviée; personne dans sa famille, ou bien rarement, ne s'avise de crier au déshonneur et de lui reprocher des complaisances coupables. On se borne à tirer parti de la situation au profit des siens.

---

(1) Et cependant, si le monde était indulgent, les lois étaient fort rigoureuses contre les femmes coupables, mais nul ne songeait à en réclamer l'application. (Voir *le Duc de Lausun et la Cour de Louis XV,* chapitre x.)

Mme de Boufflers avait bien des raisons pour ne pas montrer plus d'austérité que ses contemporaines. Élevée à la cour de Léopold, elle a eu pendant son enfance les exemples maternels; elle a vu cette cour galante, aimable, où l'amour est si fort en honneur; puis elle a entendu à Remiremont les récits de ses compagnes, récits où sa mère joue presque toujours le premier rôle. A l'âge où les premières impressions sont si profondes, où l'esprit est comme une cire molle, elle a puisé cette idée très nette, qu'il ne faut pas s'embarrasser de préjugés vulgaires et que la vie est faite pour en jouir.

Pourquoi aurait-elle dirigé sa vie sur des idées différentes? Comment aurait-elle montré une austérité dont personne, ni dans sa famille, ni dans ses entours, ne lui avait donné l'exemple?

Comme la plupart des femmes de son temps, Mme de Boufflers n'a donc attaché aux faiblesses du cœur qu'une importance très secondaire; aussi n'at-elle brillé ni par sa vertu ni par sa constance. Volage par tempérament, elle n'a eu, il faut le dire, d'autre règle morale que son bon plaisir, d'autre frein que sa fantaisie.

Du reste, elle ne tirait vanité ni ne rougissait de sa conduite; elle trouvait tout simple d'obéir aux élans de son cœur, et on l'eût assurément fort surprise en lui disant qu'elle s'exposait à être jugée très sévèrement par la postérité.

Elle est bien le type de la femme du dix-huitième siècle, indulgente aux faiblesses de la chair, et voulant à tout prix jouir de la vie, sans qu'aucun souci de châtiments futurs vienne lui gâter le très simple bonheur d'exister.

Elle s'était baptisée elle-même « la dame de volupté », et elle avait adopté et repris à son compte l'épitaphe de Mme de Verrue, qui lui convenait si bien :

> Ci-gît, dans une paix profonde,
> Cette dame de volupté
> Qui, pour plus grande sûreté,
> Fit son Paradis en ce monde.

Le fond du caractère de Mme de Boufflers était la gaieté, elle riait de tout. La vie à ses yeux n'était qu'une plaisanterie ; aussi ne la prenait-elle pas au sérieux et agissait-elle en conséquence. « Sa gaieté était pour son âme un printemps perpétuel qui a duré jusqu'à son dernier jour. »

En somme, Mme de Boufflers n'a été ni meilleure ni pire que ses contemporaines ; elle a été de son temps tout simplement.

Soyons donc indulgents pour elle et ne lui montrons pas une sévérité que ni sa famille, ni ses amis, ni personne à son époque ne lui ont témoignée. Elle a vécu toute sa vie honorée, considérée, entourée du respect de tous.

Et cependant, sa situation à la cour de Stanislas

n'est pas douteuse. Elle est publique, connue de tous. Si sa mère eût eu mauvaise grâce à lui reprocher une liaison dont elle lui avait donné l'exemple, son frère, qui occupe dans le monde une si haute situation, aurait pu se montrer moins indulgent; non seulement il ferme les yeux, mais il accepte les faveurs de Stanislas, mais il est intimement lié toute sa vie avec des hommes qui, notoirement et à juste titre, passent pour avoir été du dernier bien avec la marquise.

Ainsi sont les mœurs du temps.

Ceci posé et bien entendu, poursuivons notre récit.

Nous avons dit que Mme de Boufflers avait eu des bontés pour le chancelier de Lorraine.

Quand Stanislas eut distingué Mme de Boufflers et marqué pour elle un goût très vif, la Galaizière, quelque dépit qu'il en pût éprouver, dut céder la place au monarque, et du premier passer au second rang ; mais, en réalité, il ne changea pas grand'chose à ses relations avec la marquise. Stanislas l'avait trompé avec elle ; il lui rendit la pareille, et voilà tout.

Le monarque connaissait-il son malheur? A n'en pas douter. Mais son expérience des hommes, et surtout des femmes, la philosophie dont il se piquait, l'engageaient à fermer les yeux sur les incartades de sa maîtresse.

En sollicitant les faveurs de Mme de Boufflers, Stanislas ne pouvait se faire illusion sur les dangers de la situation. D'abord il n'ignorait pas l'humeur volage de la dame et il ne pouvait s'imaginer qu'il parviendrait à la changer; puis, à cette époque, n'avait-il pas soixante-trois ans? L'ardeur des jeunes années avait fait place à un calme bien relatif. Comment, dans ces conditions, aurait-il montré une jalousie exagérée?

Il se bornait donc, le plus souvent, aux manifestations extérieures du culte; en public il comblait la marquise d'honneurs et d'attentions qui ne pouvaient laisser de doute sur la nature de leur intimité; mais, ceci fait, et les apparences sauvées, il ne se préoccupait pas outre mesure de la conduite de la jeune femme.

Que lui aurait servi de faire un éclat, de morigéner? Avec une autre, la situation n'aurait-elle pas été la même? Et quelle autre femme, mieux que Mme de Boufflers, aurait représenté; quelle autre aurait été plus aimable, plus spirituelle, plus instruite? Les procédés de la marquise n'étaient-ils pas charmants? Qui mieux qu'elle lui aurait donné l'illusion du bonheur, de l'amour partagé? Ne lui avait-elle pas adressé un jour ce quatrain qui avait plongé le vieux roi dans le ravissement :

> De plaire, un jour, sans aimer, j'eus l'envie;
> Je ne cherchai qu'un simple amusement;
> L'amusement devint un sentiment;
> Le sentiment, le bonheur de ma vie?

Stanislas n'ignorait pas que le superbe intendant, sans respect pour la dignité royale, continuait à rendre des soins à Mme de Boufflers.

Cette situation équivoque était connue et elle fut l'origine d'un bon mot attribué à Stanislas, et qui fit la joie de Louis XV et de la cour de Versailles ; mais nous sommes loin d'en garantir l'authenticité.

Un jour, à la toilette de la marquise, le monarque s'était montré fort entreprenant, et il commença un discours qu'il ne put mener à bonne fin. Assez penaud de sa déconvenue, il sauva la situation en se retirant avec dignité et en adressant à sa maîtresse ce mot d'une si surprenante philosophie : « Madame, mon chancelier vous dira le reste ».

Si Mme de Boufflers était une épouse infidèle, elle n'était pas davantage une maîtresse fidèle : la Galaizière en savait quelque chose. La liaison de la marquise avec le roi de Pologne ne mit pas un terme à ses fantaisies.

Nous avons raconté comment elle s'était entourée d'une société intime qu'elle retrouvait presque chaque jour, souvent plusieurs fois par jour. Ces relations fréquentes avec des amis gais, aimables, et dont les sentiments concordaient avec les siens étaient certes un grand agrément, mais c'était aussi un grand danger. Les réunions journalières, la familiarité qui résulte bientôt de l'intimité, des goûts communs, tout contribuait à amener l'éclosion du sentiment. Et puis Mme de Boufflers était si séduisante ! On ne pouvait l'approcher sans subir son charme ; on l'admirait d'abord, elle avait tant d'esprit ! on l'aimait ensuite comme amie, elle était si bonne! bientôt le sentiment s'en mêlait, on l'adorait, et la passion naissait, violente, impérieuse, irrésistible.

Panpan, l'aimable Panpan, fut la première victime des beaux yeux de la marquise : il l'aima d'abord d'un amour discret; puis, peu à peu, il fut moins réservé et il ne cacha plus ses sentiments. Il était jeune, spirituel, joli garçon; il sut se montrer si amoureux, si pressant, témoigner à la fois une passion si respectueuse et si tendre que Mme de Boufflers en fut émue; bientôt le roi, aussi bien que M. de la Galaizière, était oublié et l'infidèle marquise « couronnait la flamme » de l'heureux Panpan. Quel rêve pour le modeste avocat, le petit intendant de finances! supplanter le tout-puissant chancelier! devenir le rival d'un roi! Mais Mme de Boufflers n'écoutait que son cœur.

Alors commencèrent pour les deux amants des jours délicieux, un véritable printemps de jeunesse et d'amour; ils s'aimèrent, s'adorèrent, et si bien que cinquante ans plus tard, courbés sous le poids des ans, ils en avaient gardé tous deux le souvenir aussi vif qu'au premier jour, et ils se rappelaient encore avec délices cette phase charmante de leur jeunesse.

Tous deux sont pleins d'entrain. Leur amour les grise; ils riment à l'envie bien entendu et s'adressent mille facéties.

Panpan ayant envoyé à Mme de Boufflers un chevreuil tué de sa propre main, elle lui répond gaiement :

> Ni chevreuil, ni biche, ni faon
> Ne peuvent remplacer Panpan.
> Quoique la terre soit féconde,
> Elle n'a produit qu'un seul veau
> Qui fasse les plaisirs du monde
> Et les délices du troupeau.
> Le veau d'or fut moins imposant,
> Le veau gras moins appétissant,
> Lorsque la nature propice
> Voulut former un veau si beau,
> Vénus vint s'offrir pour génisse,
> Adonis s'offrit pour taureau.

C'est toujours le nom de Devau, qui sert de prétexte à des plaisanteries faciles. Une autre fois elle lui écrit en riant :

CHANSON

Air... (à faire).

> Je me dégoûte de l'homme
> J'aime le veau
> J'irais à pied jusqu'à Rome
> Sur un chameau
> Pour crier dessus son dos :
> Vivent les veaux.

Quand Mme de Boufflers s'absente, ce qui lui arrive fréquemment, Panpan, qui ne peut plus se passer de sa divine amie, est inconsolable. C'est aux bosquets de son jardin qu'il confie ses plaintes amoureuses.

> En vain vous vous parez de ces feuillages verts,
> O mes bosquets ! il vous manque Boufflers ;
> Que les lieux embellis pour elle,
> Que les lieux par elle embellis
> Prennent à son retour une beauté nouvelle.
> Elle doit les revoir, elle me l'a promis.
> O mes lilas, mes jacinthes, mes lis,
> O roses que j'ai cultivées,
> Dans leurs boutons que vos fleurs captivées
> Attendent pour éclore un rayon de ses yeux.
> Pour un moment si précieux
> Que vos odeurs soient resserrées.
> C'est mon soleil : suivez les mêmes lois.
> Je n'ai d'autre printemps que l'heure où je la vois !

Pas un anniversaire ne se passe sans que l'heureux Panpan n'adresse de tendres souhaits à celle qu'il adore. Il lui écrit en 1746 :

> Quels vœux former pour vous, marquise trop heureuse ?
> Le destin près du trône a choisi vos aïeux,
> Hébé redouble en vous sa fraîcheur précieuse,
> L'esprit, le sentiment brillent dans vos beaux yeux.
> De la ceinture de sa mère,
> L'Amour met à vos pieds ses dons les plus brillants.
> Vous avez tout enfin, vous avez l'art de plaire,
> Enfant de la beauté, du goût et des talents.

C'est toujours dans la langue des dieux que Panpan s'adresse à celle qui a subjugué son cœur; mais il n'est pas sans en éprouver parfois quelque embarras. La muse ne s'avise-t-elle pas d'être rebelle? Alors Panpan se désole et gémit sur son sort. C'est sous le nom de

Maître Boniface, que ses amis lui donnent souvent, qu'il nous raconte ses infortunes poétiques.

>   Messire Gaspard Boniface
>   Est au désespoir aujourd'hui :
>   Les Muses se moquent de lui
>   Et lui defendent le Parnasse.
>   Dès avant l'aube du matin
>   Il ne s'épargne soins ni peine
>   Pour vous bavarder vos étrennes ;
> Mais il frotte son front, tord ses doigts, sue en vain ;
> Pour quelques méchants vers, son pauvre esprit se guinde.
>   Mauvais poète et plus mauvais amant,
>   On le renvoie, à tout moment,
> Et du Pinde à Cythère, et de Cythère au Pinde.
> Ma muse ne sait plus à quel saint se vouer ;
>   Mais mon esprit fût-il au diable,
>   Qu'y perdez-vous, marquise aimable ?
>   C'est à mon cœur à vous louer.

Mais, hélas ! le bonheur durable n'est pas de ce monde, et le pauvre amoureux allait en faire la triste expérience.

Si Panpan n'avait éprouvé que des déboires poétiques, il aurait pu s'en consoler aisément ; mais il lui en arrive de bien plus pénibles encore. Comme le sujet est de nature assez délicate, nous croyons préférable de céder la parole à Panpan lui-même et de le laisser narrer la cruelle surprise qu'un sort jaloux lui réservait :

>   En vain de Lise je raffole,
>   De tous points Lise me convient,
>   Et par un cas qui me désole,
>   Quand je la tiens, l'Amour s'envole ;
>   Dès que je la quitte, il revient :

> En vérité, rien ne console
> D'avoir un tort si singulier ;
> Je n'ai, comme monsieur Nicole,
> Raison qu'au bas de l'escalier.

Panpan voudrait prendre gaiement ce terrible coup du sort, mais au fond il a plus envie d'en pleurer que d'en rire. Il en mesure bien vite les conséquences. Que faire cependant, si ce n'est se résigner?

Le manque d'à-propos de l'infortuné Panpan lui fut fatal en effet, et contribua probablement à hâter l'heure inévitable de la séparation et des adieux.

Du reste, pas plus qu'un autre, Panpan ne pouvait avoir la prétention de fixer l'humeur changeante de Mme de Boufflers ; il savait bien, en s'attachant à elle, que son règne ne serait pas éternel, et qu'un jour ou l'autre, il lui faudrait quitter les régions orageuses de la passion pour rentrer dans les sphères plus sereines de la pure amitié.

Panpan cherche-t-il à lutter contre la destinée ? va-t-il s'acharner à conserver un bien dont il ne peut plus jouir? En aucune façon ; Panpan est homme d'esprit. Si le rôle d'amant ne lui convient plus, et pour cause, car il ne lui reste bientôt que son cœur et la poésie pour exprimer ses sentiments, il demeurera au moins l'ami, le meilleur ami de celle qu'il a si tendrement aimée. Que dis-je? lui-même lui conseille de se consoler et il poussera l'abnégation jusqu'à devenir son confident et le dépositaire de ses secrets amoureux.

C'est ce rôle quelque peu sacrifié qu'il lui offre quand il lui écrit :

>Auprès de quelque folle tête
>Dont le cœur gouverne l'esprit,
>Être tablette, à ce qu'on dit,
>N'est pas un métier fort honnête.
>. . . . .

>Daignez donc égayer mes pages
>De quelques amusants secrets,
>Daignez me conter les ravages
>Que font sans doute vos attraits.
>. . . . .

>A vous ouïr me voilà prête
>Allons, parlez, belle Nini,
>Plus discrète encor qu'un ami :
>Rien n'est plus sûr que notre tête-à-tête.

>Confidente de vos plaisirs
>Je crois l'être aussi de vos peines,
>Puissé-je voir mes feuilles pleines
>De vos transports et non de vos soupirs.

>Que vos jours coulés dans la joie
>Soient désormais des jours heureux.
>Ce sont là les sincères vœux
>Du tendre ami qui près de vous m'envoie.

Panpan tint fidèlement parole ; il continua à vivre avec Mme de Boufflers dans les termes de la plus étroite amitié.

Mais quel était donc le rival heureux de Panpan ? Hélas, c'était encore un des assidus du petit cercle de la marquise; c'était le bel officier, le poète acclamé, le froid et séduisant Saint-Lambert. Bientôt Panpan ne put se faire illusion sur son sort; il était remplacé par son ami le plus cher dans le cœur de la marquise.

Ce ne dut pas être un mince triomphe pour l'orgueilleux Saint-Lambert que le jour où il put ajouter à la liste de ses victimes le nom de la marquise de Boufflers. Quelle gloire pour ce noble de contrebande, pour ce poète médiocre, pour cet amoureux compassé et maladif, d'être le rival heureux d'un roi, l'amant de la plus charmante femme de la Lorraine!

Jamais, dans ses rêves les plus extravagants, Saint-Lambert n'avait pu prévoir semblable fortune.

Aussi, en l'honneur d'un événement aussi imprévu, sort-il un peu de sa raideur et de sa morgue ordinaires. Il consent à faire quelques avances et les vers qu'il envoie à sa bien-aimée, les ardentes supplications qu'il lui adresse sont empreints d'une chaleur qui ne lui est pas ordinaire. C'est certainement à l'inspiration de la marquise qu'il doit les meilleurs morceaux qui soient restés de lui.

Si Saint-Lambert est aimé, la marquise cependant ne cède pas encore. Dans l'épître à Chloé, le poète impatient l'engage à ne plus borner ses faveurs à des bagatelles qui ont assez duré et ne sont plus de saison :

> Chloé, ce badinage tendre,
> Ces légères faveurs amusent mes désirs;

> Ce sont des fleurs que l'Amour sait répandre
> Sur le chemin qui nous mène aux plaisirs.
> Mais puis-je à les cueillir borner mon espérance ?
> Ici, loin des témoins, dans l'ombre et le silence,
> Donnons au vrai bonheur ce reste d'un beau jour,
> De ces riens enchanteurs n'occupons plus l'amour.
> Chloé, tirons ce dieu des jeux de son enfance...

Cependant la marquise ne cache pas la passion qui l'entraîne, qui déjà lui a pris le cœur. Elle a tout avoué à son heureux amant. Elle ne résiste plus, mais ce n'est pas encore assez.

> Rappelle-toi ce soir où, sensible à mes vœux,
> Tu daignas par un mot dissiper mes alarmes :
> « Oui, j'aime... » Que ce mot embellissoit tes charmes !
> Qu'il irritoit mes transports amoureux !
> Déjà tous mes soupirs expiroient sur ta bouche :
> Je voulus tout tenter ; mais, sans être farouche,
> Tu repoussas l'Amour égaré dans tes bras :
> Je ravis des faveurs, et je n'en obtins pas.

De vains scrupules arrêtent encore les élans de sa tendresse. Pourquoi résister à un si doux penchant ? Aujourd'hui les mœurs sont moins sévères que dans les temps plus anciens ; on ne se défend plus quand le cœur a parlé :

> L'honneur, ce vain fantôme, effrayoit ta tendresse,
> Il dissipoit des sens l'impétueuse ivresse :
> Tu m'aimes, je t'adore. Ah ! garde-toi de croire
> Que ce foible tyran puisse nous arrêter.

On le craignoit jadis, et les cœurs de nos mères
Ne goutoient qu'en tremblant le bonheur de sentir.
De ce siècle poli les lois sont moins sévères ;
L'Amour, à ses côtés, n'a plus le repentir :
Nous rions aujourd'hui de ces prudes sublimes
Qu'effarouche un amant, qui gênent leurs désirs ;
Et ces plaisirs si doux dont tu te fais des crimes,
Dès qu'on les a goûtés, ne sont que des plaisirs.

Après une défense honorable Mme de Boufflers cède enfin et l'heureux Saint-Lambert est au comble de ses vœux. Il célèbre sa victoire par une pièce intitulée *Le Matin*, qu'il envoie aussitôt à la bien-aimée et où il lui rappelle, avec une précision de détails peut-être excessive, les heures exquises, enivrantes u'il lui doit :

LE MATIN

La nuit vers l'occident obscur
Replioit lentement ses voiles ;
D'un feu moins brillant les étoiles
Éclairoient le céleste azur ;
De sa lumière réfléchie
Le soleil blanchissoit les airs,
Et, par degrés, à l'univers
Rendoit les couleurs et la vie.

Du sommeil à la volupté
Mes sens éprouvoient le passage ;
Des songes me traçoient l'image
Du bonheur que j'avois goûté ;
Je sentois qu'il alloit renaître,
Et, par ces songes excité,
Je recevois un nouvel être.

Libre des chaînes du sommeil,
Mes yeux s'ouvrent pour voir Thémire :
Je vois, j'adore, je désire.
Dieux ! quel spectacle et quel réveil !
Près de moi Thémire étendue
Ne déroboit rien à ma vue ;
Je détaillois mille beautés,
Je m'applaudissois de ma flamme ;
Oui, disois-je, ces traits charmants,
Animés par un cœur fidèle,
Sont au plus tendre des amants ;
C'est pour moi que Thémire est belle.

J'avois entr'ouvert les rideaux ;
Du soleil la clarté naissante
Doroit cette onde jaunissante
Qui retombe sous ces berceaux.
. . . .

La terre sembloit s'embellir
Pour s'offrir aux yeux de Thémire :
Elle étend les bras et soupire,
Et je sens mon cœur tressaillir :
Elle entr'ouvre des yeux timides
Qu'éblouit l'éclat du grand jour ;
Dans ses beaux yeux mes yeux avides
Cherchoient, trouvoient, puisoient l'amour.
. . . .

J'ai su, près du bonheur suprême,
Le suspendre pour le goûter ;
L'instant de le précipiter
Fut marqué par Thémire même,
Et des plaisirs de ce que j'aime
J'ai senti les miens s'augmenter.

> J'ai joui, malgré mon délire
> Et mes transports impétueux,
> Du murmure voluptueux
> Des fréquents soupirs de Thémire.
> Ma bouche à ses cris languissants
> Répond à peine : Ah ! je t'adore.
> Le plaisir fatigua nos sens,
> Et nos cœurs jouirent encore.
>
> Mais l'astre du jour dans les cieux
> Poursuivait sa vaste carrière,
> Et de son disque radieux
> Répandoit des flots de lumière ;
> De mille ornements odieux
> J'ai vu l'importune barrière
> Dérober Thémire à mes yeux.
> Plein d'amour et d'impatience,
> Je sors sans témoins et sans bruit,
> Et vais languir jusqu'à la nuit
> Dans les horreurs de son absence.

Saint-Lambert n'habitait pas Lunéville : son régiment tenait garnison à Nancy ; mais, naturellement, il était sans cesse sur la route et on le rencontrait plus souvent à Lunéville que partout ailleurs.

Mme de Boufflers peut voir son ami fort aisément dans la journée ; la vie de la cour amène des rencontres fréquentes, et qui ne peuvent prêter à aucune fâcheuse interprétation ; mais se parler en public, sous l'œil d'observateurs malicieux ou méchants, n'est pas ce qui convient à des amoureux ; ce qu'il leur faut, c'est l'isolement, la solitude, et surtout les rencontres nocturnes.

Et cela n'est pas commode. Aller retrouver Saint-Lambert chez lui, courir la ville la nuit est impraticable pour la marquise. Le recevoir dans ses appartements du château est également bien dangereux.

Certes, le roi est tolérant, peu jaloux; mais cependant il y a des limites à sa patience et il ne faudrait pas les dépasser. Ce serait s'exposer, de gaieté de cœur, à perdre une situation brillante.

Ces difficultés n'étaient pas de nature à décourager une imagination aussi fertile que celle de Mme de Boufflers. Bientôt elle découvre, non loin de l'appartement qu'elle occupe, tout près de la chapelle et de la bibliothèque, et à côté du logement de son médecin, une petite chambre abandonnée à laquelle personne ne songe. Elle la fait meubler discrètement, y installe un lit, quelques meubles, et voilà le logis du brillant officier. Elle seule et son ami en ont la clef; c'est dans cette pièce qu'elle se rend chaque nuit pour retrouver celui qui possède son cœur.

Mais Stanislas ne résidait pas seulement à Lunéville; depuis qu'il avait fair arranger le château de Commercy, il se rendait souvent dans cette résidence qui lui plaisait beaucoup, et il y faisait de fréquents séjours.

Quand Mme de Boufflers était à Commercy avec le roi, renonçait-elle à voir le cher Saint-Lambert? En aucune façon. Mais, cette fois, il n'y a pas le moindre coin disponible dans le château; alors c'est le curé du lieu qui prête les mains aux savantes combinaisons des amoureux.

Le presbytère était adossé à l'orangerie du château, et une porte de communication permettait au curé d'aller se promener à toute heure dans les jardins.

D'autre part, Mme de Boufflers occupait au rez-de-chaussée l'appartement des bains qui, par une porte située dans une garde-robe, communiquait avec l'autre extrémité de l'orangerie. C'est par cette porte que le roi venait chaque jour faire sa partie de jeu, assister à un concert ou fumer sa pipe chez Mme de Boufflers.

Chaque fois que Saint-Lambert pouvait s'échapper de Nancy, il accourait secrètement à Commercy et se cachait chez l'obligeant curé. Le soir venu, une lumière placée à la fenêtre de la garde-robe, dont nous avons parlé, avertissait que le roi était chez Mme de Boufflers. Saint-Lambert se tenait coi. Dès que Stanislas s'était retiré dans ses appartements, la lumière disparaissait. Aussitôt, Saint-Lambert, qui avait les clefs des deux portes, traversait l'orangerie, une lanterne sourde à la main, et il pénétrait chez Mme de Boufflers qui l'attendait. Il regagnait le presbytère de la même façon.

En 1747, l'idylle si heureusement commencée est fâcheusement interrompue par le départ de Saint-Lambert pour l'armée; c'est au milieu des larmes et de regrets sans fin qu'il se sépare d'une maîtresse bien aimée. Il écrit de Metz à Mme de Boufflers :

« Metz, 3 avril.

« On ne prend jamais bien son temps pour s'éloigner de vous, mais nous avons assurément pris le plus mauvais temps du monde. Nous arrivâmes hier après avoir fait la route par eau, quelquefois par terre, avec douze chevaux qui ne pouvaient nous traîner, souvent à pied à travers les boues, et toujours la bise au nez comme les amants de dame Françoise.

« Je vous prie de croire que je vous ferais grâce de tous ces détails si j'avais voyagé seul; mais j'étais avec messieurs vos frères, et je ne sais s'ils ont aujourd'hui le temps de vous écrire. Je puis vous assurer qu'ils se portent bien; cela est quelque chose d'agréable à vous dire. J'ai embrassé M. le comte de Maillebois avec bien du plaisir; je ne l'ai pas vu seul et n'ai pu encore lui parler de ses nouvelles bontés; souffrez que je vous en parle, à vous à qui je les dois et à qui j'aime à les devoir. Vous connaissez assez le goût infini que j'ai pour vous et le médiocre intérêt que j'ai toujours pris à ma fortune pour être sûre que vos bons offices ont été et seront toujours plus agréables pour moi parce qu'ils me prouvent votre amitié, que parce qu'ils peuvent m'être utiles; je vous aimerai toujours, parce qu'il n'y a rien d'aussi aimable que vous; mais j'aurai bien du plaisir à vous aimer quand je pourrai parce que vous avez quelque amitié pour moi.

« Je vous souhaite tous les biens et tous les plaisirs

possibles et il ne manquera aux miens que de contribuer aux vôtres ; je désire passionnément que c'en soit un pour vous de m'entendre dire quelquefois que tous les sentiments qui attachent pour jamais si vivement sont et seront toujours pour vous dans mon âme.

« En relisant ma lettre, je m'aperçois que j'ai oublié le mot de madame ; j'en écrirais une autre si j'en avais le temps ; je vous proteste que cette omission n'est point une familiarité ridicule, et que j'ai pour vous, madame, tout le respect que je vous dois, et je dois en avoir beaucoup (1). »

Heureusement l'absence ne fut pas de longue durée ; la paix fut signée.

Vite, le jeune officier annonce la bonne nouvelle à Mme de Boufflers et il se fait précéder d'une élégie où il lui rappelle, non sans charme, leurs joies passées et le bonheur qui les attend de nouveau dans leur discret asile, quand ils vont tomber dans les bras l'un de l'autre. Désormais, il va lui consacrer sa vie ; il ne pense plus qu'à elle, ne veut plus écrire, rimer que pour elle :

> Enfin je vais revoir ce cabinet tranquille
> Où l'Amour et les arts ont choisi leur asile ;
> Je verrai ce sopha placé sous ce trumeau,
> Qui de mille baisers nous répétoit l'image ;
> J'habiterai l'alcôve, où je rendis hommage
> A la beauté sans voile, à l'Amour sans bandeau.

(1) Collection Morrisson.

Là, Philis se livroit au bonheur d'être aimée ;
Là, lorsque de nos sens l'ivresse étoit calmée,
Attendant sans langueur le retour des désirs,
Un amour délicat varioit nos plaisirs.

Nous lisions quelquefois ces vers pleins d'harmonie
Où Tibulle exhala sa flamme et son bonheur :
Je t'adorai, Philis, sous le nom de Délie ;
Dans ces vers emportés tu reconnus mon cœur.
Que ce temps dura peu !.....
. . . .
Pour suivre mon devoir dans une route obscure,
Il fallut te quitter : quels moments ! quels adieux !
Je crus me séparer de toute la nature.
Mais les pleurs des amants ont apaisé les dieux :
Louis calme la terre ; il me rend à moi-même.
Je ne vends plus mon temps aux querelles des rois,
  Et, tout entier à ce que j'aime,
  Je n'obéis plus qu'à tes lois.
. . . .
Nous saurons de nos jours faire le même usage.
Je ne sais que t'aimer, viens m'apprendre à penser ;
Conduis ma jeune muse, et reçois-en l'hommage ;
  Sois à jamais de mes écrits
  Le juge, l'objet, et le prix.
Que mon sort et mes vers n'excitent point l'envie,
  Qu'ils soient dignes de l'exciter.
Oublié désormais d'un monde que j'oublie,
  Te bien peindre, te mériter,
  Te caresser et te chanter,
  Sera tout l'emploi de ma vie.

La joie de se retrouver après une longue séparation, le bonheur de goûter des plaisirs dont ils ont été si longtemps privés font commettre à nos amants quelques imprudences; Mme de Boufflers ne dissimule pas suffisamment le bonheur que lui fait éprouver le retour de Saint-Lambert, et le roi s'inquiète d'une passion si vive. Bien qu'il ferme assez philosophiquement les yeux sur les fantaisies de son amie, bien qu'il ne se préoccupe pas plus qu'il ne convient d'incartades dont il a l'habitude et qu'il ne peut espérer réprimer complètement, il ne veut pas cependant de scandale public, ni avoir l'air de prêter la main à une liaison offensante pour lui. Dès que les assiduités du jeune officier lui paraissent dépasser la mesure, il lui rappelle ses devoirs militaires, et le fait retenir à Nancy pour raisons de service.

Mme de Boufflers et Saint-Lambert, que les obstacles n'arrêtent pas, en sont réduits à se voir en cachette et à imaginer mille subterfuges pour se rencontrer. Leurs entrevues en deviennent, du reste, beaucoup moins fréquentes.

L'année 1747 fut marquée par de tristes événements.

Le 20 janvier, la dame d'honneur de la reine, la comtesse de Linanges, mourut après quelques jours de maladie.

Cette mort amena à la cour plusieurs changements qui furent loin d'être défavorables à la famille de Beauvau. Mme de Bassompierre fut nommée dame d'honneur à la place de Mme de Linanges et Mme de Boufflers eut la place de première dame du palais. En même temps, M. de Bassompierre devenait chambellan, M. de Boufflers commandant des gardes du corps; enfin leur beau-frère, le chevalier de Beauvau, succédait au comte de Croix dans une place de chambellan.

La reine de Pologne se trouvait depuis longtemps dans un état de santé fort précaire : elle était asthmatique, hydropique, et ces deux maladies l'avaient peu à peu réduite à l'état le plus fâcheux; elle perdait la mémoire, elle avait des absences continuelles; enfin, elle était menacée de tomber en enfance. Il n'y avait plus que le jeu auquel elle prît intérêt; elle jouait toujours à quadrille avec acharnement.

En janvier 1747, le mariage de Marie-Josèphe de Saxe, troisième fille d'Auguste III, roi de Pologne, avec le dauphin porta au comble l'exaspération de la vieille reine et aggrava singulièrement son état. L'arrivée de la dauphine à Versailles était pour elle un véritable cauchemar, et pour prévenir un éclat il fallut, à son entrée en France, faire éviter Nancy à la jeune femme et la faire passer par Belfort et Langres (1).

Dans les derniers temps de sa vie, Catherine ne songeait qu'à retourner dans sa patrie et elle demandait sans cesse les fourgons qui devaient y transporter son mobilier et tous les objets qui lui étaient chers. Pour la calmer, Stanislas ordonna de construire sous les

---

(1) La reine avait toujours pensé remonter sur le trône de Pologne, et ce mariage avec la fille du roi Auguste ruinait à jamais ses espérances.

fenêtres même du château deux grandes voitures à cet usage. Tout le monde en parlait à la reine, elle entendait le bruit des ouvriers, et elle s'apaisait un peu. Dans ses accès de délire elle se croyait déjà transportée en Pologne.

Cependant la maladie avait pris le tour le plus inquiétant ; les jambes de la malade enflèrent, puis s'ouvrirent, et bientôt il ne fut plus possible de se faire d'illusion sur l'issue fatale qui allait se produire.

Le 11 mars au matin on apporta à la reine la communion. Elle comprit alors toute la gravité de son état et fut très effrayée. Elle recommanda ses gens au roi et demanda pardon d'avoir persécuté quelques personnes de son entourage ; puis elle commença à divaguer.

Le dimanche 19 mars, elle reprit toute sa connaissance.

Stanislas, il faut l'avouer, ne témoignait pas pour son épouse un intérêt des plus vifs et il ne se rendait presque jamais à son chevet.

La reine s'apercevait parfaitement de cet abandon. Quand on lui annonça qu'elle allait recevoir l'extrême-onction, elle demanda son mari avec beaucoup d'instance et elle déclara qu'elle se ferait porter chez lui s'il ne voulait point venir. Devant cet *ultimatum*, le roi consentit enfin à se montrer ; il vint en robe de chambre, ôta son bonnet et s'approcha de la malade qui lui prit la main et en la baisant lui dit : « Enfin, c'en est fait ; adieu donc pour toujours, mon cher ami. »

Trop ému ou trop indifférent pour répondre, il se retourna et sortit.

Il ne revint que vers quatre heures et demie, un instant avant l'agonie.

La reine avait à ce moment toute sa connaissance. Elle faisait remarquer que l'on sonnait l'agonie pour elle; elle se consolait elle-même, s'exhortait, se jetait de l'eau bénite; puis, peu à peu la faiblesse prit le dessus, on l'entendit encore prononcer ces mots : « Mon Dieu, vous m'avez donné une âme, ayez-en pitié, je la remets entre vos mains. »

Quelques instants après, à cinq heures et demie du soir, la princesse expirait. Elle était âgée de soixante-six ans.

Une heure avant de mourir, elle avait réclamé le testament qu'elle avait fait quelques années auparavant et elle le déchira. Elle se borna à recommander sa maison au roi de Pologne et à prier qu'on la fît enterrer sans l'ouvrir. Elle voulut être enterrée dans le cimetière commun, au milieu des pauvres, et elle demanda que ses obsèques eussent lieu sans luxe, ni pompe, ni oraison funèbre.

Si l'humilité de la reine la poussait à supprimer le vain appareil des funérailles, la dignité royale ne permettait pas de se conformer complètement à ses désirs : le lendemain de sa mort, elle fut exposée habillée d'une robe somptueuse, coiffée en dentelles et à visage découvert; puis, le soir, à huit heures et demie, elle fut portée en grande pompe à l'église de Bon-Secours, près de Nancy. Le funèbre cortège, composé d'un grand nombre de carrosses, partit de Lunéville à huit heures et demie du soir ; des gardes avec des flambeaux l'escortaient. On n'arriva à Bon-Secours qu'à quatre heures du matin. Le corps de la reine fut enterré dans une chapelle.

Le roi confia l'exécution d'un mausolée à Nicolas-Sébastien Adam, le célèbre sculpteur de l'époque

Stanislas, qui toute sa vie avait souffert du caractère de sa femme, ne manifesta pas de regrets superflus. On prétend même que son premier cri, en apprenant que la reine avait cessé de vivre, fut : « Me voilà donc libre pour le reste de mes jours après un esclavage de cinquante ans ! » Il donna cependant quelques jours à un deuil de convenance et il se retira à Einville d'abord, puis à Jolivet.

Marie Leczinska, qui aimait beaucoup sa mère, éprouva un grand chagrin. Bien qu'il n'eût jamais témoigné beaucoup d'attachement à la reine Opalinska, Louis XV se montra convenable, et il ordonna que la cour prendrait le deuil pour six mois (1).

Stanislas conserva toute la maison de la reine. Il

(1) « Le roi a réglé qu'on prendra samedi le deuil pour six mois ; les dames du palais, quoique non titrées, draperont ; de même les dames de Mme la dauphine et de Mesdames. C'est le seul cas où les femmes peuvent avoir leurs gens de livrée habillés de noir, quoique ceux de leurs maris ne soient point en deuil.

« L'on tend chez le roi l'antichambre et l'Œil-de-Bœuf en noir, et décida que les dames du palais feraient les honneurs, chacune à son tour, de l'appartement où se tenait la cour ; c'était celui que la reine avait occupé.

Officiellement, cet arrangement subsista ; mais, dans la réalité, ce fut Mme de Boufflers qui, désormais, tint la première place ; c'est elle qui recevait les étrangers.

Telle était la situation de la cour de Lunéville au début de l'année 1748, c'est-à-dire au moment même où Mme du Châtelet et Voltaire allaient y arriver et la faire briller d'un éclat qu'elle n'avait encore jamais connu.

---

la chambre à coucher en violet. Chez la reine, il n'y a que l'antichambre et le cabinet devant la chambre. L'on met un dais noir chez la reine. »

CHAPITRE XIII

Voltaire et Mme du Châtelet.

(1739 à 1748)

Que sont devenues Mme du Châtelet et Voltaire depuis que nous les avons abandonnés à Cirey, au moment du départ de Mme de Graffigny pour la capitale?

A partir du mois de mai 1739, l'enchantement de Cirey est rompu. Le philosophe et son amie partent pour Bruxelles, viennent à Paris, retournent en Belgique ; ils ne posent plus en place. Deux fois Voltaire se rencontre à Trèves avec Frédéric qui, depuis plusieurs années déjà, l'accable de flagorneries. Le ravissement est réciproque. Le roi surtout montre un enthousiasme sans nom : « Voltaire a l'éloquence de Cicéron, la douceur de Pline, la sagesse d'Agrippa... La du Châtelet est bien heureuse de l'avoir! »

Frédéric invite son nouvel ami à le venir voir, et celui-ci, qui ne sait résister aux instances et aux flatteries de son « confrère couronné », va passer une dizaine de jours en Prusse.

C'est en vain que Mme du Châtelet gémit, proteste, s'indigne; le philosophe, pris par la vanité, ne veut rien entendre. La pauvre femme écrit à d'Argental ces lignes navrées :

« J'ai été cruellement payée de tout ce que j'ai fait. En partant pour Berlin, il m'en mande la nouvelle avec sécheresse, sachant bien qu'il me percera le cœur, et il m'abandonne à une douleur qui n'a point d'exemple, dont les autres n'ont pas d'idée et que votre cœur seul peut comprendre.... J'espère finir bientôt comme cette malheureuse Mme de Richelieu, à cela près que je finirai plus vite... (1) »

Le chagrin, le découragement, le ressentiment de l'abandon sont sincères chez Mme du Châtelet, mais la rancune n'existe pas dans son cœur. Après un court et délicieux séjour en Prusse, Voltaire revient à Bruxelles et la marquise, ravie, écrit : « Tous mes maux sont finis, et il me jure bien qu'ils le sont pour toujours. » La pauvre femme eût été moins rassurée si elle avait pu se douter que, à la même époque, le philosophe écrivait à Frédéric :

> Un ridicule amour n'embrase point mon âme,
> Cythère n'est point mon séjour,
> Et je n'ai point quitté votre adorable cour
> Pour soupirer en sot aux genoux d'une femme.

En 1743, Voltaire eut à supporter deux déboires fort cruels pour son amour-propre.

(1) Mme de Richelieu était morte le 3 août 1740.

Se croyant quelques titres littéraires, il eut l'idée de se présenter à l'Académie ; mais la docte compagnie lui préféra l'évêque de Mirepoix : « Je m'attendais bien que Voltaire serait repoussé, lui écrit Frédéric, dès qu'il comparaîtrait devant un aréopage de *Midas crossés mitrés.* » Le philosophe, indigné, déclara qu'il ne se représenterait *jamais.*

A ce moment les comédiens du roi répétaient *Jules César.* A la veille de la représentation, la pièce fut interdite. La mesure était comble. Voltaire, écœuré, déclara qu'il quitterait la France puisqu'on ne savait pas y récompenser « trente années de travail et de succès », et il accepta les offres de Frédéric qui redoublait d'instances pour l'attirer à sa cour.

Le dépit du philosophe était du reste plus apparent que réel, car, à l'heure même où il montrait tant d'indignation, il était chargé par M. Amelot d'une négociation secrète. Le roi de Prusse était alors l'arbitre de l'Europe ; la cour de Versailles cherchait à le détacher de ses alliés et Voltaire avait pour mission de l'amener, sans qu'il s'en doutât, à faire le jeu de la France.

A l'annonce de cette nouvelle séparation, la douleur de Mme du Châtelet fut immense ; elle pria, pleura, gémit, mais Voltaire se montra inébranlable. Pour calmer sa maîtresse éplorée, il lui fit l'aveu, sous le sceau du plus grand secret, de la mission politique dont il était chargé. Allait-elle pousser l'égoïsme jusqu'à mettre en balance les intérêts de la France et ceux de son cœur, que rien du reste ne menaçait? Il fallut bien se résigner. Voltaire promit de ne pas rester éloigné plus d'une dizaine de jours et d'écrire par toutes les postes.

Il resta quatre mois absent et les nouvelles qu'il donnait étaient si rares que Mme du Châtelet demeurait quelquefois plus de quinze jours sans en recevoir; jamais il ne parlait de retour, et ses lettres ne contenaient que quelques mots très brefs : « Je crois, écrit la pauvre femme, qu'il est impossible d'aimer plus tendrement et d'être plus malheureuse. » Elle en arrive à être jalouse de Frédéric comme elle pourrait l'être d'une « rivale ».

C'est qu'une fois le pied en Allemagne, Voltaire a été l'objet de telles adulations qu'il en a perdu absolument la tête. Toutes les petites cours d'Allemagne l'attirent, le réclament, se le disputent : c'est le dieu du jour.

Quant à Frédéric, qui n'a pas été long à deviner les secrets desseins de son hôte, il se moque fort agréablement de lui, tout en ayant l'air de lui ouvrir candidement son cœur et de lui parler sans détours. Enfin, quand l'heure de la séparation a sonné, le roi et le philosophe se quittent avec toutes les démonstrations les plus excessives, avec un attendrissement et des effusions sans fin.

Voltaire quitte Berlin le 12 octobre 1743; comme il ne peut jamais se mettre en route sans éprouver les aventures les plus extravagantes, nous le retrouvons le 14, au matin, sur le grand chemin, dans le plus pitoyable état: sa voiture a versé, elle est en morceaux; quant à lui, il est couvert de contusions et peut à peine remuer. Heureusement, les braves gens du pays accourent pour le tirer de ce mauvais pas, et ils en profitent pour piller un peu les bagages et garder quelques souvenirs de l'illustre voyageur; ils trouvent entre autres des portraits du roi et de la princesse Ulrique et, comme ils sont très attachés à leurs souverains, ils gardent précieusement leurs images. Enfin, le carrosse est péniblement raccommodé; Voltaire, tout endolori, remonte dans le véhicule et l'on se remet en route pour gagner Schaffenstad, où le poète compte passer la nuit et goûter un repos bien gagné. Il arrive à minuit : hélas! le feu est aux quatre coins du village; le cabaret, l'église sont déjà réduits en cendres. Quant à trouver un gîte, il n'y faut pas songer.

C'est une des mille aventures de voyage de Voltaire.

Enfin, il parvient à Bruxelles où il trouve Mme du Châtelet au comble de l'exaspération et de la colère, outrée de sa conduite et jurant de ne jamais la lui pardonner. Il suffit de quelques heures pour tout apaiser. Voltaire fut si éloquent, si persuasif, si repentant de sa conduite; il jura si bien qu'il n'avait pu faire autrement, qu'il ne recommencerait pas, que la divine Émilie se laissa convaincre, ce dont elle mourait d'envie, et elle oublia tous ses griefs. La vie reprit comme par le passé.

Maintenant, Voltaire est réconcilié avec la cour et il a ses entrées franches dans la capitale.

Le plaisir de jouir enfin de la liberté ne lui a pas fait oublier les doux souvenirs de Cirey. En avril 1744, il se retrouve avec la divine Émilie dans ce paisible et verdoyant asile. Le président Hénault qui, en se rendant à Plombières, leur fait une courte visite, écrit après les avoir vus :

« Ils sont là tous deux, tout seuls, comblés de plaisirs ; l'un fait des vers de son côté, et l'autre des triangles...

« Si l'on voulait faire un tableau, à plaisir, d'une retraite délicieuse, l'asile de la paix, de l'union, du calme de l'âme, de l'aménité, des talents, de la réciprocité de l'estime, des attraits de la philosophie jointe aux charmes de la poésie, on aurait peint Cirey. »

Tous les vilains souvenirs du passé ont disparu, toutes les craintes se sont effacées : Voltaire est maintenant fort bien vu à la cour ; il est devenu un favori, un courtisan. Bien loin d'avoir à se cacher, il se montre partout avec son amie. Ils vont ensemble à Fontainebleau ; ils vont à Sceaux, chez la duchesse du Maine. Il est intime avec M. d'Argenson, avec M. de la Vallière, avec Richelieu, et bien d'autres. Il a deviné la fortune naissante de Mme d'Étioles, que l'on commence à peine à soupçonner, et il fait, à Étioles, de fréquentes visites.

En mars 1746, un fauteuil devient vacant à l'Académie par la mort du président Bouhier. Voltaire est élu le 25 avril et, le 9 mai, il prononce son discours de réception. Peu après, il est nommé gentilhomme ordinaire du roi! Ce fut peut-être le plus beau jour de sa vie, car, étrange bizarrerie, sa préoccupation continuelle était d'aller à la cour. Mme du Châtelet s'étonnait qu'un si grand homme pût être flatté de cette misérable place : « Ne m'en parlez pas, disait la maréchale de Luxembourg, c'est comme un géant dans un entresol. »

C'est vers cette époque que Mme du Châtelet prit à son service le frère de sa femme de chambre, un grand garçon nommé Longchamp, qui allait jouer, dans la vie de Voltaire, un rôle assez important. Il avait été treize ans valet de chambre de la comtesse de Lannoy, femme du gouverneur de Bruxelles; par conséquent, il était initié aux usages et aux mœurs du grand monde. Cependant il ne tarda pas à trouver qu'il y avait en France dans les usages de la haute société certaines différences fort appréciables.

C'est le 16 janvier 1746 qu'il entra au service de la divine Émilie. Le surlendemain, comme il attendait dans l'antichambre le moment du réveil, la sonnette s'agite; il entre avec sa sœur. La marquise ordonne de tirer les rideaux et se lève. Elle laissa tomber sa chemise et « resta nue comme une statue de marbre ». A la cour de Bruxelles, Longchamp avait été plus d'une fois dans le cas de voir des femmes changer de chemise, « maïs, à la vérité, dit-il, pas tout à fait de cette façon ».

Quelques jours après, Mme du Châtelet prend un bain ; comme la femme de chambre est absente, elle sonne Longchamp et lui dit d'ajouter de l'eau chaude dans la baignoire. Le valet très ému de ce qu'il voit ne sait plus, en vérité, où porter les yeux et obéit assez maladroitement : « Mais prenez donc garde, vous me brûlez, lui crie la marquise indignée ; regardez ce que vous faites ! »

A cette époque un valet est semblable à l'esclave antique, ce n'est pas un homme et l'on n'en tient nul compte.

Peu de temps après, Voltaire, qui avait été à même d'apprécier la jolie écriture et l'intelligence de Longchamp, le prenait à son service et en faisait bientôt son homme de confiance.

Le 14 août 1747, Voltaire et Mme du Châtelet arrivent à Anet chez la duchesse du Maine. Il faut entendre Mme de Staal, avec le style mordant qui lui est propre, raconter leur entrée dans le château :

« Mardi 15 août 1747.

« Mme du Châtelet et Voltaire, qui s'étaient annoncés pour aujourd'hui et qu'on avait perdus de vue, parurent hier, sur le minuit, comme deux spectres, avec une odeur de corps embaumés qu'ils semblaient avoir apportée de leurs tombeaux : on sortait de table. C'étaient pourtant des spectres affamés : il leur fallut un souper, et, qui plus est, des lits qui n'étaient pas préparés ; la concierge, déjà couchée, se leva en grande hâte... Voltaire s'est bien trouvé du gîte. Pour la dame, son lit ne s'est pas trouvé bien fait ; il a fallu la déloger aujourd'hui. Notez que ce lit, elle l'avait fait elle-même, faute de gens, et avait trouvé un défaut de ... dans son matelas, ce qui, je crois, a plus blessé son esprit exact que son corps peu délicat... Elle est, d'hier, à son troisième logement ; elle ne pouvait plus supporter celui qu'elle avait choisi : il y avait du bruit, de la fumée sans feu (il me semble que c'est son emblème)...

« Elle fait actuellement la revue de ses *principes :* c'est un exercice qu'elle réitère chaque année, sans quoi ils pourraient s'échapper et peut-être s'en aller si loin qu'elle n'en retrouverait pas un seul. Je crois bien que sa tête est pour eux une maison de force et non pas le lieu de leur naissance ; c'est le cas de veiller soigneusement à leur garde... »

La marquise dévalise tous les appartements du château pour meubler le sien ; il lui faut six ou sept tables de toutes les grandeurs : d'immenses pour étaler ses papiers ; de solides pour son nécessaire ; de légères pour les pompons, les bijoux, etc. Malgré toute cette belle ordonnance, un valet maladroit renverse l'encrier sur les calculs algébriques de la divine Emilie, ce qui provoque une scène épouvantable.

Entre temps, Voltaire fait répéter sa comédie de *Boursoufle*, que l'on joue avec succès la veille de son départ.

Enfin, au bout d'une dizaine de jours, le philosophe et son amie retournent à Paris.

A peine sont-ils partis que Mme de Staal reçoit une lettre de quatre pages. Voltaire a égaré sa pièce, oublié de retirer les rôles, perdu le prologue ; elle doit réparer le désastre :

« Il m'est enjoint, dit-elle plaisamment, de retrouver le tout ; de retourner au plus vite le prologue, non par la poste, parce qu'on le copierait ; de garder les rôles, crainte du même accident, et d'enfermer la pièce sous cent clefs. J'aurais cru un loquet suffisant pour garder ce trésor ! »

En octobre, nous retrouvons la marquise et Voltaire à Fontainebleau, où réside la cour. Mme du Châtelet joue au jeu de la reine, et la mauvaise veine la poursuit ; malgré les signes de Voltaire, malgré ses objurgations à voix basse, elle s'entête, perd non seulement tout ce qu'elle a sur elle, mais encore 84,000 livres sur parole. Le poète indigné lui crie alors en anglais qu'elle joue avec des fripons et il lui ordonne de se retirer. Malheureusement, l'anglais était une langue fort répandue et le mot provoqua un scandale effroyable. Traiter de fripons les plus grands seigneurs, les plus grandes dames du royaume, c'était en effet un peu vif. Certes, l'épithète, dans le cas actuel, n'était peut-être pas déplacée, mais elle n'était pas à dire.

En voyant l'émoi causé par son algarade, Voltaire estima qu'il était prudent de disparaître et il se réfugia à Sceaux, chez Mme du Maine, où il se cacha pendant deux mois, jusqu'à ce que le bruit fût apaisé. Puis, quand il ne fut plus question de l'aventure, il avoua sa retraite et prit part à la vie bruyante et gaie de la petite cour.

Le 30 décembre 1747, on joue à Versailles, dans le théâtre des Petits-Cabinets, *l'Enfant prodigue*; les acteurs sont Mme de Pompadour, le duc de Chartres, le duc de Gontaut, M. de Nivernais, etc. Voltaire croit de bonne politique et fort galant d'adresser des vers à Mme de Pompadour pour la féliciter et la remercier; mais, par une malheureuse fortune, ces vers font scandale : on y voit une injure à la reine, et l'auteur reçoit, dit-on, un ordre d'exil. Cela n'est pas prouvé, du reste. Ce qui est sûr, c'est que Voltaire et Mme du Châtelet prennent brusquement la résolution de passer le reste de l'hiver à Cirey. Peut-être Mme du Châtelet est-elle guidée par une simple raison d'économie, et veut-elle réparer la large brèche faite à sa fortune. Toujours est-il que le voyage est décidé et mis aussitôt à exécution.

On était au mois de janvier 1748; le froid était rigoureux, le sol était couvert de neige et il gelait à pierre fendre. Malgré tout, Mme du Châtelet, qui n'aimait voyager que la nuit, décida que l'on partirait à neuf heures du soir. A l'heure dite, le vieux carrosse de la marquise fut amené devant la maison, attelé de quatre chevaux de poste; les malles furent chargées sur la voiture; puis, quand Voltaire et son amie, chaudement vêtus, furent installés l'un à côté de l'autre, l'on introduisit encore nombre de paquets, de cartons et de boîtes; enfin, la femme de chambre de la marquise prit place en face de sa maîtresse; mais on était si serré qu'il était impossible de faire un mouvement. Deux laquais montèrent encore derrière la voiture. Enfin, le signal du départ fut donné et le lourd véhicule s'ébranla.

Longchamp, le nouveau valet de chambre de Voltaire, était parti en avant comme postillon, avec mission de préparer les relais et d'attendre ses maîtres à la Chapelle, château de M. de Chauvelin; il devait leur faire préparer à souper et allumer du feu dans leurs appartements.

Nous avons dit que Voltaire avait la spécialité des aventures de voyage les plus invraisemblables. Nous allons en avoir une fois de plus la confirmation.

Le début du voyage se passe assez paisiblement; mais les routes sont détestables et le carrosse gémit sous le poids des malles et des voyageurs. Enfin, un peu avant d'arriver à Nangis, l'essieu de derrière se brise, la voiture roule dans la neige et reste étendue sur le flanc. Voltaire, qui est du mauvais côté, succombe sous le poids de Mme du Châtelet, de la femme de chambre, des paquets amoncelés, qui tous se sont effondrés sur lui; il étouffe, gémit, hurle, pousse des cris aigus, appelle au secours. Les laquais, dont l'un est blessé, et les postillons accourent et s'efforcent de retirer les voyageurs de leur situation critique; mais on ne peut procéder au sauvetage que par la portière qui est en l'air. Un laquais et un postillon montent alors sur la caisse de la voiture et extraient d'abord les plus gros paquets comme s'ils les tiraient d'un puits; puis, saisissant les humains par les membres qui se présentent, bras ou jambes, ils les amènent à eux et les passent dans les bras de leurs camarades, qui les déposent à terre. C'est ainsi que la femme de chambre est d'abord tirée d'affaire, puis Mme du Châtelet; enfin Voltaire, moulu, courbaturé, gémissant à fendre l'âme.

Mais ce n'était pas tout : le plus difficile restait à faire; on ne pouvait pourtant pas passer la nuit à la belle étoile avec un pareil froid. Les postillons et les laquais étaient incapables à eux seuls de faire les réparations; on les envoya à la recherche de paysans qui pussent les aider à remettre le carrosse en état.

En attendant, Voltaire et son amie, assis sur des coussins tirés de la voiture, pestaient contre la destinée.

Enfin, le secours espéré arrive; les paysans se mettent à l'œuvre et bientôt le carrosse paraît en état de reprendre sa route. Voltaire remercie ces braves gens du service rendu, leur remet généreusement douze livres pour leur peine, et l'on repart, poursuivis par les malédictions des rustres qui se trouvent insuffisamment payés de leur dérangement. Voltaire n'en a cure; mais, cent mètres plus loin, le carrosse, mal raccommodé, culbute de nouveau. Nouveaux cris, nouvelle cérémonie pour extraire les infortunés voyageurs de leur prison. On court après les paysans, on les supplie de revenir, on leur promet monts et merveilles. Mais, instruits par l'expérience, ils restent sourds à toutes les supplications. Voltaire a un accès de désespoir, il s'arrache les cheveux; il se voit menacé de passer la nuit dehors. Bref, il finit par où il aurait dû commencer : il fait prix avec les paysans et les paye d'avance.

Il était huit heures du matin quand on arriva à la Chapelle : sur la route, on trouva Longchamp fort inquiet, qui venait au-devant de ses maîtres, ne sachant ce qui avait pu leur arriver.

Il fallut passer deux jours au château pour réparer le carrosse; enfin, le troisième jour, l'on reprit la route de Cirey où l'on arriva sans encombre.

Mais ce n'était pas tout d'être à Cirey, il ne fallait pas que Voltaire pût s'y ennuyer. Après quelques jours de solitude employés à mettre de l'ordre dans la maison, Mme du Châtelet fit venir son amie de couvent, Mme de Champbonin, ainsi que sa nièce, âgée de treize ans; puis elle invita toute la noblesse du voisinage, et alors commença une série ininterrompue de divertissements et de plaisirs.

CHAPITRE XIII

Mme du Châtelet composait des farces, des proverbes ; Voltaire en faisait autant. On distribuait les rôles aux invités, et la plus grande partie des journées se passait à répéter et à étudier les rôles.

On avait construit, au fond d'une galerie, une espèce de théâtre des plus primitifs; sur des tonneaux vides placés debout, on avait tout simplement établi un plancher. De chaque côté, les coulisses étaient formées de vieilles tapisseries. Un lustre à deux branches éclairait la scène ainsi que la galerie. L'on faisait venir quelques violons pour récréer le public pendant les entr'actes.

L'on représentait le soir ce que l'on avait appris dans la journée et le temps s'écoulait fort agréablement.

« Ce qui n'était pas le moins plaisant pour les spectateurs, dit Longchamp, c'est que les acteurs jouaient parfois leurs propres ridicules sans s'en apercevoir. Mme du Châtelet arrangeait les rôles à ce dessein; elle ne s'épargnait pas elle-même et se chargeait souvent de représenter les personnages les plus grotesques. Elle savait se prêter à tout et réussissait toujours. »

Cette douce existence durait depuis trois semaines lorsqu'elle fut interrompue par une invitation qui allait bouleverser toute la vie de Voltaire et de la marquise.

On fut un jour fort surpris à Cirey de voir débarquer le Père de Menoux, le confesseur du roi Stanislas. Se prévalant d'une ancienne liaison avec M. de Breteuil, le père de Mme du Châtelet, il venait, disait-il, voir ses illustres voisins. En réalité, son but était tout autre.

Le jésuite, s'il faut en croire Voltaire, aurait eu la machiavélique pensée de susciter une rivale à son ennemie jurée, Mme de Boufflers. Mme du Châtelet était « très bien faite, encore assez belle » (c'est toujours Voltaire qui parle); c'était une femme auteur; bref le Père de Menoux s'imagina qu'elle possédait toutes les qualités requises pour supplanter la marquise détestée et il résolut de tenter l'aventure.

Quoi qu'il en soit, le jésuite fit mille grâces, mille caresses aux hôtes de Cirey; il se montra plein d'esprit, de savoir, de tolérance; il leur persuada que le roi de Pologne désirait ardemment les voir et que son plus grand désir était de les posséder à sa cour. Enfin, il repartit pour la Lorraine, laissant le philosophe et son amie sous le charme de sa visite. Jamais Voltaire n'avait encore rencontré un jésuite aussi séduisant et avec une telle largeur de vues.

A peine de retour à Lunéville, le Père de Menoux joua le même jeu auprès de Stanislas; il lui raconta que les hôtes de Cirey brûlaient d'envie de venir lui faire leur cour. Bref, il manœuvra si bien qu'il arriva à ses fins.

Stanislas parla à Mme de Boufflers d'inviter Voltaire et Mme du Châtelet; la marquise, qui depuis de longues années était liée avec la divine Émilie, adopta cette idée avec enthousiasme. C'est la première fois que la maîtresse et le confesseur se trouvaient d'accord! Stanislas, ravi, chargea Mme de Boufflers de se rendre elle-même à Cirey et de ramener à Lunéville l'illustre couple.

C'est en effet ce qui eut lieu.

Mme de Boufflers venait d'avoir la douleur de perdre de la petite vérole sa sœur, Mme de Beauvau, chanoinesse de Remiremont.; elle saisit avec empressement l'occasion d'aller chercher des consolations et de l'affection auprès d'une amie chère, et elle partit pour Cirey. Là elle renouvela la pressante invitation du roi.

Voltaire et Mme du Châtelet ne résistèrent pas longtemps à de si flatteuses instances.

M. du Châtelet avait peu de fortune et en ce moment même sa femme sollicitait pour lui un commandement en Lorraine. Quelle meilleure occasion pouvait-elle trouver pour arriver à ses fins que d'aller faire sa cour à Stanislas?

Quant à Voltaire qu'on disait exilé par l'ordre de la reine Marie Leczinska, quel démenti plus éclatant pouvait-il donner à cette calomnie que de devenir l'hôte du roi de Pologne?

Aussi tous deux, pour des motifs différents, furent-ils ravis de l'invitation et s'empressèrent-ils d'abandonner Cirey pour prendre, en compagnie de Mme de Boufflers, la route de Lunéville.

CHAPITRE XIV

(1748)

Séjour à Lunéville (février, mars, avril).

Mme de Boufflers, Voltaire et Mme du Châtelet arrivèrent à Lunéville le 13 février 1748, à onze heures du soir.

Mme du Châtelet se retrouvait là en pays de connaissance ; elle appartenait, par son mari, à la plus vieille noblesse lorraine ; elle était liée avec la plupart des personnages de la cour ; elle n'eût pas été plus à son aise à Paris ou à Versailles.

Voltaire, au contraire, était un nouveau venu ; certes, il avait déjà fait plusieurs séjours à Lunéville, mais c'était sous le règne de Léopold ou de son fils ; et que de changements depuis lors !

Les deux voyageurs furent reçus avec de grandes démonstrations de joie et comblés d'attentions de toutes sortes. On les installa dans les plus beaux appartements du château. Mme du Châtelet fut logée au rez-de-chaussée, à côté du roi, dans les anciens appartements de la reine ; les pièces étaient élevées, magnifiquement meublées, et donnaient sur les jardins. Voltaire occupait la partie du premier étage située à l'angle du palais, au-dessus des appartements de Stanislas. De sa chambre, la vue s'étendait superbe sur tous les environs; il voyait le canal, Chanteheu, Jolivet, etc. Un escalier intérieur le mettait en communication avec Mme du Châtelet, ce qui rendait les visites faciles et discrètes. Ainsi, les convenances étaient observées, et il n'y avait de gêne pour personne.

Par une déplorable coïncidence, Voltaire qui, dès son arrivée, entend bien se mettre en frais et charmer son hôte, tombe malade assez sérieusement, et la contrariété qu'il en éprouve le rend plus malade encore. Aussitôt, toute la cour est en émoi; Stanislas, bouleversé, envoie au philosophe son propre médecin et son apothicaire; il accourt lui-même au chevet du patient et lui prodigue toutes les attentions les plus délicates. « Il n'est personne qui ait plus soin de ses malades que le roi de Pologne, écrit Voltaire reconnaissant; on ne peut être meilleur homme. »

Enfin, le poète se rétablit, les alarmes s'apaisent, et à partir de ce moment commence pour la petite cour de Lunéville une vie d'agitation et de plaisirs, comme elle n'en a jamais connu encore. C'est une succession ininterrompue de fêtes, de spectacles, de soupers, de réjouissances de tous genres. Le roi tient à faire honneur aux illustres hôtes qu'il possède, et il n'est sorte de politesses qu'il n'imagine pour les distraire et les charmer.

Mme de Boufflers, la princesse de la Roche-sur-Yon,

la princesse de Talmont, la duchesse Ossolinska, la comtesse de Lutzelbourg, Mme de Bassompierre, Mme Durival, Mme de Lenoncourt, Saint-Lambert, Panpan, Porquet, tous les familiers de la cour que nous connaissons, tous imitent l'exemple du souverain et se mettent en frais pour contribuer à l'agrément des nobles invités.

Ceux-ci ne se montrent pas en reste de grâces et d'amabilités.

Un jour, en se présentant chez le roi de Pologne, Voltaire lui offre un magnifique exemplaire de *la Henriade* avec ce quatrain :

> Le Ciel, comme Henri, voulut vous éprouver :
> La bonté, la valeur à tous deux fut commune ;
> Mais mon héros fit changer la fortune
> Que votre vertu sut braver.

Et, comme la maîtresse n'est pas moins à courtiser que le prince lui-même, il lui adresse ces louanges délicates :

> Vos yeux sont beaux, mais votre âme est plus belle.
> Vous êtes simple et naturelle,
> Et, sans prétendre à rien, vous triomphez de tous.
> Si vous eussiez vécu du temps de Gabrielle
> Je ne sais ce qu'on eût dit de vous,
> Mais on n'aurait point parlé d'elle.

Ce n'est pas seulement la favorite qui entend célébrer ses perfections et ses attraits ; les principaux personnages de la cour sont successivement l'objet des louanges du poète, personne n'est oublié.

S'adressant à Mme de Bassompierre, Voltaire, tout en ayant l'air de critiquer la sévérité de ses mœurs, lui décoche les plus délicates flatteries :

> Avec cet air gracieux,
> L'abbesse de Poussay me chagrine, me blesse ;
> De Montmartre la jeune abbesse
> De mon héros combla les vœux ;
> Mais celle de Poussay l'eût rendu malheureux.
> Je ne saurais souffrir les beautés sans faiblesse.

La princesse de Talmont n'est pas moins finement louée :

> Les dieux, en lui donnant naissance
> Aux lieux par la Saxe envahis,
> Lui donnèrent pour récompense
> Le goût qu'on ne trouve qu'en France
> Et l'esprit de tous les pays.

Mais le temps ne pouvait toujours se passer à des marivaudages plus ou moins spirituels ; il fallait aborder des distractions plus tangibles et plus sérieuses. Il y avait un théâtre au château de Lunéville ; Stanislas entretenait une troupe de profession fort bien composée. Comment ne pas l'utiliser quand Voltaire est là? comment ne pas faire honneur à l'illustre écrivain en jouant quelques-unes de ses œuvres? Vite, on organise des représentations, et c'est le poète lui-même qui dirige les répétitions. On joue *le Glorieux, Zaïre, Mérope,*

« où l'on pleure tout comme à Paris », et où l'auteur lui-même pleure « tout comme un autre ».

Voir jouer est bien, jouer soi-même est mieux encore. Certes, Voltaire est toujours dans un état de santé bien languissant; mais le théâtre n'a-t-il pas le don de le ranimer? Donc, on compose une troupe avec les plus jolies femmes de la cour et quelques courtisans, et l'on organise des représentations.

Mme du Châtelet, qui a le don du théâtre et qui est comédienne achevée, propose de jouer une pastorale de la Motte, *Issé,* qu'elle a déjà représentée à Sceaux et à Cirey avec beaucoup de succès. La proposition est acceptée avec enthousiasme. Voltaire, qui tient fort au succès de son amie, s'occupe de tout; il met lui-même en scène, surveille les répétitions, donne des conseils, rabroue les acteurs. Enfin, l'on est prêt à passer. La marquise et Mme de Lutzelbourg interprètent les deux principaux rôles, et soulèvent l'admiration générale. L'enthousiasme est tel qu'on doit, à la demande du roi, donner une seconde représentation, puis une troisième. Voltaire, ravi et flatté, adresse à Mme du Châtelet ces vers :

> Charmante Issé, vous nous faites entendre
> Dans ces beaux lieux les sons les plus flatteurs;
> Ils vont droit à nos cœurs :
> Leibniz n'a pas de monade plus tendre,
> Newton n'a point d'xx plus enchanteurs;
> A vos attraits on les eût vus se rendre,

> Vous tourneriez la tête à nos docteurs :
> Bernouilli dans vos bras,
> Calculant vos appas,
> Eût brisé son compas!

Mais tous les hôtes du château ne partagent pas l'enthousiasme du philosophe. Mme du Châtelet affecte tant de prétentions qu'elle soulève des jalousies, des animosités. On n'ose, à cause du roi, la critiquer ouvertement; mais sous le manteau les beaux esprits du château s'en donnent à cœur joie; et de malicieuses satires courent les salons :

Air de Joconde.

> Il n'est de plus sotte guenon
> De Paris en Lorraine
> Que celle dont je tais le nom
> Qu'on peut trouver sans peine.
> Vous la voyez coiffée en fleurs
> Danser, chanter sans cesse;
> Et surtout elle a la fureur
> D'être grande princesse.
> Cette princesse a cinquante ans
> Comptés sur son visage.
> Elle a des airs très insolents,
> Du monde aucun usage.
> Elle est dépourvue d'agréments
> Chargée de ridicules,
> Et pour Monsieur de Guébriant
> Elle a pris des pilules.

Par contre on vante les séductions irrésistibles de la

jolie comtesse de Lutzelbourg, mais c'est au détriment de sa partner :

> Qu'à vos yeux, charmante Doris
> Le dieu Pan s'efforce de plaire,
> Je le crois bien; le maître du tonnerre
> Pour de moindres beautés quitta les Cieux jadis ;
> Mais que le Dieu de la lumière
> Pour une Issé de cinquante ans,
> Sans attraits et sans agréments,
> En berger travesti descende sur la terre,
> Fût-ce Évangile que cela?
> Au diable qui le croira.

Quel émoi dans le château si la divine marquise avait connu ces vers !

Il n'y a pas que le théâtre qui enchante les nouveaux hôtes de Lunéville. Le roi ne les quitte pas, il les comble d'amabilités, et les journées s'écoulent sans qu'on y songe. Il les promène dans ses jardins, leur fait visiter ses maisons de campagne; il leur montre avec orgueil ses constructions bizarres, ses rocailles, ses jets d'eau, ses grottes, et la joie du vieux roi n'a pas de bornes quand Voltaire, qui se connaît en flatterie, daigne se pâmer devant ces étranges fantaisies et cette ingéniosité enfantine.

Quand on ne peut ou ne veut sortir, on donne des concerts ravissants; on joue au trictrac, au billard; on tourmente Bébé, on rit, on cause; les heures s'envolent. Souvent Mme de Boufflers, qui est joueuse enragée, organise une comète avec Stanislas, et voilà Voltaire et Mme du Châtelet de la partie; la marquise, passe encore, elle adore les cartes; mais Voltaire qui les déteste ! Cependant comment résister à un roi? Le philosophe fait contre mauvaise fortune bon cœur, et il joue à la comète qui l'ennuie à périr. D'autres fois, dans la journée, Stanislas se réfugie avec Voltaire dans ses appartements privés, et il se fait lire quelques pièces légères, les contes badins du philosophe, etc. Seules, Mmes de Boufflers et du Châtelet assistent à ces lectures.

Quand le roi est couché, il se retire toujours à dix heures ; Mme de Boufflers entraîne ses intimes dans ses appartements particuliers, et là commence une nouvelle soirée, délicieuse, sans entraves, où l'on dit mille folies, et qui se prolonge souvent jusqu'à une heure avancée. Ces soupers sont charmants. Ils ne sont peut-être pas très somptueux, mais Voltaire les égaie de sa verve étourdissante; ses récits, ses bons mots font la joie des convives. « Nous avons soupé chez Mme de Boufflers, écrit Saint-Lambert, où nous sommes morts de faim, de froid et de rire. »

Voltaire est ravi, et l'existence qu'il mène lui paraît incomparable. Il ne vit plus, comme à Paris, dans une anxiété continuelle, avec cette lugubre Bastille toujours menaçante ; il ne vit plus, comme à Berlin, avec un souverain vaniteux, quinteux, à double face; il passe ses jours avec un prince affable, lettré, qui l'apprécie à sa valeur et le comble d'honneurs et de flatteries délicates. En réalité, c'est Voltaire qui règne à Lunéville.

Et puis, cette petite cour si débonnaire, où nul n'a souci de l'étiquette, où l'on jouit d'une liberté complète, où l'on travaille à ses heures, où la divine Émilie est sans cesse près de lui, n'est-elle pas la plus idéale des cours? « En vérité, ce séjour-ci est délicieux, écrit-il à d'Argental; c'est un château enchanté dont le maître fait les honneurs. »

Mme du Châtelet n'est pas moins ravie. Elle aussi coule des jours exquis dans cette cour où tout le monde lui fait fête. Mme de Boufflers a été si heureuse de la retrouver qu'elle la quitte le moins possible; les deux dames s'entendent à merveille et elles passent chaque jour de longues heures dans une adorable intimité.

Mme de Boufflers aime tant son amie qu'elle veut célébrer ses aptitudes si variées et si rares; mais elle craint de ne pas être à la hauteur du sujet; elle prie Voltaire de lui venir en aide et de faire parler la Muse.

Le poète compose donc en son nom ces étrennes :

> Une étrenne frivole à la docte Uranie!
> Peut-on la présenter? Oh! très bien, j'en réponds.
> Tout lui plaît, tout convient à son vaste génie :
> Les livres, les bijoux, les compas, les pompons,
> Les vers, les diamants, le biribi, l'optique,
> L'algèbre, les soupers, le latin, les jupons,
> L'opéra, les procès, le bal et la physique.

Mme du Châtelet riposte galamment par ce quatrain également de la main de Voltaire :

> Hélas ! vous avez oublié,
> Dans cette longue kyrielle,
> De placer la tendre amitié :
> Je donnerais tout le reste pour elle.

Mme du Châtelet mène une existence si douce qu'elle ne veut plus entendre parler de s'éloigner et que son plus cher désir est de se fixer à l'avenir avec son ami dans cette résidence incomparable à nulle autre pareille.

Par un sentiment très louable, elle trouve que M. du Châtelet ne sera pas de trop dans leur tête-à-tête, et elle cherche plus que jamais à obtenir pour lui un établissement en Lorraine. Ce serait une raison de plus pour elle de ne pas quitter le pays.

Elle avait déjà, depuis son arrivée, profité de l'extrême bienveillance du roi pour tâcher d'obtenir le commandement qu'elle sollicitait pour son mari. Mais Stanislas avait des engagements avec un de ses vieux serviteurs, un Hongrois, M. de Bercheny, et il ne savait comment concilier les intérêts des deux concurrents.

M. du Châtelet vivait à Phalsbourg, heureux et content ; sur le conseil de Mme de Boufflers, la marquise le fit venir à Lunéville. Elle espérait que sa présence hâterait la solution qu'elle souhaitait si ardemment.

Elle désirait d'autant plus vivement se fixer à Lunéville qu'un incident nouveau, et que nous allons raconter, venait de bouleverser sa vie, incident qui allait avoir pour elle de désastreuses conséquences.

CHAPITRE XV

Brouille entre Mme de Boufflers et Saint-Lambert. — Liaison de Saint-Lambert avec Mme du Châtelet.

Nous avons vu dans un précédent chapitre l'intrigue de Mme de Boufflers et de Saint-Lambert, intrigue qui n'avait pas échappé au vieux roi et qui avait même provoqué sa jalousie. Saint-Lambert, comme tous les amoureux, quand on le chassait par la porte, rentrait par la fenêtre. Les deux amants avaient donc continué à se voir, mais leurs rencontres étaient moins fréquentes et il leur avait fallu recourir à d'étranges subterfuges.

L'arrivée de Voltaire et de la divine Émilie à Lunéville n'avait rien changé à la situation. A l'occasion des fêtes données en leur honneur, Saint-Lambert put venir plus souvent et se montrer quelquefois à la cour. On le voyait toujours le soir aux soupers de Mme de Boufflers, les intimes qui y assistaient étant tous dans la confidence. La marquise présenta naturellement le jeune officier à Mme du Châtelet, et, avec la franchise qui la caractérisait, elle ne lui dissimula nullement les tendres liens qui les unissaient.

Si Saint-Lambert s'était imaginé qu'il serait plus heureux que ses devanciers, il ne tarda pas à être désabusé. De même qu'il avait enlevé au pauvre Panpan une enviable situation, de même il vit bientôt poindre l'étoile qui allait le supplanter.

Il y avait alors à la cour un certain vicomte d'Adhémar, de la famille de Marsannes(1), que Mme de Boufflers paraissait apprécier beaucoup et que Stanislas voyait également de très bon œil. Cette faveur troublait fort Saint-Lambert, l'inquiétait. Il en était malheureux, désolé, et il n'avait pas la force de caractère de cacher sa souffrance.

Que les temps sont changés! Le jeune poète ne consacre plus ses vers à louer la maîtresse adorée. Sa muse ne lui inspire plus que reproches et récriminations. Il compose encore des madrigaux ; mais il a peine à dissimuler son dépit et la jalousie qui le dévore :

> Ces rivaux que l'Amour auprès de vous rassemble
> M'inquiètent, Thémire, et ne sont pas heureux ;
> Vous m'aimez mieux que chacun d'eux,
> Vous m'aimez moins que tous ensemble.

Tantôt il prie, il se fait humble ; rien ne le découragera, il redoublera de tendresse et d'amour :

> Thémire est plus sensible à l'amour qu'elle inspire
> Je connois tout le prix du temps ;

---

(1) Son père, d'Adhémar de Monteil de Brunier, marquis de Marsannes, avait été chambellan du duc Léopold ; il devint ensuite maître d'hôtel du roi de Pologne.

CHAPITRE XV

> Je connois le cœur de Thémire,
> J'en jouirai quelques instants.
> Il faut, sans en perdre un, les passer auprès d'elle,
> Opposer plus d'amour à sa légèreté ;
> Et du moins, si Thémire est encore infidèle,
> Je ne l'aurai pas mérité.

Tantôt il peint la souffrance qu'il éprouve en voyant un rival heureux près de celle qu'il adore. Il voudrait s'arracher à ce spectacle qui le déchire, mais il ne peut s'y résoudre ; tout ne vaut-il pas mieux que de ne pas voir l'infidèle ?

> Est-ce amitié que je sens pour Thémire ?
> Mais ces désirs sans cesse renaissants,
> Mille besoins et du cœur et des sens,
> Sont de l'amour ; la beauté les inspire.
> Un mot, un geste, un regard, un sourire,
> Un rien augmente et trouble mon bonheur ;
> Je trouve en tout quelque secret mystère,
> Quelque rapport à l'état de son cœur ;
> A chaque instant ou je crains ou j'espère,
> Tout me paraît ou dédain ou faveur.
> Ces changements, ce désordre enchanteur,
> De l'amitié sont-ils le caractère ?
> Mais cependant, quand un rival heureux
> Pour quelque temps rend Thémire infidèle,
> Malgré ses torts, je l'aime encor pour elle,
> Et, pour la voir, je demeure auprès d'eux.
> En les voyant, quelquefois je soupire,
> Et je me dis : « Ah ! je l'aimois bien mieux ! »
> Mais aussitôt un regard de Thémire
> Sèche les pleurs qui coulent de mes yeux.

> Je me console en cherchant à lui plaire ;
> Je souffre moins du bonheur d'un rival
> Que d'un instant d'absence ou de colère :
> Ne point l'aimer serait le plus grand mal.
> Je le crains peu. Toujours tendre et fidèle,
> Je sentirai toujours ce besoin d'elle,
> Cette amitié que rien ne peut m'ôter,
> Ce goût si vif que le plaisir enflamme :
> Ces sentiments sont l'âme de mon âme ;
> Si je les perds, je cesse d'exister.

Voilà à quelle situation critique étaient réduites les amours de Saint-Lambert pendant les premiers temps du séjour de Voltaire et de Mme du Châtelet à Lunéville.

Pour que l'on s'explique clairement les événements qui vont se dérouler, il importe de bien préciser également les rapports réciproques du philosophe et de la divine Émilie à la même époque.

Ils vivent ensemble depuis quinze ans, mais si, en apparence, leurs relations sont restées les mêmes, leur intimité s'est singulièrement refroidie. Le poète n'en souffre pas et ne s'en plaint pas davantage, au contraire ; mais on n'en peut dire autant de Mme du Châtelet ; dans une lettre à d'Argental elle expose son état d'âme avec beaucoup de franchise et de finesse :

« J'ai reçu de Dieu, écrit-elle, il est vrai, une de ces âmes tendres et immuables qui ne savent ni déguiser, ni modérer leurs passions ; qui ne connaissent ni l'affaiblissement ni le dégoût, et dont la ténacité sait résister à tout, même à la certitude de n'être pas aimée; mais j'ai été heureuse pendant dix ans par l'amour de celui qui avait subjugué mon âme, et ces dix ans, je les ai passés tête à tête avec lui, sans aucun moment de dégoût et de langueur; quand l'âge, les maladies, peut-être aussi la satiété de la jouissance, ont diminué son goût, j'ai été longtemps sans m'en apercevoir : j'aimais pour deux; je passais ma vie entière avec lui; et mon cœur, exempt de soupçons, jouissait du plaisir d'aimer et de se croire aimé. Il est vrai que j'ai perdu cet état si heureux et que ça n'a pas été sans qu'il m'en ait coûté bien des larmes.

« Il faut de terribles secousses pour briser de telles chaînes : la plaie de mon cœur a saigné longtemps. J'ai eu lieu de me plaindre et j'ai tout pardonné; j'ai été assez juste pour sentir qu'il n'y avait peut-être au monde que mon cœur qui eût cette immuabilité qui anéantit le pouvoir du temps; que si l'âge et les maladies n'avaient pas entièrement éteint ses désirs, ils auraient peut-être encore été pour moi, et que l'amour me l'aurait ramené enfin; que son cœur, incapable d'amour, m'aimait de l'amitié la plus tendre, et m'aurait consacré sa vie. La certitude de l'impossibilité du retour de son goût et de sa passion, que je sais bien qui n'est pas dans la nature, a amené insensiblement mon cœur au sentiment paisible de l'amitié, et ce sentiment, joint à la passion de l'étude, me rendait assez heureuse.

« Mais un cœur si tendre peut-il être rempli par un sentiment aussi paisible et aussi faible que celui de l'amitié?... »

Mme du Châtelet avait raison de douter d'elle-même. Déjà quelques symptômes inquiétants avaient montré que l'amitié ne lui suffisait plus. Déjà, à Paris, avec Clairaut le mathématicien qui revoyait avec elle le *Commentaire sur Newton*; déjà à Sceaux pendant les représentations théâtrales, où elle jouait au naturel les rôles d'amoureuse avec le comte de Rohan, elle n'avait pu dominer complètement les élans de son cœur : ce fut même au point d'inquiéter Voltaire et de provoquer entre les deux amants des scènes de jalousie des plus pénibles.

C'est à Lunéville que la crise qui menaçait éclata, et avec une violence dont on ne peut se faire l'idée.

Mme du Châtelet avait souvent entendu parler de Saint-Lambert par Mme de Graffigny, par Panpan, par Mme de Boufflers, par Voltaire lui-même; il arrivait précédé d'une réputation de poète, d'homme à bonnes fortunes; sa belle prestance, son air froid et distingué lui plurent extrêmement. Saint-Lambert, que les légèretés, réelles ou supposées, de Mme de Boufflers troublaient profondément, et qui se voyait menacé de perdre une conquête qui avait été si flatteuse pour sa vanité, s'imagina qu'un peu de jalousie serait de nature à lui ramener l'infidèle.

Il s'efforça donc de plaire à Mme du Châtelet; il lui

fit la cour très ostensiblement et il déploya en son honneur toutes les grâces de sa personne et de son esprit. Il n'en fallait pas davantage pour mettre le feu aux poudres. Mme du Châtelet prit pour argent comptant les politesses du jeune homme; surprise, charmée, elle se crut aimée et elle en perdit la tête.

Pour Saint-Lambert, ce n'était qu'un jeu; il ne songeait nullement à pousser l'intrigue à fond; mais la marquise ne l'entendait pas ainsi : elle le lui fit bien voir.

Après un marivaudage préliminaire et quelques escarmouches sans importance, Mme du Châtelet et Saint-Lambert se retrouvèrent à une soirée chez M. de la Galaizière; ils purent s'isoler un peu; le jeune officier, continuant son manège et sans se douter qu'il arrivait au moment psychologique, risqua quelques tendres aveux; à sa grande surprise, la marquise tomba dans ses bras, demi-pâmée, en lui jurant un amour éternel.

Mme du Châtelet ne s'inquiète pas de savoir si Saint-Lambert est sincère, s'il n'obéit pas à des mobiles équivoques; elle ne s'inquiète pas davantage de la disproportion d'âge; elle ne se dit pas le mot de la duchesse de Chaulnes qui, fort avant sur le retour, avait pris un jeune amant : « Une duchesse n'a jamais que trente ans pour un bourgeois. » Saint-Lambert lui a dit qu'il l'aimait, cela lui suffit; et elle s'éprend pour le bel officier d'une passion automnale et exaltée qui bientôt dépasse toutes les bornes.

Rien ne l'arrête : ni le qu'en-dira-t-on, ni la crainte de Mme de Boufflers, ni la colère possible de Voltaire s'il découvre l'intrigue. Son pauvre cœur inoccupé, auquel un ingrat n'a pas rendu la justice qu'il méritait, a enfin trouvé un aliment au feu qui le consume depuis des années. Elle aime, elle est aimée ! Que lui importe le reste ! Le ciel peut crouler, l'univers s'effondrer.

La pauvre femme nage dans la joie ; elle ressent toute l'ivresse d'un premier amour, elle n'a plus que dix-huit ans ! Elle est à cette heure charmante des débuts d'une liaison, où l'on éprouve un besoin si ardent de causer avec l'être aimé, que dix fois par jour il faut lui griffonner quelque tendresse pour apaiser son cœur en attendant la rencontre. C'est l'époque des serrements de main furtifs, des regards à la dérobée, des fleurs échangées. Personne ne connaît le doux mystère de son âme ; elle en jouit doublement.

Comme les deux amoureux sont tenus à beaucoup de ménagements, qu'il faut s'observer avec soin pour que ni Mme de Boufflers, ni Voltaire, ni personne ne devine leur secret, ils ne peuvent s'écrire ouvertement aussi souvent qu'ils le voudraient. Alors, Mme du Châtelet imagine un vrai moyen de comédie. Il y a dans le salon du Roi une harpe respectée ; c'est celle dont se sert Mme de Boufflers pour égayer les réunions du soir. Personne ne touche au précieux instrument ! C'est donc lui qui sera le dépositaire de la correspondance amoureuse. C'est dans cette harpe que Mme du Châtelet et Saint-Lambert iront déposer leurs messages et chercher les réponses. Comme on traverse la salon à chaque instant, rien n'est plus simple et ne peut être moins remarqué.

Voici quelques-uns des billets de Mme du Châtelet, écrits dans la lune de miel de ces nouvelles amours, sur de petits papiers microscopiques à bordure dentelée, avec un petit filet rose ou bleu. Ces lettres sont empreintes d'un sentiment si vrai, si profond; elles respirent une passion si sincère qu'elles en sont touchantes :

« Oui, je vous aime; tout vous le dit, tout vous le dira toujours, et je fais mon plaisir et mon bonheur de vous le dire. Je vais tâcher de donner la lettre. Je vous en remercie et vous en remercierai bien davantage ce soir. »

« Je volerai chez vous dès que j'aurai soupé. Mme de Boufflers se couche. Elle est charmante et je suis bien coupable de ne lui avoir pas parlé; mais je vous adore, et il me semble que, quand on aime, on n'a aucun tort. Il faut que j'aille par les bosquets. »

« J'apprends à force, mais je ne sais rien de bien, sinon que je vous adore, que vous avez conquis mon cœur, et qu'il est à Nicolas pour toute ma vie. Donnez-moi des nouvelles de Nicolas. »

« Il n'y a point de bonheur sans vous ; venez donc finir le mien. Pouilli sera le prétexte. Je suis seule à présent, de ce moment seulement. »

« Il fait un temps charmant, et je ne peux jouir de rien sans vous ; je vous attends pour aller donner du pain à mes cygnes et me promener. Venez chez moi dès que vous serez habillé ; vous monterez ensuite à cheval si vous voulez. »

« Tâchez de vous trouver dans le salon pour la sortie du dîner, parce que nous prendrons notre revanche ; et c'est bien quelque chose de jouer avec ce que l'on aime, car je suppose que vous m'aimez encore un peu. »

« Je suis une paresseuse ; je me lève, je n'ai qu'un moment, et je l'emploie à vous dire que je vous adore, vous regrette et vous désire. Venez donc le plus tôt que vous pourrez. Vous boirez et dînerez ici ; j'espère aussi que vous y aimerez. »

« Vous m'avez dit hier des choses si tendres et si touchantes que vous avez pénétré mon cœur; mais aimez-moi donc toujours de même. Croyez que, quand vous m'aimez, je vous adore. J'ai passé la nuit la plus agréable qu'on puisse passer sans vous; votre idée ne m'a point quittée. Vous voulez que je vous mande ce que je ferai aujourd'hui ! Ce que je veux faire tous les jours de ma vie : je vous verrai, je vous aimerai, je vous le dirai; mais que je le lise donc dans les yeux charmants que j'adore. »

« Je m'éveille avec la douleur de vous avoir affligé un moment hier, avec l'inquiétude de la manière dont vous aurez passé la nuit : mais avec tout l'amour que votre cœur charmant mérite. Comptez que le mien en est pénétré; que je n'ai jamais plus senti combien je suis heureuse d'être aimée de vous et que je ne l'ai jamais mérité davantage. Je vais dîner à table, c'est-à-dire assister... Je vous adore, et c'est pour toute ma vie... mais il faut se coiffer. »

Ce n'était pas tout de s'aimer et de se le dire cent fois par jour et de se l'écrire vingt fois; il fallait encore déjouer les yeux trop perspicaces, prévenir les indiscrétions possibles, endormir la jalousie de Voltaire, apaiser la colère de Mme de Boufflers quand elle découvrirait l'intrigue, ce qui ne pouvait tarder.

Avec des précautions on pouvait encore espérer dissimuler aux yeux du public; mais, comme la harpe ne suffisait plus à apaiser l'impatience de Mme du Châtelet, il avait fallu mettre dans la confidence le valet de chambre de Saint-Lambert, le fidèle Antoine, et la femme de chambre de la marquise, la non moins fidèle Mlle Chevalier. Puisque tous deux passaient leur vie à porter de tendres missives, il eût été oiseux de vouloir leur rien cacher; mais on croyait pouvoir compter sur leur discrétion.

Voltaire vivait dans la sécurité la plus complète. Plongé dans les répétitions, les travaux littéraires; absorbé par le roi, les courtisans, qui l'encensaient à l'envi, il était trop occupé pour s'apercevoir de rien. Et puis, les maris ne sont-ils pas toujours les derniers à se douter de ces accidents-là? Or Voltaire, pour Mme du Châtelet, n'était plus depuis longtemps qu'un mari, et elle le traitait comme tel.

N'éprouvait-elle pas cependant quelques remords de tromper ce pauvre Voltaire dont le long attachement méritait bien quelques égards? En aucune façon. Mme du Châtelet, avec la désinvolture des femmes qui, quand elles sont éprises, ont avec leur conscience de si singuliers accommodements, ne songeait pas un instant que sa trahison pouvait désespérer le philosophe, t elle ne se faisait pas le plus léger reproche. Était-ce sa faute à elle si la situation de maîtresse de M. de Voltaire était devenue une sinécure? Du reste, n'avait-elle pas la délicatesse de lui cacher l'intrigue avec soin? En apparence, qu'y avait-il de changé? Mais si le philosophe apprenait la vérité? Eh bien, il serait temps alors de lui faire comprendre qu'il était le premier coupable et qu'il ne devait s'en prendre qu'à la pauvreté de ses ressources.

Si Mme du Châtelet vivait, en ce qui concerne Voltaire, dans une sécurité relative, il n'en était pas de même vis-à-vis de Mme de Boufflers.

Enlever sciemment un amant à sa meilleure amie n'était pas un acte fort délicat. C'était même une trahison qui pouvait lui être durement reprochée.

Pouvait-elle espérer lui dissimuler la vérité? Mais Mme de Boufflers était très fine, très perspicace, et on ne la tromperait pas longtemps.

Or, s'attirer le courroux de Mme de Boufflers était le pire des désastres. N'allait-elle pas vouloir se venger? N'allait-elle pas, d'un mot, faire crouler le fragile bonheur de l'imprudente qui la bravait?

L'inquiétude et le trouble de la marquise étaient extrêmes. Elle prit la résolution d'agir loyalement et de s'ouvrir avec franchise à son amie. En mettant sa conduite sur le compte d'une de ces passions entraînantes, irrésistibles, peut-être obtiendrait-elle son pardon? C'était un moyen à tenter et étant donné le caractère de Mme de Boufflers, peut-être pas le plus mauvais.. Mais c'était plus facile à dire qu'à faire. Tous les jours, la divine Émilie remet au lendemain la confidence difficile, si bien que, de lendemain en lendemain, le temps s'écoule.

Les appréhensions de Mme du Châtelet étaient du reste bien superflues. La favorite, nous le savons, n'ignorait pas ce qui se passait, Saint-Lambert ayant eu soin de ne lui rien dissimuler, dans l'espoir assez improbable de ramener par la jalousie la maîtresse qui l'abandonnait.

Mme de Boufflers, trop heureuse du prétexte qu'on lui offrait, s'empressa d'en profiter pour rompre définitivement avec Saint-Lambert, en lui reprochant amèrement son infidélité. Elle oubliait tout naturellement qu'elle lui avait donné l'exemple.

Le poète, assez confus, plaide les circonstances atténuantes, s'excuse d'un moment d'erreur, enfin sollicite son retour en grâce :

>   Quelques soupçons, un instant de colère,
>   Méritoient-ils cet excès de rigueur?
>   Malgré mes torts, tu lisois dans mon cœur :
>   En t'adorant pouvoit-il te déplaire?
>   Dans tes regards, je vois ton changement;
>   L'expression d'un tendre sentiment
>   N'anime plus ces yeux si pleins de charmes.
>   Si de Doris je feins d'être l'amant,
>   Tu ne vois rien, ou tu vois sans alarmes ;
>   Si près de toi j'ai moins d'empressement,
>   De ma froideur tu te plains froidement.

> C'en est donc fait, et je vais de mes larmes
> Payer toujours la faute d'un moment!
> Ton amitié, dans cet état funeste,
> Soutient mon cœur; ce prix m'étoit bien dû.
> Je vais jouir de tout ce qui me reste,
> Et regretter tout ce que j'ai perdu.

Mme de Boufflers ne veut pas entendre parler d'un racommodement, tout est fini et bien fini. Saint-Lambert n'a plus « qu'à jouir de ce qui lui reste ». Mais elle n'a pas de rancune et elle est femme d'esprit, et puis elle n'attache pas aux choses de l'amour plus d'importance qu'elles ne méritent. Aussi, loin de témoigner aux coupables le moindre ressentiment, elle leur fait bon visage, les prend même sous sa protection et met la plus extrême bonne grâce à favoriser leurs rendez-vous. Elle pousse même la complaisance jusqu'à laisser à Saint-Lambert la jouissance du petit appartement secret qu'elle lui a fait disposer près de la chapelle et de la bibliothèque. C'est là que la divine Émilie, suivant l'exemple de Mme de Boufflers, va nuitamment rendre visite à son amant.

Saint-Lambert, de son côté, fait contre mauvaise fortune bon cœur, et il s'attache ouvertement à Mme du Châtelet, qu'il n'a prise d'abord que par dépit.

Après tout, c'était encore assez glorieux pour un petit poète de province d'enlever au plus grand génie du siècle une maîtresse bien-aimée.

Les amours de Mme du Châtelet et de Saint-Lambert sont bientôt troublées par les soucis que la santé du jeune officier donne à sa maîtresse. Il n'est toujours pas très robuste; un jour il tombe vraiment malade : il manque de se trouver mal, il a mal à la tête, il a des taches rouges sur le corps. Vite, on fait venir Castres, qui le saigne deux fois.

La pauvre marquise est affolée :

« Mon amour m'est bien cher, mais rien ne l'est vis-à-vis de l'inquiétude où je suis. Il faut que je vous voie ou que je meure. »

Dès qu'elle a une minute de liberté, elle court soigner l'amant chéri.

Quand il va mieux, ses inquiétudes ne sont pas moins vives; les petits billets se succèdent presque sans interruption; l'amour et la médecine s'y mélangent agréablement :

« Ne vous purgez pas trop. » — « N'abusez pas de votre appétit. » — « Buvez beaucoup de tisane. » — « La limonade ne vous convient peut-être pas en ce moment. » — « Je vous envoie du thé; noyez-vous-en; prenez-le très chaud et faites-le très léger; il ne vous échauffera pas et vous fera transpirer. » — « Voilà du bouillon pour prendre très chaud, après les eaux, une heure après. »

Puis, à chaque instant, ce sont des envois de livres pour distraire le convalescent, d'eau de Sedlitz pour le dégager, de bouillon, de perdreau, de poulet pour le réconforter! Enfin, comme la marquise pratique l'antisepsie, elle adresse au cher malade des pastilles pour « embaumer sa chambre et chasser le mauvais air » ! Il faut d'abord « ouvrir les fenêtres, bien balayer, puis brûler une demi-pastille ».

La Chevalier, Antoine passent leur vie à courir de l'appartement de la marquise à la chambre de Saint-Lambert et réciproquement ; aussi sont-ils sur les dents. Quand ils n'en peuvent plus, c'est Panpan qui les remplace. Panpan est décidément né pour jouer les rôles de confident et il n'échappe pas à sa destinée. Il porte à son vieil ami Saint-Lambert les lettres, les paquets et au besoin le bouillon réparateur.

Dans la journée, le malade a quelques visites : Panpan naturellement ; puis Voltaire auquel on a persuadé qu'il était de son devoir de se rendre chez son ami ; on l'a mis, sous le sceau du secret, au courant de l'asile mystérieux qui sert de refuge à Saint-Lambert et le poète compatissant vient souvent voir son confrère en Apollon. Mme du Châtelet, qui n'ose venir seule pour ne pas faire d'éclat, l'accompagne toujours et elle peut ainsi, grâce à ce stratagème, retrouver le cher malade.

Mais, le soir, dès que la société est retirée et que tout repose dans le château, la marquise, dissimulée sous une mante, accourt chez l'adoré ; elle passe la plus grande partie de la nuit à le soigner ou à le regarder dormir.

Tant de tendresse, tant d'affection, un dévouement

si complet touchent-ils le cœur de Saint-Lambert? On pourrait le croire, car, dans sa reconnaissance, il écrit à son amie des lettres qui l'enthousiasment :

« Il est bien doux de s'éveiller pour relire vos lettres charmantes et pour sentir le plaisir de vous adorer et d'être aimé de vous. Je sens que je ne pourrais plus me passer de recevoir de ces lettres qui font le bonheur de ma vie... Jamais vous n'avez été plus tendre, plus aimable, plus adoré. »

Dans son zèle, Saint-Lambert lui adresse même quelques vers. Elle répond, ravie :

« Vos vers sont délicieux ; je les ai relus trois ou quatre fois... Je crois qu'on peut tout exiger de votre esprit comme de votre cœur ! »

Pas une lettre de Mme du Châtelet qui ne respire la passion la plus vive et qui ne se termine par ces mots : « Je vous adore, je vous aime passionnément. »

Bien entendu, elle continue à se rendre tous les soirs chez son amant, mais ces petites visites nocturnes ne sont pas toujours sans inconvénients pour un convalescent. Quelquefois la marquise a des remords et elle écrit :

« Je m'éveille avec l'inquiétude de votre santé, moi qui suis accoutumée à ne sentir que le plaisir de vous aimer et le bonheur d'être aimée de vous. Je crains bien de vous avoir trop agité hier ; ne me laissez rien ignorer sur cela. »

Fort heureusement, les alarmes de la marquise étaient vaines.

Jusqu'à présent aucun nuage n'est venu troubler le ciel bleu de Mme du Châtelet : il ne va plus en être de même. A peine rétabli, Saint-Lambert manifeste quelque indifférence, et son amie s'en alarme. Tantôt il se montre « froid et galant » ; ce n'est point l'affaire de la marquise. Je vous aime mieux « colère et tendre », lui écrit-elle.

Tantôt elle lui dit avec reproche que ses lettres « accourcissent » tous les jours comme ses visites. « Voilà de quoi il faut être repentant », ajoute-t-elle gracieusement. Quelquefois elle est jalouse de Panpan qui est plus gâté qu'elle :

« Assurément, Panpan a eu la préférence sur moi aujourd'hui et j'aurai bientôt compté les lettres que vous m'avez écrites. Si vous voulez cependant être seul et trouver un moyen de n'avoir plus de visites, je pourrai vous aller voir cet après-midi. Si cela vous fait le moindre mal de sortir, j'irai chez vous. Je suis chez moi et j'y suis toute seule. »

Il faut le reconnaître, les reproches de Mme du Châtelet sont tous sous une forme aimable et tendre :

« Puisque vous êtes éveillé, pourquoi ne venez-vous pas me voir, puisque je suis seule?... Vos œufs au bouillon vous attendent, et moi aussi ; mais je ne suis pas aussi froide qu'eux. Voulez-vous ne me voir que quand nous ne pourrons pas être seuls? La plus grande marque d'indifférence qu'on puisse donner, c'est de n'être pas avec ceux qu'on aime quand on le peut sans indécence. »

Mais Saint-Lambert ne s'émeut pas pour si peu; il reste froid et guindé. La marquise, qui s'est cru aimée, laisse éclater son chagrin et elle s'emporte en reproches, en récriminations, en scènes de jalousie. Puis elle a des remords, s'excuse, s'accuse; enfin commence pour elle une triste existence de trouble, d'agitation et d'incohérences qui ne devait cesser qu'avec sa vie.

« Que je regrette avoir été injuste hier et de n'avoir pas employé tout le temps que nous avions à être ensemble à jouir de votre amour charmant qui fait le bonheur de ma vie! Pardonnez-le-moi. Songez que je ne désire d'être aimable, tendre, estimable, que pour être aimée et estimée de vous; je pousse sur cela ma délicatesse à l'excès, mais doit-elle vous déplaire? Je connais mes défauts, mais je voudrais que vous les ignorassiez. Ce que je voudrais surtout, c'est savoir si vous avez passé une bonne nuit et que votre cœur est le même pour moi.

« Vous m'avez écrit cinq lettres hier. Quelle journée! et que j'ai bien tort d'en avoir corrompu la fin!... Adieu. Aimez qui vous adore, mais aimez-la autant qu'hier dans la journée et oublions la soirée. »

Pendant que se déroulaient ces divers incidents, la vie joyeuse de Lunéville suivait son cours plus que jamais. Tous les jours on invente de nouvelles distractions : promenades à cheval, dîners au kiosque, à Chanteheu, à Jolivet, promenades sur le canal, représentations dramatiques, etc., etc. Voltaire et son amie sont de toutes les fêtes. Le philosophe, qui continue à vivre dans une quiétude parfaite, croit le moment opportun de célébrer une fois de plus les vertus d'Émilie, et il lui adresse ces vers :

> Il est deux dieux qui font tout ici-bas ;
> J'entends qui font que l'on plaît et qu'on aime.
> Si ce n'est tout, du moins je ne crois pas
> Être le seul qui suive ce système.
> Ces deux divinités sont l'esprit et l'amour,
> Qui rarement vivent ensemble ;
> L'intérêt les sépare et chacun a son cour,
> Heureux celui qui les rassemble !
> Assez d'ouvrages imparfaits
> Sont les fruits de leur jalousie.
> Ils voulurent pourtant un jour faire la paix :
> Ce jour de paix fut unique en leur vie ;
> Mais on ne l'oubliera jamais,
> Car il produisit Émilie.

L'époque du carnaval amène une recrudescence de gaieté et d'entrain. Tous les jours il y a bal masqué, souper, et les réjouissances se prolongent souvent jusqu'à une heure très avancée de la nuit.

Un soir, le philosophe, déguisé en sauvage, accompagne Mme du Châtelet, costumée en nymphe. Une autre fois, c'est Mme du Châtelet, habillée en turc, qui promène Mme de Boufflers en sultane.

Et le poète de lui adresser ce quatrain :

> Sous cette barbe qui vous cache,
> Beau Turc, vous me rendez jaloux !
> Si vous ôtiez votre moustache,
> Roxane le serait de vous.

Comme il ne faut pas que la divine Emilie soit seule l'objet des attentions du poète, Voltaire n'oublie pas Mme de Boufflers, et il compose pour elle cette charmante épître, qui la dépeint si bien :

LE PORTRAIT MANQUÉ

> On ne peut faire ton portrait :
> Folâtre et sérieuse, agaçante et sévère,
>   Prudente avec l'air indiscret,
> Vertueuse, coquette, à toi-même contraire,
> Ta ressemblance échappe en rendant chaque trait.
> Si l'on te peint constante, on t'aperçoit légère ;
>   Ce n'est jamais toi qu'on a fait.
> Fidèle au sentiment avec des goûts volages,
> Tous les cœurs à ton char s'enchaînent tour à tour.
> Tu plais au libertin, tu captives les sages,
>   Tu domptes les plus fiers courages ;
>   Tu fais l'office de l'Amour.
> On croit voir cet enfant en te voyant paraître ;
>   Sa jeunesse, ses traits, son art,
> Ses plaisirs, ses erreurs, sa malice peut-être :
>   Serais-tu ce Dieu, par hasard ?

La vie est délicieuse, et les jours s'écoulent s'en qu'on s'en aperçoive ; tous les hôtes du château vivent dans la joie, dans un bonheur sans mélange. « Nous avons passé à Lunéville un bien joli carnaval, écrit dans son enthousiasme la divine Émilie. Le roi de Pologne me comble de bontés et je vous assure qu'il est bien difficile de le quitter. » Il était peut-être encore plus difficile de quitter SaintLambert.

Enfin le carême arriva et l'on se calma un peu; des plaisirs tranquilles remplacèrent les fêtes bruyantes.

La vie joyeuse de Lunéville allait forcément prendre fin par le départ de tous ceux qui en faisaient tout l'agrément.

Stanislas allait partir pour Versailles voir sa fille et Mme de Boufflers devait l'accompagner ; Mme du Châtelet était rappelée à Cirey par ses fermiers ; Voltaire devait être à Paris pour surveiller ses intérêts littéraires ; Saint-Lambert était déjà parti pour Nancy rejoindre son régiment.

Mme du Châtelet s'éloigne la première, ayant, avec son imagination de femme amoureuse, inventé une combinaison qui devait lui donner quelques jours de bonheur complet.

Elle prétexta un avocat à consulter, des affaires urgentes à régler, des achats indispensables à faire; bref, au lieu de regagner directement Cirey, elle alla passer quelques jours à Nancy, dans les bras de l'heureux Saint-Lambert.

Quant à Voltaire, elle lui avait aisément persuadé que les voyages ne lui valaient rien, et en particulier celui de Nancy ; qu'il serait beaucoup mieux à Lunéville, et le philosophe, plus aveugle que jamais, s'était laissé convaincre. Mme de Boufflers, mise dans la confidence, et toujours fidèle amie, s'était engagée à retenir Voltaire par ses grâces et ses flatteries, et à le garder près d'elle aussi longtemps qu'il le faudrait.

Mme du Châtelet arriva à Cirey le 1ᵉʳ mai. Dès qu'elle en reçut la nouvelle, Mme de Boufflers rendit au philosophe sa liberté.

Ce ne fut pas sans un serrement de cœur que Voltaire s'éloigna de cette cour aimable où il venait de passer des jours si doux, de ce roi excellent, dont il avait pu apprécier les qualités si rares, et qu'il aimait maintenant si sincèrement. Mais, si l'on se quittait, ce n'était pas pour longtemps. L'on était trop enchanté les uns des autres pour pouvoir désormais vivre séparés. L'on se promit, l'on se jura une rencontre prochaine. Il fut convenu qu'une fois les affaires réglées à Cirey et à Paris, on se retrouverait à Commercy à la fin de juin. Comme à Lunéville, Stanislas mettait le château à la disposition de Voltaire et de son amie.

CHAPITRE XVI

(1748)

Séjour à Cirey et à Paris (mai et juin).

Le séjour de Mme du Châtelet à Nancy a été si délicieux ; elle s'en est arrachée avec tant de peine, qu'elle a fait promettre à son amant de venir la voir à Cirey, pendant le court séjour qu'elle y doit faire avec Voltaire. Saint-Lambert naturellement a promis, parce qu'il ne pouvait faire autrement ; mais il a promis sans enthousiasme. A peine partie la marquise, se rappelant les détails de leur dernière entrevue, et ce qu'elle sait aussi du caractère de son ami, se trouble et s'inquiète ; elle lui écrit en arrivant à Cirey :

« Toutes mes défiances de votre caractère, toutes mes résolutions contre l'amour n'ont pu me garantir de celui que vous m'avez inspiré. Je ne cherche plus à le combattre, j'en sens l'inutilité ; le temps que j'ai passé avec vous à Nancy l'a augmenté à un point dont je suis étonnée moi-même ; mais, loin de me le reprocher, je sens un plaisir extrême à vous aimer et c'est le seul qui puisse adoucir votre absence.

« Je suis bien contente de vous quand nous sommes en tête à tête, mais je ne le suis point de l'effet que vous a fait mon départ. Vous connaissez les goûts vifs, mais vous ne connaissez pas encore l'amour. Je suis sûre que vous serez aujourd'hui plus gai et plus spirituel que jamais à Lunéville, et cette idée m'afflige, indépendamment de toute inquiétude. Si vous ne devez m'aimer que faiblement ; si votre cœur n'est pas capable de se donner sans réserve, de s'occuper de moi uniquement, de m'aimer enfin sans bornes et sans mesure, que ferez-vous du mien ?...

« J'ai bien peur que votre esprit ne fasse plus de cas d'une plaisanterie fine que votre cœur d'un sentiment tendre. Enfin, j'ai bien peur d'avoir tort de vous trop aimer... »

Aimer ! c'est bientôt dit, mais ce mot a-t-il pour tous deux la même signification ?

« J'attache à ce mot, lui dit-elle, bien d'autres idées que vous ; j'ai bien peur qu'en disant les mêmes choses nous ne nous entendions pas. »

La marquise vit dans un état d'agitation extrême, mais cela ne l'empêche pas de juger avec finesse et perspicacité l'homme auquel elle a si imprudemment donné son cœur :

« ... Ma lettre est pleine d'inconséquences, avoue-t-elle ; elle se ressent du trouble que vous avez mis en mon âme : il n'est plus temps de la calmer. J'attends votre première lettre avec une impatience qu'elle ne remplira peut-être point ; j'ai bien peur de l'attendre encore après l'avoir reçue. »

CHAPITRE XVI

Par un malheureux hasard, les brûlantes missives de Mme du Châtelet n'arrivent pas à Nancy aussitôt qu'elles le devraient. Ce retard provoque naturellement chez Saint-Lambert une recrudescence d'amour des plus violentes, et lui si froid, en général, écrit une lettre qui enthousiasme la marquise :

« Pourquoi faut-il que je doive la lettre la plus tendre que j'aie encore reçue de vous au chagrin de n'en avoir eu de moi ? Il faut donc ne vous point écrire pour se faire aimer ? Mais, si cela est ainsi, vous ne m'aimerez bientôt plus, car il faut que je vous dise tout le plaisir que m'a fait votre lettre; après celui de vous voir, je n'en puis avoir de plus vif...

« Voyez quel pouvoir vous avez sur moi, et combien il vous est aisé d'apaiser la rage qui s'élevait dans mon âme. Votre lettre y a remis le calme et la douceur; je me reproche de vous avoir soupçonné, je vous en demande pardon. Je m'abandonne à tout mon goût pour vous... Je ne puis être heureuse si vous ne m'aimez davantage. Il est bien sûr que je ne le puis être que par vous; j'ai assez combattu le goût qui m'entraîne vers vous pour avoir senti tout son pouvoir. »

Et comme Saint-Lambert, dans son dépit de se croire oublié, lui a reproché l'inconstance de ses goûts et d'avoir pris « pour une grande passion un de ces simples engouements dont il la croit coutumière », elle lui répond :

« Je vous jure que, depuis quinze ans, je ne me suis

connu qu'un goût ; que jamais mon cœur n'a eu rien à se refuser, ni à combattre, et que vous êtes le seul qui m'ayez fait sentir qu'il était encore capable d'aimer.

« Si vous m'aimez comme je le veux être, comme je mérite de l'être, comme il faut aimer enfin pour être heureux, je n'aurai que des grâces à rendre à l'amour...

« Cette lettre n'est pas aussi tendre que mon cœur. Croyez que je vous aime encore plus je ne vous le dis... »

Toutes les lettres de Mme du Châtelet se terminent par l'éternel refrain : « Venez à Cirey. » Mais elle a beau insister, s'impatienter, assurer Saint-Lambert que ce voyage n'aura « aucun des inconvénients qu'il peut craindre », que « Voltaire vit dans une sécurité parfaite » ; le jeune homme estimant qu'il jouerait un rôle assez piteux en venant troubler le tête-à-tête de la marquise et du philosophe, ne peut se décider.

Et puis, il projette en ce moment même un voyage en Angleterre et en Toscane avec le prince de Beauvau ; tous leurs préparatifs sont faits, tout est arrêté. Il n'a pas une minute à lui. Il faut même qu'il aille passer quelques jours à Lunéville pour régler certaines affaires urgentes avant de s'éloigner.

A la première nouvelle de ce déplacement qui peut paraître cependant naturel, Mme du Châtelet est hors d'elle-même et elle ne peut dissimuler plus longtemps le soupçon qui la ronge, l'inquiétude qui empoisonne sa vie :

« Je vous défends de quitter Nancy, répond-elle à Saint-Lambert; c'est un sacrifice que j'exige de vous et que vous me devez... Je me trouve bien extravagante de vous disputer à la plus aimable femme du monde ! »

Cette fois l'aveu lui a échappé, elle est jalouse, et jalouse de qui? de sa meilleure amie, de Mme de Boufflers.

La pensée qu'elle est éloignée, que la marquise et le bel officier peuvent se voir sans contrainte à toute heure du jour ou de la nuit, torture la malheureuse femme et lui fait souffrir mille morts.

Au fond, avec sa perspicacité féminine, elle devine bien qu'elle tient la place d'une autre, que son amant l'aime peu ou point, que son cœur est resté à la maîtresse adorée, à Mme de Boufflers; bien qu'elle cherche à se persuader le contraire, elle devine que, s'il ne dépendait que de Saint-Lambert, les liens anciens seraient vite renoués.

Ces soupçons, si douloureux pour son amour-propre, n'ont pris corps que peu à peu; elle n'a pas voulu y croire, d'abord : elle les a chassés, mais à la moindre alerte ils reviennent plus violents que jamais; alors elle ne peut se contenir, elle éclate en reproches, en récriminations, elle se voit environnée d'embûches : « Mon cœur et la vérité de mon caractère sont bien déplacés au milieu de tant de faussetés et de tant de manèges, s'écrie-t-elle rageusement, j'aime mieux en être la victime que de l'imiter. »

Pour avoir la paix et apaiser les soupçons de son

amie, Saint-Lambert se décida enfin à lui donner satisfaction et à aller passer vingt-quatre heures à Cirey. Cettte courte visite permit aux deux amants de se réconcilier, et les inquiétudes de la marquise se trouvèrent calmées, au moins pour un temps.

Le 15 mai, Voltaire et la divine Émilie étaient réinstallés à Paris.

Mme du Châtelet s'occupe immédiatement de ses affaires; en même temps elle recommence à travailler à son *Commentaire sur Newton*, qui est attendu, promis, annoncé depuis deux ans, et dont sa réputation dépend. Mais c'est un ouvrage qui demande le plus grand recueillement et la plus grande application et avec la vie qu'elle mène, elle a bien de la peine à y travailler.

Le philosophe n'est pas moins absorbé. Il lui faut revoir tous ses amis, s'occuper de ses ouvrages, de ses tragédies, des représentations, visiter les comédiens, stimuler leur zèle, etc. Il n'a pas une minute à lui.

Pendant son court séjour à Cirey, il a écrit à Stanislas pour lui témoigner sa gratitude des bienfaits dont il a été comblé.

A peine arrivé à Paris, il reçoit du roi ce mot charmant :

« Lunéville, 17 mai 1748.

« J'ai cru, mon cher Voltaire, jusqu'à présent, que rien n'était plus fécond que votre esprit supérieur;

mais je vois que votre cœur l'est encore plus. J'en reçois les marques bien sensibles ; j'aime son style au delà du style le plus éloquent. Je veux tâcher de me mettre au niveau en répondant à vos sentiments par ceux que votre incomparable mérite m'a inspirés et par lesquels vous me connaîtrez toujours tout à vous et de tout mon cœur.

« STANISLAS, roi. »

Mme du Châtelet était plus éprise que jamais ; elle écrivait par chaque poste des volumes à son cher Saint-Lambert, et pour éviter les indiscrétions elle les adressait au fidèle Panpan, qui se chargeait de les faire parvenir à leur destination. La divine Émilie jouissait à ce moment d'un calme d'esprit complet, car Mme de Boufflers était venue faire un séjour à Paris, et de ce côté au moins elle avait tout apaisement ; aussi, pendant cette période, les lettres de la marquise sont-elles remplies de tendresses, de caresses, et des expressions de l'amour le plus exalté :

« Je voudrais passer la nuit à vous écrire, mais il est trois heures et je meurs de sommeil et de douleur d'être à quatre-vingts lieues de vous ; cela m'est tous les jours plus sensible, je vous aime tous les jours davantage.. Mon cœur vous adore sans distraction et sans interruption.... Je vous adore et je ne connaîtrai le bonheur que lorsque je serai réunie à vous pour jamais. »

Malheureusement le séjour de Mme de Boufflers à Paris est de courte durée ; rappelée par le vieux roi qui ne peut se passer d'elle, elle reprend la route de la Lorraine. Aussitôt recommence pour Mme du Châtelet une existence cruelle, remplie d'inquiétudes et de tourments.

A peine la favorite est-elle rentrée à Lunéville que Saint-Lambert y retourne également. Cette précipitation paraît bien suspecte à la marquise. Et puis par une fâcheuse coïncidence, depuis qu'il est à Lunéville les lettres du brillant officier se font de plus en plus rares ; elles ne sont ni longues, ni tendres ; l'écriture en est large ; elles ne ressemblent point à celles de Nancy ! On ne peut s'y tromper : « Pourquoi ne m'aimez-vous jamais autant à Lunéville qu'à Nancy ? » demande la marquise soupçonneuse. Et pour elle la réponse n'est pas douteuse.

Tantôt la pauvre femme qui se croit abandonnée, sacrifiée, prie, supplie, mendie des lettres :

« Je suis persuadée qu'il partirait une lettre de Lunéville tous les jours si vous vouliez... Si vous saviez la différence que cela fait dans ma vie et dans mon bonheur, vous auriez cette complaisance ; mais pourquoi faut-il que c'en soit une ! »

Tantôt elle s'indigne de l'abandon dans lequel il la laisse :

« Vous êtes comme le sylphe, lui dit-elle, *non, vous n'aimez qu'à tourmenter mon âme...*

« Avez-vous des caprices impardonnables ! Vous avez voulu que je vous aimasse à la folie et nous faisons les seaux du puits. Plus je vous aime et moins vous m'aimez...

« Je vous l'ai prédit que je vous serais insupportable quand je vous aimerai autant que je puis aimer. Pourquoi l'avez-vous voulu? Croyez qu'il n'est pas aisé de faire mon bonheur. Avez-vous voulu que je vous adore pour me tourmenter ou pour me sacrifier? Il me vient de temps en temps des idées bien tristes. »

Mais Saint-Lambert, s'il écrit peu, a eu l'adresse de commencer sa réponse par ces mots : « Ma chère maîtresse. » Cette petite tendresse comble de joie la marquise qui oublie tout et écrit dans son ravissement :

« Je ne veux rien vous reprocher aujourd'hui, je ne veux que vous adorer et vous remercier de m'avoir rendu la vie : en vérité, je vous aurais fait pitié si vous aviez vu l'état où j'étais, et cet état dure depuis que je vous sais à Lunéville...

« L'amour veut que je sois heureuse puisqu'il m'a fait rencontrer un cœur comme le vôtre, mais je voudrais que vous eussiez pu être témoin de ce qui s'est passé dans mon cœur quand j'ai lu écrit dans votre lettre : « Ma chère maîtresse. »

« N'allez pas abuser du pouvoir que vous avez sur moi ; vous pourriez me tromper, il est vrai, mais je vous en crois incapable ; je ne crains rien de vous que la faiblesse de vos sentiments, mais songez que c'est le plus grand de tous les crimes.

« Vous m'avez fait voir comment vous écrivez quand vous aimez ; écrivez-moi toujours de même et je serai trop heureuse.

« Adieu, je vous aime passionnément et je vous aimerai toute ma vie si vous voulez. »

Mais ce qui efface tout, ce qui fait oublier à la marquise ses chagrins et ses peines, c'est que Saint-Lambert lui mande qu'il ne quitte pas la Lorraine, qu'il lui sacrifie non seulement son voyage en Angleterre, mais aussi celui qu'il projetait en Toscane ; elle est ravie, elle exulte :

« Ce qui guérit toutes les plaies de mon cœur, ce qui le transporte de joie et d'amour, c'est que vous restez en Lorraine : alors la tête me tourne de plaisir et d'amour. Croyez que vous ne connaissez pas mon cœur, qu'il est plus tendre mille fois que vous le croyez, et que mes expressions quelque passionnées qu'elles soient sont toujours au-dessous de mes sentiments, parce qu'il n'y en a aucune qui puisse rendre ce que je sens pour vous.

« Vous n'allez point en Toscane et n'y allez point pour moi ; non, je ne puis trop vous aimer, mais aussi je vous jure qu'il est impossible de vous aimer davantage.

« Vous n'allez point en Toscane, si vous saviez comme cela pénètre mon cœur !... Je vous adore, je vous adore ! »

CHAPITRE XVI

Mme du Châtelet ne pense qu'à son ami; il n'est sorte d'amabilité, de gracieuseté qu'elle n'imagine pour lui être agréable. Elle fait faire pour lui une montre dont le boîtier s'ouvrira par un secret et qui contiendra son portrait. Elle demande naïvement à Saint-Lambert s'il veut la copie de celui que possède Voltaire, ou s'il en désire un autre, qu'on ferait spécialement pour lui. Saint-Lambert, qui n'a pas de préjugés, répond que celui, qui a déjà fait le bonheur de Voltaire, lui convient à merveille; mais il désire qu'elle soit habillée et coiffée comme dans son rôle d'Issé.

Une autre fois, ce sont les agréments personnels de son ami qui préoccupent la marquise :

« Je vous envoie une bouteille énorme d'huile de noisette tirée sans feu, lui écrit-elle; il est étonnant comme cela fait venir les cheveux, et je vous prie de vous en inonder la tête comme un pharisien; vous verrez quel effet cela fera. Vous savez que je ne veux pas que vous les coupiez; il est juste que j'en aie soin. Mais si ce présent vous fait trop de peine à recevoir, vous pouvez me renvoyer une bouteille d'huile de lampe, car c'est précisément le même prix. »

Cependant Mme du Châtelet a entendu dire que l'abbé de Bernis a composé un poème des *Saisons*. Elle s'en inquiète parce que Saint-Lambert a l'idée de traiter le même sujet. Alors elle invite l'abbé à souper en le priant d'apporter son poème, ou du moins ce qu'il y en a de fait. Hélas! son plan est exactement le même que celui de Saint-Lambert; c'est à croire qu'il en a eu connaissance par le vicomte d'Adhémar ou par Panpan.

La marquise est navrée.

N'est-ce pas désolant, en effet, qu'on ait pris à l'adoré un sujet qui était fait exprès pour son talent?

Mais le poète, que ces nouvelles mettent de fort méchante humeur, au lieu de remercier la marquise de la peine qu'elle a prise, la morigène très vertement de s'être mêlée de ce qui ne la regardait pas.

« Ma foi, lui répond-elle gaiement, je voulais vous rendre service. Je vous assure que ce n'était pas pour mon plaisir que j'ai entendu les *Saisons* de M. de Bernis. »

Sur ces entrefaites, Saint-Lambert raconte à la divine Émilie qu'il a eu une querelle avec Mme de Boufflers, et même une querelle très violente. Elle lui répond :

« 5 juin 1748.

« Vous m'inquiétez extrêmement par ce que vous me dites de votre brouillerie avec Mme de Boufflers et des explications que vous avez eues et dans lesquelles vous avez craint de me brouiller avec elle. Comment se fait-il que j'y aie été mêlée? Il ne me faudrait plus que cela!

« Vous savez si j'ai le moindre reproche à me faire sur son compte, si mon amitié s'est démentie un moment, et si je ne pourrais pas l'avoir rendue témoin de tout ce que je vous ai dit d'elle! Mais l'innocence ne sert à consoler que dans les choses où le cœur n'a pas de part; elle ne suffit pas pour me rassurer, elle ne suffirait pas pour me consoler; car, quoique vous ne vouliez pas croire à mon amitié pour Mme de Boufflers, quoique vous en tourniez la vivacité en ridicule, il est cependant très vrai que mes expressions ne sont pas au delà de mes sentiments et que je l'aime avec toute la tendresse que je lui marque. Jugez donc combien je suis effrayée d'avoir l'ombre d'une tracasserie avec elle.

« Je vous demande en grâce de m'éclaircir cela, et de me marquer du moins sur quoi cela roule, et si cela n'a laissé aucun nuage dans son cœur.

« Je vous avoue que je ne me consolerais jamais, je ne dis pas de perdre son amitié, mais de la voir diminuer, et que la crainte et les explications prissent la place de la confiance et de la vérité, qui fait le fondement et le charme de notre commerce. »

Saint-Lambert qui joue un double jeu et qui a beaucoup de peine à se maintenir en équilibre, entre la maîtresse passée qu'il regrette, et la maîtresse présente dont il ne demanderait qu'à se défaire, ne serait pas fâché d'amener entre les deux dames une brouille qui simplifierait sa situation; il s'y emploie de son mieux. Mais Mme du Châtelet ne se laisse pas émouvoir par de perfides insinuations; elle répond vertement :

« Il ne tiendrait qu'à vous que je prisse Mme de Boufflers en aversion par tout ce que vous m'en dites, mais ses lettres démentent toujours les vôtres. Je suis bien plus contente de son amitié que de votre amour, et c'est à quoi je ne m'attendais pas... Mme de Boufflers m'aime beaucoup mieux que vous. »

La marquise était d'autant moins désireuse d'avoir des tracasseries avec Mme de Boufflers qu'elle comptait beaucoup sur elle pour l'aider à réussir dans l'affaire qui lui tenait le plus à cœur, le commandement de Lorraine.

Cette affaire était loin de se terminer comme elle l'avait espéré; elle prenait même une très mauvaise tournure et les nouvelles qu'envoyait Mme de Boufflers étaient rien moins que rassurantes.

Cette question était pour la marquise une « question de vie ou de mort ».

« Si M. de Bercheny a le commandement, écrit-elle, il est impossible que M. du Châtelet et moi remettions le pied en Lorraine; il n'y a ni charge ni bienfait qui effacera le dégoût de voir un Hongrois, son cadet, commander à sa place, et rien ne le doit faire supporter. »

Et puis n'est-ce pas elle qui a fait venir M. du Châtelet de Phalsbourg où il vivait heureux? N'est-ce pas elle qui lui a fait faire cette fausse démarche, qui lui cause ce dégoût, qui lui « casse le cou »? Le moins qu'elle pourra faire honnêtement, ce sera de retourner vivre à Cirey avec lui. Séduisante perspective!

De plus, si elle abandonne la Lorraine, elle ne pourra plus voir Saint-Lambert qu'à de rares moments ; or, elle connaît la légèreté naturelle de son amant ; il se dégoûtera bien vite d'un commerce si difficile et si rare.

« Je compte si peu sur votre cœur, lui dit-elle, votre caractère est si différent du mien que vous seriez incapable de m'aimer longtemps, même dans le sein du bonheur ; jugez si vous m'aimerez malheureuse et d'une espèce de malheur qui nous sépare nécessairement. »

Tous les soucis que lui donne le caractère dur et quinteux de son amant, toutes les préoccupations que lui inspire l'avenir de son mari, ont mis Mme du Châtelet dans l'état le plus lamentable ; elle ne dort ni ne mange, elle ne fait que végéter ; elle a continuellement la fièvre, « pas assez pour perdre toute sensibilité, mais assez pour joindre les souffrances du corps aux chagrins de l'âme ».

Son état moral, en effet, n'est pas meilleur que le physique : sa douleur est si profonde qu'elle ne peut supporter aucune dissipation et que la société lui est devenue insupportable. Elle a la tête « complètement à l'envers », elle est devenue tout hébétée, et elle a été obligée de suspendre tout travail.

Son changement physique est affreux ; il n'y a que son cœur qui reste immuable.

Saint-Lambert ne prend qu'une part très relative aux chagrins de son amie et à ses lamentations ; il s'en émeut fort peu et il reste volontiers plusieurs postes sans lui écrire. Il est vrai que, si par hasard il ne reçoit pas de lettre par tous les courriers, il manifeste aussitôt beaucoup de mauvaise humeur ; il se dit sacrifié, oublié ; il en arrive même, pour un motif aussi futile, jusqu'à menacer d'une rupture.

Mme du Châtelet, après s'être révoltée contre « les injustices et les briganderies des hommes », lui répond tristement :

« 10 juin 1748.

« Comment pouvez-vous toujours me soupçonner ? Puis-je vous négliger un moment ? Je vous jure que je vous ai écrit toutes les postes, je vous jure que mon cœur est plein de vous et ne peut s'occuper d'autre chose... Vous m'écrivez la lettre la plus sèche, et, hors un congé, on n'en peut pas voir de plus cruelle. Vous oubliez que vous m'avez mandé de vous écrire à Nancy, et que vous êtes à Lunéville, et que cela fait deux jours de différence. Je peux mourir, les courriers peuvent perdre vos paquets, mais je ne puis jamais vous négliger un moment, ni manquer à vous écrire. On n'aime guère quand on est si désinvolté et si détaché, qu'on traite si cavalièrement sa maîtresse, et qu'on est si prêt à l'abandonner...

« Ne me mettez pas à de telles épreuves, ma tête n'est pas assez bonne pour cela ; quand mon cœur la conduit, elle n'a pas le sens commun.

CHAPITRE XVI

« ... Vous avez trop l'air de me mettre le marché à la main et de ne tenir à rien. Comment voulez-vous qu'on ait avec vous cette confiance et cette sûreté sans laquelle mon cœur n'est point à son aise et ne peut bien aimer? Peut-être vaudrait-il mieux n'être que votre amie... mais je n'ai point envie d'être votre amie, fâchez-vous-en si vous voulez. »

Cependant Mme de Boufflers, ainsi que la divine Emilie le lui a demandé, s'est entremise très activement en faveur de M. du Châtelet; elle a redoublé d'insistance auprès du roi, et employé tous ses moyens de persuasion pour obtenir la nomination du marquis; elle a échoué devant l'obstination de Stanislas, qu hésite toujours entre le Hongrois et le Lorrain et ne peut se décider.

Mme du Châtelet, qui sait par la correspondance à peu près quotidienne qu'elle entretient avec la favorite, les efforts tentés en sa faveur, écrit avec reconnaissance :

« Mme de Boufflers est une amie adorable. Elle met une sensibilité dans l'amitié, dont à peine je l'eusse cru capable; et, quoique je l'aime avec une tendresse extrême, je trouve que je ne l'aime point trop. »

Tant de marques d'attachement méritent bien quelques remerciements et Mme du Châtelet veut aller les porter elle-même à son amie. Et puis n'a-t-elle pas promis au roi de Pologne de revenir à la fin de juin?

Bien qu'elle en veuille cruellement au roi de son

injuste obstination, elle veut tenir sa parole, et elle se dispose à aller rejoindre la cour à Commercy.

Certes, si elle n'écoutait que ses intérêts, elle n'irait pas, car elle ne peut espérer obtenir ce qu'on a refusé aux instances de Mme de Boufflers, et « le dégoût d'échouer » sera plus grand quand elle l'aura été chercher elle-même.

D'autre part, si le bonheur de retrouver l'homme qu'elle aime devrait seul suffire à l'attirer en Lorraine, les humeurs de Saint-Lambert, ses mauvais procédés ont fini par lui enlever toute sécurité et elle part sans courage et sans confiance.

« Peut-être ne m'aimerez-vous plus quand j'arriverai, écrit-elle, et je crains toujours de vous aimer mal à propos, et j'avoue que je désire souvent de ne vous avoir jamais aimé... Je tâche toujours de tenir mon âme dans une telle situation que je trouve des ressources dans mon courage, dans ma philosophie, et surtout dans mon goût pour l'étude, si vous m'abandonnez. Vous me présentez trop souvent cette idée pour que je la perde, et vous me reprochez ensuite de vous aimer moins. Mais comment voulez-vous qu'on se livre au plaisir d'aimer quand on craint à tout moment de s'en repentir? »

Soit qu'il soit sensible aux reproches, soit que l'arrivée prochaine de sa maîtresse réveille un peu son goût, Saint-Lambert se décide enfin à écrire une lettre tendre, aimable. La marquise, qui ne demande qu'à croire à l'amour qu'elle inspire, est ravie. Elle écrit gaiement :

« J'ai pensé vous jouer un beau tour ; j'ai pensé me tuer en descendant de carrosse ; j'ai une jambe tout écorchée, et, comme je ne cesse de marcher, je pense que j'arriverai avec une jambe pourrie comme Philoctète. Ç'aurait été bien mal prendre mon temps, car vous m'aimez trop pour que je n'aime pas la vie. Je crois que je parviendrai à avoir la même santé que vous, car j'ai des battements de cœur perpétuels ; je ne retrouverai mon bonheur et ma santé qu'à Commercy. Je le sens bien, puisque vous y êtes...

« Vous m'avez bien des obligations, s'il est vrai que je sois assez heureuse pour vous avoir fait connaître le plaisir de bien aimer ; il vous rend bien aimable et il est impossible d'être si tendre et de faire à ce point la félicité d'un autre sans être heureux soi-même.

« Non, ne le croyez pas, je ne verrai que vous à Commercy ; mes yeux ne verront et ne chercheront que vous, et toutes mes paroles les plus indifférentes voudront vous dire que je vous adore. Je m'abandonne au plaisir de vous aimer, et je ne me le reproche plus, car je suis contente de votre cœur et votre amour enflamme le mien. »

La réunion à Commercy est fixée au 1er juillet. Mme du Châtelet en est folle de joie. Elle passe des nuits sans sommeil ; sa santé est toujours déplorable, mais son amour augmente.

Elle partira de Paris le samedi 29 juin. Elle n'a pas fait le quart de ce qu'elle a à faire, et malgré cela elle accomplit en huit jours ce qui exigerait bien trois mois. Cette activité fébrile met son sang dans une agitation bien contraire à sa figure et à sa santé, mais qui prouverait à son ami combien elle l'aime, s'il en était témoin.

Elle écrit à Saint-Lambert, à cinq heures du matin :

« Je ne sais si votre cœur est digne de tant d'impatience. Quand je songe aux lettres que j'ai reçues de vous, je me trouve bien déraisonnable de vous tant aimer, de désirer si passionnément de vous revoir ; ne croyez pas que vous tiendrez éternellement ainsi mon âme dans votre main, et qu'après m'avoir désespérée il vous suffira de m'écrire une lettre tendre pour me rendre tout mon amour. Ne mêlez plus d'amertume au plaisir que je trouve à vous aimer ; laissez-moi jouir du charme que je trouve dans votre amour. Quoique je sois peut être plus géomètre que vous, je ne suis pas si composée. Je ne vous dirai pas que je vous aimerai toujours *à proportion* de ce que je serai aimée ; mais je vous dirai bien que je ne puis être heureuse en vous aimant, si vous ne m'aimez avec excès. Souvenez-vous qu'en fait d'amour, *assez* n'est point *assez*.

« Adieu. Je me meurs d'impatience de vous dire moi-même combien je vous aime. »

CHAPITRE XVII

(1748)

Séjour de Voltaire et de Mme du Châtelet à Commercy, du 29 juin au 10 août; à Lunéville, du 11 au 26 août.

Voltaire et Mme du Châtelet quittent Paris au jour fixé, c'est-à-dire le 29 juin 1748. Ils se rendent directement à Commercy pour rejoindre le roi de Pologne qui y est installé depuis le 15 juin.

S'il faut l'en croire, le philosophe part sans enthousiasme, il suit *son astre* « cahin caha »; comme d'habitude il est agonisant et il a fallu « l'empaqueter » pour Commercy.

Le fidèle Longchamp accompagne ses maîtres.

Naturellement le voyage ne peut s'accomplir sans encombre. A Châlons-sur-Marne l'on s'arrête à l'hôtel de *la Cloche* pour changer de chevaux. La marquise, qui éprouve quelque fatigue, demande à Longchamp de lui faire apporter un bouillon. Mais la maîtresse de l'hôtel, qui sait par les indiscrétions du postillon à quels illustres voyageurs elle a affaire, se fait un devoir de les servir elle-même.

Quand Longchamp veut régler la dépense, l'hôtesse

demande modestement un louis, soit 24 livres, pour prix de son bouillon. Longchamp stupéfait en réfère à la divine Émilie qui jette les hauts cris, proteste, s'indigne. Mais la femme ne veut rien entendre; elle déclare qu'un louis est chez elle le prix « d'un œuf, d'un bouillon ou d'un dîner », et qu'elle ne diminuera pas un sol.

Voltaire, qui s'impatiente au fond de sa chaise de poste, descend à son tour et intervient dans la discussion. Il le fait d'abord avec bonhomie; il déclare s'en rapporter aux sentiments honnêtes de cette femme; il lui explique qu'il ne demande qu'à payer un prix raisonnable, mais que sa prétention est exorbitante; que jamais, dans aucun pays, un bouillon n'a coûté un louis, etc.; toute son éloquence échoue devant l'entêtement de l'aubergiste.

Alors le philosophe se met en colère; il déclare qu'il ne veut pas être volé, qu'il ne paiera pas, qu'il ira plutôt devant la justice de son pays, etc.

Mais l'hôtesse, loin de se laisser intimider, se fâche de son côté; elle crie plus fort que Voltaire et Mme du Châtelet; elle crie qu'on refuse de lui payer ce qu'on lui doit, qu'elle va appeler la maréchaussée, faire arrêter les voyageurs; elle prend à témoin ses concitoyens qui peu à peu sont accourus au bruit et forment autour de la chaise de poste un cercle très hostile. Malgré tout, Voltaire, fort de son droit, ne veut rien entendre. Mais Mme du Châtelet lui montre la foule qui les entoure, et lui dit à voix basse que tout cela peut fort mal tourner; il cède donc et paye le louis, objet du litige, mais non sans pester et sans envoyer à tous les diables Châlons-sur-Marne et son hôtel, et en jurant que de sa vie il ne s'arrêtera dans cette localité où l'on détrousse si bien les voyageurs.

Ils repartent accompagnés par les huées des aimables habitants de cette ville hospitalière.

Enfin, après trois jours de route, l'on arrive à Commercy le 1ᵉʳ juillet, à huit heures du soir. Voltaire à l'agonie, n'en pouvant plus; Mme du Châtelet, au contraire, soutenue par l'espoir de tomber dans les bras de son cher amant, ne sent pas la fatigue et se montre plus jeune et plus alerte que jamais.

Tous deux descendirent au château où leurs appartements étaient préparés. L'entrevue avec le roi fut des plus touchantes; enfin après des embrassades sans fin et après s'être bien dit tout le plaisir que l'on avait à se revoir, l'on se sépara, remettant au lendemain toutes les choses intéressantes que l'on avait à se raconter.

Une première déception, et la plus cruelle, attendait Mme du Châtelet. Elle arrivait impatiente, comptant sur une nuit d'amour qui lui ferait oublier les tristesses d la séparation; elle croyait voir Saint-Lambert en débarquant, ou tout au moins trouver un mot lui indiquant où et comment elle pourrait le rencontrer; rien, personne, pas un mot. Désolée, désespérée, elle envoie son valet de chambre courir la ville, tâcher de se renseigner. Impossible de découvrir le bel officier ! Force fut d'y renoncer. La marquise, désolée, en est réduite à remplacer les effusions sur lesquelles elle comptait par une longue lettre où elle reproche à son ami sa maladresse. Il lui était si facile d'envoyer Antoine, son valet de chambre, au château ; il aurait vu la Chevalier et lui aurait indiqué le lieu du rendez-vous. Pour n'avoir pas trouvé cela il fallait avoir bien peu d'imagination ou bien peu d'empressement.

« Je ne vous sais pas mauvais gré de n'être pas venu, lui écrit-elle outrée, mais bien de ne m'en avoir marqué aucun empressement, et de n'avoir vu que les difficultés sans songer aux expédients... Vous avez si peu d'empressement que je trouve que je suis revenue beaucoup trop tôt. Je ne m'attendais pas à passer la nuit à vous gronder, mais je me gronde bien plus de vous avoir montré tant d'empressement. Je saurai me modérer et prendre votre froideur pour modèle. Adieu, j'étais bien plus heureuse hier au soir, car j'espérais vous trouver amoureux. »

Enfin ils se virent le lendemain et ce malencontreux incident fut vite oublié.

L'appartement que Voltaire occupait dans le château était situé au second étage de l'aile gauche et donnait sur les jardins. Celui de Mme du Châtelet était au rez-de-chaussée, dans la même aile ; les croisées donnaient sur la grande cour du fer à cheval.

CHAPITRE XVII

Comment la marquise et Saint-Lambert allaient-ils s'arranger pour se voir facilement? On se rappelle l'ingénieuse combinaison qui, grâce à la connivence du curé, permettait au jeune homme, lors des séjours de la cour à Commercy, de se rendre chaque soir chez Mme de Boufflers. N'était-il pas superflu d'imaginer un autre stratagème? Puisque celui-là avait si bien réussi pour Mme de Boufflers, autant valait s'y tenir, et l'utiliser pour celle qui lui avait succédé. Ainsi pensa Saint-Lambert, et il se rendit chez le curé qui, toujours complaisant, s'empressa de mettre à sa disposition le précieux appartement. De cette façon les deux amants pouvaient se voir aussi fréquemment qu'ils le voulaient, sans que Voltaire ni Stanislas eussent le moindre soupçon de ce qui se passait. Seule la favorite était dans la confidence et elle se prêtait de bonne grâce aux désirs de ses amis.

Ces visites nocturnes n'étaient pas toujours sans inconvénients ni danger. Une nuit Mme du Châtelet, au lieu de passer par l'orangerie, voulut prendre par les jardins; elle tomba dans un trou nouvellement creusé, et elle n'en sortit qu'à grande peine et fortement contusionnée; c'est par miracle qu'elle échappa à un affreux accident.

La présence du philosophe et de la marquise avait rendu à la cour de Stanislas toute sa gaieté et tout son entrain.

Bien que Voltaire soit arrivé à l'agonie et qu'il

affirme que son état ne s'améliore pas, il est de toutes les fêtes, de tous les divertissements. On donne des concerts, des soupers, des spectacles. Mme du Châtelet, qui veut à tout prix plaire au roi de Pologne, se multiplie; elle joue toutes les pièces qui ont déjà été données à Sceaux. Elle représente avec succès *la Femme qui a raison*, *le Double Veuvage*, les opéras du *Sylphe*, de *Zelindor*. Mme de Boufflers, Mme de Lenoncourt, Mme de Lutzelbourg, M. de Rohan-Chabot, Panpan, Porquet, etc., Voltaire lui-même lui donnent la réplique. Ces représentations ont le plus grand succès : « On a de tout ici, hors du temps, écrit le philosophe. Il est vrai que les vingt-quatre heures ne sont pas de trop pour répéter deux ou trois opéras et autant de comédies. »

A la fin du *Double Veuvage*, Mme de Boufflers adresse au roi ces quelques vers de Saint-Lambert :

> De la raison j'apprends l'usage,
> Pour aimer vos vertus, pour respecter vos lois.
> Je consacre à vous rendre hommage
> Les premiers accents de ma voix.

Après la représentation de *Zelindor*, c'est à Mlle de la Roche-sur-Yon, qui est arrivée le 6 août, que Mme de Boufflers récite ce quatrain de Voltaire :

> Princesse, dans ces lieux on vous répète encore
> Des sons par l'Amour applaudis.
> Vous entendrez chanter : *Qui vous voit, vous adore*.
> Tous nos cœurs vous l'ont déjà dit.

Voltaire était l'âme de tous les plaisirs. Les jours où l'on ne jouait pas la comédie, on s'assemblait dans l'appartement du roi et l'on faisait des lectures. C'est là que pour la première fois le philosophe lut ses contes de *Zadig*, qu'il venait d'achever, et de *Memnon et Babouck*, peinture des mœurs de Paris. C'est là également qu'avant de l'envoyer aux Comédiens Français, qui devaient la représenter le 17 juillet, il donna lecture, en grande cérémonie, de sa pièce de *Nanine* (1).

Entre temps, Voltaire rime des madrigaux pour les dames. Lui, qui s'entend si bien en flatteries, n'a garde d'oublier celle qui est toute-puissante dans l'esprit du roi. C'est à elle qu'il dédie ses meilleures chansons :

CHANSON POUR LA MARQUISE DE BOUFFLERS

Pourquoi donc le Temps n'a-t-il pas,
Dans sa course rapide,
Marqué la trace de ses pas
Sur les charmes d'Armide ?
C'est qu'elle en jouit sans ennui,
Sans regret, sans le craindre.
Fugitive encor plus que lui,
Il ne saurait l'atteindre.

Comme il ne faut pas que Mme du Châtelet puisse s'aviser de jalousie, Voltaire, en lui offrant un de

---

(1) Il fit imprimer son conte de *Zadig* chez Leseure de Nancy, et chez le libraire Briflot, à Bar, la 4ᵉ édition du *Panégyrique de Louis XV*.

ses ouvrages, lui adresse ces compliments flatteurs :

> A vous qu'il est si doux et de voir et d'entendre,
> Qui remplissez si bien mon esprit et mon cœur,
> Qui savez tout penser, tout dire et tout comprendre,
> Vous dont l'esprit sublime et dont l'amitié tendre
> Font mon étonnement ainsi que mon bonheur.

La vie s'écoule plus charmante encore peut-être à Commercy qu'à Lunéville, car Commercy « étant réputé campagne » l'étiquette est moindre, s'il est possible.

Chaque jour amène des distractions nouvelles. Tantôt on va donner à manger aux cygnes, tantôt on rame sur le grand canal; tantôt on va goûter dans la forêt, à la Fontaine Royale; tantôt on visite les environs en carrosse ou à cheval. Voltaire rajeunit à vue d'œil; il charme toute la cour par sa gaieté et sa verve inépuisables.

C'est pendant ce séjour à Commercy, s'il faut en croire Mme de la Ferté-Imbault, que le roi de Pologne eut la fantaisie de faire faire le portrait de Mme de Boufflers; mais la marquise, qui détestait les portraits et qui de plus craignait l'ennui et la fatigue des séances, s'y refusait toujours obstinément. Stanislas eut alors recours à un stratagème : « il imagina de faire venir en même temps que l'artiste un cordelier auquel il donna l'ordre de lire à haute voix, pendant chaque séance de peinture, les *Contes* de la Fontaine ; le contraste entre le livre et le lecteur égayait tellement Mme de Boufflers qu'elle consentait à se tenir tranquille ».

Le 25 juillet au matin toute la cour admire une superbe éclipse de soleil. Le roi, les courtisans, Voltaire, tout le monde est armé de verres fumés pour mieux observer le phénomène. Malheureusement les nuages ont empêché d'en voir le commencement : « A neuf heures quarante-trois, il y avait près d'un doigt, et à midi quarante-trois le soleil était encore éclipsé de plus d'un demi-doigt. Les montres étaient montées sur un cadran solaire qui est dans la cour du château. » Mme du Châtelet, grâce à ses connaissances techniques, éblouit toute la cour.

Voltaire est ravi : il mène une vie délicieuse, il est dans un beau palais, il jouit de la plus grande liberté, il travaille à ses heures, Mme du Châtelet est près de lui, que peut-il désirer de plus? Mais il a si bien pris l'habitude de se plaindre qu'il écrit malgré tout à d'Argenson : « Je suis un des plus malheureux êtres pensants qui soient dans la nature. »

Mme du Châtelet est non moins ravie de son séjour : « Le roi de Pologne est très aimable, écrit-elle à d'Argental, et d'une bonté qui m'enchante. »

A propos des d'Argental, ils doivent venir en août faire une visite à Cirey. C'est entendu et promis. Mais comment quitter Commercy où l'on s'amuse tant, où l'on a tant à faire, où l'on est absorbé du matin au soir, et où l'on est si bien fêté? comment quitter ce roi de

Pologne, si aimable, si bon? Quand on lui parle de s'éloigner, il jette les haut cris, il refuse. Quoi, l'on attend les d'Argental à Cirey! Eh bien! qu'ils viennent à Commercy, le roi les invite.

« Plus de Cirey, mes chers anges, écrit Voltaire à d'Argental, le 2 août. Nous avons représenté au roi de Pologne, comme de raison, qu'il faut tout quitter pour M. et Mme d'Argental. Il a été bien obligé d'en convenir; mais il est jaloux, et il veut que vous préfériez Commercy à Cirey. Il m'ordonne de vous prier de sa part de venir le voir. Vous serez bien à votre aise; il vous fera bonne chère : c'est le seigneur de château qui fait assurément le mieux les honneurs de chez lui. Vous verrez son pavillon avec des colonnes d'eau, vous aurez l'opéra ou la comédie le jour que vous viendrez... Mme du Châtelet joint ses prières aux miennes, refuserez-vous les rois et l'amitié? » (Août 1748.)

La cour revient à Lunéville le 17 août et Stanislas commence aussitôt ses préparatifs pour aller passer quelques jours à Trianon, auprès de sa fille.

Voltaire en fait autant; il veut assister à la première représentation de *Sémiramis* et il s'arrange de façon à faire coïncider son voyage avec celui du roi de Pologne.

Mme du Châtelet ne veut pas quitter la Lorraine pour si peu de temps, et puis le roi lui a demandé de tenir compagnie à Mme de Boufflers; elle n'accompagnera donc pas son ami. N'a-t-elle pas alors la singulière idée de vouloir que Saint-Lambert serve de compagnon de voyage à Voltaire ! Mais si ce dernier, toujours bonhomme, se prête à la combinaison, Saint-Lambert se montre plus récalcitrant ; il finit par refuser nettement et il déclare qu'il ne quittera pas Nancy.

CHAPITRE XVIII

(1748)

Séjour de Mme de Boufflers et de Mme du Châtelet à Plombières,
du 26 août au 10 septembre 1748.

Tous les plaisirs de Lunéville sont interrompus par le départ de Stanislas pour Versailles où il va voir sa fille.

Avant de s'éloigner, il conduit Mme de Boufflers à Plombières; il est convenu qu'elle y fera une cure de quelques jours; puis de là, elle se rendra au château de Saverne, résidence d'été des cardinaux de Rohan, où elle est invitée à faire un séjour. C'est une demeure délicieuse qu'on a surnommée, non sans motifs, *l'embarquement pour Cythère*, et qui a laissé chez tous les contemporains des souvenirs inoubliables. C'est là que la favorite attendra le retour du roi qui doit avoir lieu dans les premiers jours de septembre (1).

Comme Stanislas craint que son amie ne s'ennuie à Plombières, il a instamment prié Mme du Châtelet de l'accompagner; la marquise n'a aucun prétexte sérieux pour se dérober, et puis, comment repousser la prière

(1) Voir *le Duc de Lauzun et la cour de Louis XV*, chapitre xxv.

CHAPITRE XVIII

du roi. Elle lui a tant d'obligations! Elle dépend tellement de lui et de la maîtresse! Donc, malgré son ardent désir de rester à Lunéville avec Saint-Lambert, elle se croit obligée d'accepter et même de témoigner beaucoup de satisfaction.

Mme du Châtelet n'était pas seule à accompagner Mme de Boufflers; le roi de Pologne, avec un aveuglement et une naïveté touchants, avait absolument exigé que le vicomte d'Adhémar fût également du voyage, et le vicomte, pas plus que la favorite, n'avait fait de résistance.

L'on devait encore retrouver à Plombières Mlle de la Roche-sur-Yon, qui y était installée, depuis le 16 août, pour prendre les eaux, sous la direction du *médecin-inspecteur*, M. de Guerre (1).

La société était donc assez nombreuse pour qu'on n'eût pas à redouter l'ennui; du reste, le séjour ne devait être que de quatre jours, et quatre jours sont bien vite écoulés.

Déjà à cette époque, Plombières passait pour une résidence affreuse : « C'est le plus vilain endroit du monde », disait Marie Leczinska. Voltaire, qui y avait fait plusieurs saisons, avait écrit sur ce

> ...sombre rivage
> De Proserpine l'apanage

quelques vers qui témoignaient du triste souvenir qu'il

(1) Il avait été nommé par brevet de Stanislas du 4 décembre 1747.

en avait gardé, et qui n'étaient pas de nature à promettre grand agrément à Mme du Châtelet et à ses amies :

A MONSIEUR PALLU (1)
1729.

Du fond de cet antre pierreux,
Entre deux montagnes cornues,
Sous un ciel noir et pluvieux,
Où les tonnerres orageux
Sont portés sur d'épaisses nues,
Près d'un bain chaud, toujours crotté,
Plein d'une eau qui fume et bouillonne,
Où tout malade empaqueté,
Et tout hypocondre entêté,
Qui sur son mal toujours raisonne,
Se baigne, s'enfume, et se donne
La question pour la santé ;
Où l'espoir ne quitte personne ;
De cet antre où je vois venir
D'impotentes sempiternelles,
Qui toutes pensent rajeunir ;
Un petit nombre de pucelles,
Mais un beaucoup plus grand de celles
Qui voudraient le redevenir ;
Où, par le coche, on nous amène
De vieux citadins de Nancy,
Et des moines de Commercy,
Avec l'attribut de Lorraine,
Que nous rapporterons ici ;
De ces lieux où l'ennui foisonne
J'ose écrire encore à Paris.
Malgré Phébus qui m'abandonne
J'invoque l'Amour et les Ris.

(1) Intendant de Nevers.

Donc, aussitôt arrivées à Plombières, les deux dames s'installent, mais dans quelles conditions, mon Dieu !

« Nous sommes ici logées comme des chiens, écrit Mme du Châtelet : tout y est d'une cherté affreuse. On est logé cinquante dans une maison. J'ai un fermier général qui couche à côté de moi ; nous ne sommes séparés que par une tapisserie, et, quelque bas qu'on parle, on entend tout ce qui se dit ; quand on vient vous voir, tout le monde le sait, et on voit jusque dans le fond de votre chambre. Enfin on vit comme dans une écurie. »

Mais il faut savoir prendre son mal en patience ; on est arrivé le jeudi et l'on doit partir le lundi !

Par malheur, survient un petit incident de route qui va contrecarrer tous les projets. Il est si délicat à narrer, qu'il vaut mieux laisser la parole à Mme du Châtelet :

« Quelque chose a pris Mme de Boufflers, précisément à la moitié du chemin, écrit-elle à Saint-Lambert. Cela n'est-il pas désolant ? Il n'en faut pas parler, je crois. Mais je parie qu'elle serait partie tout de même, quand cela l'aurait prise à Lunéville. Ce qui doit vous consoler, c'est que je suis dans le même état. »

La vie à Plombières est d'une monotonie désespérante. Mme du Châtelet passe tout son temps dans cette chambre dont elle vient de nous faire une si séduisante description, et les jours lui paraissent terriblement longs. Elle travaille toute la matinée, sauf une demi-heure qu'elle va passer auprès de Mlle de la Roche-sur-Yon, à l'heure du bain.

A deux heures, elle va encore prendre son café avec la princesse; mais à trois elle est rentrée et ne ressort plus qu'à huit, heure du souper, qui a lieu également chez la princesse, car c'est chez elle que se prennent tous les repas. A onze heures tout le monde est couché.

Pour Mme de Boufflers, au contraire, la journée s'écoule très agréablement; d'abord, M. d'Adhémar ne la quitte pas plus que son ombre, et ils passent ensemble des moments fort doux; puis elle adore la comète et elle y joue avec ses amis pendant d'interminables heures.

Saint-Lambert, qui est resté à Lunéville, n'est guère plus satisfait de son sort que la divine Émilie, et l'isolement lui suggère mille récriminations.

Pourquoi Mme du Châtelet n'est-elle pas restée avec lui? Pourquoi ne l'a-t-elle pas emmené? Évidemment, c'est parce que son amour diminue; du reste, avec la vie dissipée qu'elle mène, il ne peut en être autrement, etc.

La pauvre marquise prend la peine de se défendre. Rester à Lunéville, mais comment aurait-elle pu le faire, quand le roi la priait d'accompagner Mme de Boufflers? Emmener Saint-Lambert avec elle à Plombières; mais elle n'a pas osé le faire, et pour bien des raisons. D'abord à cause de Mme de Boufflers, puis du qu'en dira-t-on, enfin des difficultés qu'ils auraient éprouvées à se voir.

Ne sont-ils pas tenus tous deux à bien des ménagements? Ne sait-il pas qu'elle a des chaînes, qu'elle ne peut et ne veut briser? elle doit donc faire des sacrifices à la décence, sans cela elle perdrait bientôt toute la douceur de leur vie.

Puis à Plombières, on reste la journée entière chez la princesse, on y prend tous les repas : comment aurait-il fait, lui qui la connaît à peine? Enfin l'existence est si chère, qu'il se serait ruiné absolument.

Quant à la dissipation, vraiment, le reproche est si plaisant qu'elle ne prendra même pas la peine d'y répondre. La vérité est qu'elle ne pense qu'à lui, et qu'elle ne sera heureuse que quand elle le reverra.

Mme du Châtelet et Saint-Lambert, malgré quelques récriminations, sont dans une phase de passion exaltée et dithyrambique, qui leur inspire quelquefois des phrases charmantes. La marquise profite de ses loisirs forcés pour écrire à son ami des lettres de douze et de seize pages.

« M'aimez-vous avec cette ardeur, cette chaleur, cet emportement qui font le charme de ma vie? Il y a bien loin d'ici à lundi, mais aussi lundi je serai bien heureuse. Je vous adore et je sens que je ne puis vivre sans vous... je n'ai aucun esprit, car je me meurs de sommeil, mais mon cœur n'est jamais endormi. »

« Votre amour, les marques que j'en reçois, la manière dont vous l'exprimez, tout ce que vous m'écrivez, fait mon bonheur, et enflamme mon cœur... Il n'y a point de cœur comme le vôtre, ni d'amour qui ressemble à celui qui nous unit... J'ai trouvé le trésor pour lequel l'Évangile dit qu'il faut tout abandonner. »

Elle termine par cette phrase si tendre :

« Je remercie tous les jours de ma vie l'Amour de ce que vous m'aimez, et de ce que je vous aime ; il me semble qu'un amour aussi tendre, aussi vrai, peut tout faire supporter, même l'absence. »

Saint-Lambert n'est pas en reste d'amabilité et de tendresse ; à l'en croire, il se sent tellement emporté par sa passion, qu'il finit par en redouter les conséquences ; il demande même à Mme du Châtelet de l'arrêter sur cette pente fatale et de lui apprendre à moins aimer :

« Eh ! quoi, riposte-t-elle, c'est à moi que vous vous adressez, à moi à qui vous devez de connaître ce qu'on doit appeler aimer ; en vérité, vous ne pouviez plus mal vous adresser. »

Mais, au fond, ravie de la confidence, elle ne cache pas à son ami les sentiments que plus que jamais elle éprouve pour lui :

« Désirez-vous que je vous aime avec toute la fureur, toute la folie, tout l'emportement dont je suis capable ? Montrez-moi toujours autant d'amour qu'il y en a dans quelques endroits de vos lettres. Vous ne pouvez vous imaginer combien elles m'enflamment et quel amour les marques de votre passion excitent dans mon cœur. Tous mes sentiments sont durables, tout fait des traces profondes dans mon âme.

« Quand vous aimez, vous remplissez tous les sentiments de mon cœur, vous réalisez toutes mes chimères. Je ne crois pas qu'il fût possible de trouver un cœur aussi tendre, aussi appliqué, aussi passionné que le vôtre; mais il a souvent des disparates; s'il n'en avait pas, je crois que je partirais ce soir à pied, pour l'aller trouver. Peut-être m'aimerez-vous également quelque jour, et alors, je ne désirerai plus rien. »

Heureusement, quelque pénible que soit la séparation, on ne meurt pas pour une absence de quatre jours ! On est déjà au samedi. Encore quarante-huit heures, et les heureux amants seront réunis ! Mais hélas, on comptait sans Mme de Boufflers. Le samedi, dans l'après-midi, la changeante marquise, qui trouve la vie de Plombières fort agréable, annonce à son amie que ses projets sont changés, qu'elle est toujours souffrante, qu'elle renonce au voyage de Saverne et quelle ne partira pas le lundi, ainsi qu'il est convenu.

Laissons la divine Émilie annoncer elle-même cette désastreuse nouvelle :

« C'est assurément la plus malheureuse femme du monde qui vous écrit... Je vois très clairement que nous resterons ici. Le vicomte ne désire plus qu'elle aille à Saverne; il aime mieux qu'elle reste ici. Elle y est comme un chien, comme un pauvre à l'hôpital; elle n'y dort pas une minute, et il est sûr que si sa santé va mal, elle ne s'y rétablira pas. Mais elle est dure sur elle-même, faible et complaisante, et elle reste volontiers où elle est, quelque mal qu'elle soit ; d'ailleurs, elle aime mieux être ici avec son indisposition qu'à Lunéville où elle n'aurait ni vicomte, ni comète ; enfin, il faut savoir souffrir ce qu'on ne peut empêcher.

« Vous auriez pitié de moi si vous voyiez l'excès de malaise et d'ennui où je suis... Imaginez-vous ce que c'est que d'être dans une écurie, toute seule, tout le jour ; de n'en sortir que pour tuer le temps ou pour une maudite comète qui ne m'intéresse point, et de penser que je pourrais passer, à Cirey ou à Lunéville, des jours délicieux avec vous.

« Il faut regarder ceci comme un temps de calamité, et tâcher de n'en plus essuyer de semblable.

« Pour comble d'ennui, je crains que le travail ne me manque, car je travaille dix heures par jour et je n'avais pas compté être si longtemps. »

Le dimanche se passe, on vaque aux occupations habituelles. Mme du Châtelet, pas plus que ses amies, n'a garde de manquer la messe ; mais, en revenant, elle écrit à Saint-Lambert cette phrase bien caractéristique de la religion de l'époque : « Je viens de la messe, où j'ai lu Tibulle, et où je ne me suis occupée que de vous. »

Il n'est toujours pas question de départ. Le lundi, même silence. N'y tenant plus, Mme du Châtelet interroge son amie et apprend, avec douleur, que sa santé ne lui permettra pas de se mettre en route avant le jeudi, peut-être même le vendredi !

« Mon Dieu, que je suis malheureuse, triste, maussade, odieuse à moi-même et aux autres ! Comment ! je pourrais être avec vous, et je suis encore ici, et je n'y vois ni fond ni rive... Je suis comme un Kours, je mécontente tout le monde. »

Elle est d'autant plus désolée, d'autant plus troublée qu'elle reçoit de Saint-Lambert des lettres qui l'inquiètent. Le brillant officier, qui cherche à distraire sa solitude lui raconte avec complaisance ses succès mondains : il est en coquetterie réglée avec Mme de Thiange, avec Mme de Bouthillier et bien d'autres ; mais, que Mme du Châtelet soit calme, quand il courtise ces dames, il ne pense qu'à elle, à elle seule. Cet aveu surprenant ne rassure qu'à demi la marquise qui lui répond sévèrement :

« Je ne puis vous savoir gré de vos coquetteries ; il est vrai que votre lettre est tendre, mais ce n'est pas votre faute : vous avez fait tout ce qui était en vous pour distraire votre cœur.

« Vous vous regardez comme un petit prodige d'avoir soupiré auprès de Mme de Thiange, et que ce ne fût pas pour elle : auriez-vous dû seulement savoir si elle y était, et si elle est jolie ? Mon cœur a encore bien des choses à apprendre au vôtre.

« Peut-être vous accoutumez-vous à vous passer de moi ; peut-être coquetez-vous avec Mme de Thiange ou avec la Bouthillier ?

« Si vous voyiez la conduite que j'ai ici, vous vous

reprocheriez bien, je ne dis pas la moindre coquetterie, mais la moindre distraction. »

Elle se lance dans un véritable dithyrambe amoureux :

« Si je ne retrouve plus les yeux charmants qui font mon bonheur, si vous ne m'aimez plus, avec cette ardeur que la jouissance n'affaiblissait jamais, vous aurez empoisonné ma vie; mais si vous m'aimez comme vous savez aimer, vous serez bien heureux.

« J'ai essayé ma raison dans ce voyage-ci; j'en ai bien moins que je ne le croyais. Il m'est impossible d'exister sans vous, et, si vous ne venez pas à Paris cet hiver, mon existence sera bien douloureuse; et ce n'est pas la peine de vivre pour éprouver des privations si cruelles. J'ai aujourd'hui un dégoût de tout, qui va jusqu'au dégoût de moi-même; mais je songe que vous m'aimez peut-être encore et cela me rend du goût pour la vie. »

Mais survient, entre les deux dames, une tracasserie qui va mettre un peu d'aigreur dans leurs rapports.

Mme de Boufflers reçoit une lettre de Saint-Lambert et, aussitôt après l'avoir lue, elle la déchire avec soin. Mme du Châtelet qui a reconnu l'écriture est surprise, et le soupçon lui traverse l'esprit.

Le lendemain, Saint-Lambert écrit encore à Mme de Boufflers, mais cette fois une lettre ouverte qu'il charge la divine Émilie de remettre elle-même; dans cette missive, il ne craint pas de dire à la marquise qu'il *l'aime à la folie* et qu'elle lui *permet sans doute de l'adorer toujours.*

« Qu'est-ce que cela veut dire? Est-ce que cela est tolérable? » écrit Mme du Châtelet indignée.

« Vous m'avez ôté toute ma confiance en vous, vous m'avez trompée.

« Je ne crois pas que vous l'aimiez; si je le croyais, je vous croirais un monstre de fausseté et de duplicité. Mais il n'y a pas de dessein, quel qu'il soit, qui puisse me faire supporter que vous en fassiez semblant... *On n'adore point son amie, on ne l'aime point à la folie*, surtout quand on se pique d'attacher aux termes des idées précises. »

Dans sa colère, et avec la perspicacité de la femme jalouse, elle soupçonne la vilaine comédie que joue Saint-Lambert depuis le commencement de leur idylle.

« Vous lui faites croire apparemment que je ne suis qu'une consolation de ses légèretés, que vous l'adorez toujours, mais que vous cherchez à vous distraire. Cela est toujours flatteur pour moi.

« Je suis bien sûre que, pour flatter son amour-propre, vous lui faites toujours accroire que vous êtes amoureux d'elle; mais on n'aime guère quand on peut dire à une autre qu'on l'aime. Vous me reprochez de vous aimer peu; je vous aime encore beaucoup trop pour le personnage que vous me faites jouer, et je vous avertis que je veux qu'il cesse.

« Je me croirais bien coupable, moi que vous accusez

de peu de délicatesse, si j'écrivais sur ce ton-là à Paris (1) et si je disais un mot qui ne marquât l'amitié la plus décidée telle. Si ce ton-là vous est nécessaire pour conserver les bontés de Mme de Boufflers, perdez-les courageusement, ou vous ne méritez pas mon cœur. »

Cette idée, ce soupçon empoisonnent la vie de Mme du Châtelet. Elle souffre, non seulement dans sa passion pour Saint-Lambert, mais aussi dans son amour-propre. Elle est d'autant plus troublée que dans sa naïveté elle a pris Mme de Boufflers pour confidente de ses amours, qu'elle lui parle sans cesse de son ami, du chagrin qu'elle éprouve d'en être séparée et de la joie que le retour prochain doit lui procurer.

Mme du Châtelet n'était pas au bout de ses peines. Le jeudi arrive, ce jeudi si impatiemment attendu, et il n'est toujours pas question de départ. La divine Émilie, anxieuse, interroge Mme de Boufflers, et cette dernière lui répond tranquillement qu'elle est parfaitement en état de partir; qu'elle aurait même pu voyager, sans inconvénient, depuis le mardi, mais que décidément elle se plaît à Plombières, et qu'elle se décide à y rester pour son plaisir.

Mme du Châtelet, outrée d'avoir été jouée, désespérée à la pensée de prolonger encore son absence, répond à son amie de rester, puisque le cœur lui en dit; mais que,

---

(1) A Voltaire.

quant à elle, elle ne demeurera pas un jour de plus, et qu'elle va immédiatement commander sa chaise de poste.

Elle était en train d'achever ses paquets lorsqu'on lui annonça la visite du vicomte. Lui, qui d'habitude est si calme; lui, qui est la douceur même, ne se possède plus. Il fait une scène violente; il reproche à la marquise d'avoir un mauvais cœur, d'être une âme égoïste; il l'accuse de risquer, pour un caprice, la santé de son amie, etc.

Sur ces entrefaites arrive la favorite qui se mêle à la querelle. Elle approuve bien entendu d'Adhémar; elle oublie les dix jours que la divine Émilie vient de passer, mourant d'ennui et de chagrin; elle lui reproche de manquer de complaisance, de ne rien vouloir faire pour ses amis. Bref, les deux dames se séparent fort aigrement, presque brouillées, et Mme du Châtelet désolée se décide à rester encore.

Enfin, le 6 septembre, la marquise vit la fin de ses misères et elle quitta, pour toujours, cet « infernal séjour ». Le soir même, toute la petite société se retrouvait à Lunéville.

CHAPITRE XIX

(1748)

Voyage de Voltaire et de Stanislas à la cour de France, du 26 août au 10 septembre 1748.

Pendant que Mme du Châtelet et Mme de Boufflers se querellent à Plombières, voyons ce que sont devenus le roi de Pologne et l'illustre auteur de *Sémiramis*.

Tous deux sont partis de Lunéville le 26 août, à cinq heures du matin. Ils se sont arrêtés à Nancy et sont descendus à la *Mission* pour y prendre un repas, et, en même temps, voir le Père de Menoux. Mais le roi a commandé son dîner pour dix heures, et il n'est que huit heures et demie. Qu'importe! il veut être servi tout de suite « sans se mettre en peine si les viandes sont cuites ou non ». Après un dîner détestable, les deux voyageurs se séparent.

Stanislas passe une journée à Commercy, puis il va voir M. de Meuse dans sa terre de Sorrey. Il arrive le 29 août à Versailles, et, suivant son habitude, s'installe aussitôt à Trianon.

Voltaire, de son côté, s'arrête trois jours chez son ami l'évêque de Châlons, Choiseul-Beaupré; puis, deux jours chez M. de Pouilli. Il arrive à Paris le 29 également, le matin même de la première représentation de *Sémiramis*.

Le poète n'était pas sans inquiétude sur le sort de sa pièce. En choisissant, en effet, un sujet déjà traité par Crébillon, il n'avait cherché qu'à humilier un confrère (1), mais il n'ignorait pas qu'une cabale puissante s'était organisée pour faire échouer sa nouvelle œuvre.

Le soir de la première représentation, on eût dit qu'une bataille allait se livrer dans le paisible asile de la Comédie.

Voltaire avait mobilisé toutes ses troupes, sous des chefs habiles et décidés, entre autres le chevalier de la Morlière (2). Longchamp avait également amené quelques amis « capables de bien claquer et à propos ».

Tout se passa d'abord assez bien. Les partisans de Crébillon, il est vrai, bâillaient à qui mieux mieux; c'était la manière de siffler de l'époque, et non la moins dangereuse puisqu'elle était contagieuse. Mais les

---

(1) Crébillon avait fait jouer une *Sémiramis* le 10 avril 1717.
(2) Le chevalier de la Morlière était un chef de claque émérite, et il est resté célèbre :
« Il s'était fait une manière de bâiller éclatante et prolongée qui produisait le double effet de faire rire et de communiquer le même mouvement au diaphragme de ses voisins. Un jour, la sentinelle l'avertit de ne pas faire tant de bruit : « Comment, mon ami, lui dit-il, vous qui paraissez un homme de sens et qui avez l'habitude du spectacle, est-ce que vous trouvez cela beau ? — Je ne dis pas cela, lui répond le soldat un peu adouci, mais ayez la bonté de bâiller plus bas. » (SUARD, *Mélanges de littérature*.)

troupes de la Morlière applaudissaient et cela faisait compensation.

Cependant la décoration, pour laquelle on avait dépensé des sommes considérables, fit peu de sensation; le tonnerre, sur lequel on comptait beaucoup au troisième acte, comme nouveauté, fut loin de produire l'effet terrifiant qu'on espérait; en somme, les trois premiers actes parurent assez froids.

Malheureusement il se produisit au quatrième acte, celui sur lequel l'auteur fondait les plus grandes espérances, un incident burlesque qui faillit faire tomber la pièce.

On sait que l'usage, pour les grands seigneurs et les amis des comédiens, était de prendre place sur la scène elle-même, à droite et à gauche, sur des gradins; quelques-uns se tenaient même debout, au fond du théâtre et le long des coulisses. Cet usage amenait mille inconvénients; mais il avait surtout le tort d'entraver le jeu des acteurs, et on avait même été obligé de placer des sentinelles sur la scène, pour maintenir l'ordre.

Le soir de *Sémiramis* la foule était immense, aussi bien sur la scène que dans la salle; c'est à peine si les comédiens pouvaient se mouvoir. Au quatrième acte, à la scène du tombeau de Ninus, quand le fantôme se montre (1), il lui fut impossible de traverser les rangs des

---

(1) Dans la tragédie de *Sémiramis*, l'ombre de Ninus paraissait sur la scène. Les comédiens français avaient eu la singulière idée d'habiller de deuil l'acteur qui jouait le rôle de l'ombre. A cette

spectateurs. La sentinelle, voyant son embarras, voulut lui venir en aide et se mit à crier naïvement :

« Messieurs, place à l'ombre, s'il vous plaît, place à l'ombre... »

Ces mots déchaînèrent un fou rire dans la salle ; les partisans de Crébillon les exploitèrent si bien que la pièce fut interrompue, et que c'est à peine si on put la terminer.

Voltaire voulant à tout prix savoir ce que le public, le vrai public, pensait de sa pièce, se coiffe d'une énorme perruque sans poudre, qui lui cache presque la figure, d'un vaste chapeau à trois cornes, d'une longue

nouvelle, Voltaire s'était révolté, et il avait prié sa nièce, Mme Denis, d'intervenir auprès de d'Argental.

Voici la lettre de Mme Denis à d'Argental :

« Je reçois dans l'instant, Monsieur, une lettre de M. de Voltaire. Sans doute qu'il ne sait point encore votre retour. Il me charge de faire dire sur-le-champ aux comédiens qu'il défend absolument que son ombre soit vêtue en noir. Voilà les propres mots de sa lettre :

« *Les crêpes noirs sont ridicules. Il faut un habit guerrier tout blanc, une cuirasse bronzée, une couronne d'or, un sceptre d'or et un masque tout blanc comme dans la statue du* Festin de Pierre. *Je vous prie de ne pas souffrir que l'ombre porte le deuil d'elle-même.* »

« Il me mande qu'il sera à Paris les premiers jours de septembre et que sa santé est fort mauvaise ; *il est actuellement à Lunéville.* Je me flatte que vous voudrez bien dire aux comédiens ses intentions et les faire suivre. J'aurais saisi cette occasion avec bien de l'empressement pour avoir l'honneur de vous voir, si je n'avais une fluxion dans la tête, qui m'empêche de sortir. Je n'ose espérer que vous m'en dédommagerez en me faisant celui de passer chez moi à vos heures perdues. J'en serais trop flattée.

« Mignot Denis. »

(Inédite.)

soutane, d'un petit manteau, et ainsi déguisé il se rend au café Procope, où ses ennemis tenaient leurs assises ; il s'installe dans un coin obscur, et écoute. Poètes, auteurs, journalistes, amateurs, discutaient avec passion la nouvelle pièce : les uns la portaient aux nues, les autres la traînaient dans la boue. Après une heure et demie de ce supplice, Voltaire rentre chez lui. Harassé de fatigue et la fièvre dans le sang, il se met au travail, coupe, corrige, arrange et refait complètement le cinquième acte. A l'aube, Longchamp pouvait porter aux comédiens leurs nouveaux rôles.

Le soir, la cabale resta stupéfaite de ne plus retrouver les endroits qu'elle devait siffler. *Sémiramis* eut un grand succès et fut jouée quinze fois de suite, ce qui était très joli pour l'époque.

Voltaire pouvait repartir pour la Lorraine et c'est ce qu'il fit le 10 septembre ; mais il avait passé par tant d'émotions que sa santé était fort ébranlée : la fièvre ne le quittait pas.

Jusqu'à Château-Thierry il supporta le voyage assez bien ; mais, à partir de ce moment, ses souffrances augmentèrent, et, quand il arriva le 12 à Châlons, il était dans l'état le plus alarmant. Il ne pouvait pas songer à poursuivre son voyage ; il ne voulut pas s'arrêter à l'hôtel de *la Cloche* qui lui rappelait un si mauvais souvenir ; il descendit à la poste où il s'alita.

Il se jugeait lui-même si malade qu'il recommanda à Longchamp « de ne le point abandonner, et de rester près de lui pour jeter un peu de terre sur son corps quand il serait expiré ».

La nuit fut très mauvaise; il avait le délire, parlait sans cesse de *Sémiramis*, du *Catilina* de Crébillon, etc. Le lendemain, il était au plus mal : il n'avalait que du thé et de l'eau panée, et c'est à peine s'il pouvait remuer.

Le soir du sixième jour, Voltaire déclara qu'il ne voulait pas mourir à Châlons et qu'il allait partir. Le lendemain matin, en effet, on l'installait dans sa chaise de poste et il arriva sans trop de mal à Nancy. L'on s'arrêta à la poste et le malade fut couché dans un bon lit. Puis Longchamp se mit à table près de son maître et commença à dévorer un excellent souper. Voltaire le regardait avec envie, lui disant : « Que vous êtes heureux d'avoir un estomac et de digérer! » A ce moment Longchamp, après plusieurs autres plats, allait absorber deux grives et une douzaine de rouges-gorges. Il invita son maître à l'imiter. Voltaire se laissa tenter et avala deux oiseaux avec appétit. Sur ce il s'endormit et se réveilla le lendemain dans les meilleures dispositions du monde.

Le soir même il était à Lunéville, où il retrouvait Mme du Châtelet.

Pendant que Voltaire rentre en Lorraine, après les émotions violentes que nous venons de raconter, voyons ce qu'est devenu Stanislas.

Il est arrivé le 29 et il s'est installé à Trianon, qu'on

lui réserve toujours lors de ses fréquents voyages. Comme d'habitude, il a emmené avec lui un détachement de sa bouche, c'est-à-dire un contrôleur, un cuisinier et un officier. Le duc Ossolinski l'accompagne également, ainsi que le marquis de Boufflers, le mari de la favorite, et M. de Thianges, le neveu de son grand veneur.

On rend au roi les mêmes honneurs que d'habitude : on lui donne un chef de brigade, un exempt, douze gardes et six Cent-Suisses.

Chaque jour, le roi se rend de Trianon à Versailles et il passe la journée avec la reine, dans l'appartement du comte de Clermont que l'on a mis à sa disposition.

Stanislas adorait sa fille et il lui témoignait sa tendresse de mille façons touchantes. Il vivait avec elle sur un pied de bonhomie et de familiarité qui excluait tout cérémonial. Quand ils étaient seuls, il n'y avait qu'un père et une fille tendrement unis. Il la tutoyait volontiers, et il ne craignait pas de lui rappeler les mauvais jours qu'ils avaient traversés ensemble : « Vois, Marie, lui disait-il un jour, comme la Providence protège les honnêtes gens ! Tu n'avais pas de chemise en 1725, et tu es reine de France ! »

Un autre jour, voulant se reposer dans ses appartements, il lui disait familièrement : « Tiens, Marie, voilà ma perruque ; fais qu'on n'y touche pas jusqu'à ce que je sois éveillé. Je vais dormir sur ton canapé. »

Par contre, les relations de Stanislas avec Louis XV

étaient empreintes d'une cérémonieuse froideur. Marie Leczinska prenait souvent son père pour confident de ses chagrins intimes, et elle ne lui cachait pas les tristesses de sa vie. Mais, si Stanislas pouvait compatir aux chagrins de sa fille, son propre genre de vie prêtait trop à la critique pour qu'il pût se permettre la moindre observation vis-à-vis de son gendre. On prétend même que Louis XV, en apprenant la liaison de Stanislas avec Mme de Boufflers, aurait dit : « A présent mon beau-frère n'a plus rien à me reprocher. »

La reine était, en grande partie, responsable de la situation dont elle se plaignait, et Stanislas était trop juste pour lui dissimuler les torts qu'elle avait eus. Elle avait agi vis-à-vis de son époux avec autant de maladresse que d'inexpérience.

Le roi lui avait d'abord témoigné beaucoup de tendresse, mais des maternités fréquentes avaient fini par agacer la reine qui crut de bon air de faire peu de cas des empressements de son époux. « Eh! quoi! disait-elle, toujours coucher, toujours grosse, toujours accoucher! » Sous le prétexte de raisons de santé, elle faisait faire de longs jeûnes au roi.

Et puis, Marie Leczinska avait mille manies innocentes, mais énervantes. Elle avait peur des esprits et voulait toujours une femme près d'elle pendant la nuit, d'abord pour lui faire des contes pour l'endormir, ensuite pour la rassurer. C'est à peine si cette femme s'éloignait quand le roi arrivait. La reine ne dormait presque pas et se levait cent fois pour s'occuper de sa chienne; puis elle se couvrait de façon si exagérée qu'on étouffait littéralement sous les couvertures.

S'il faut en croire Mme de la Ferté-Imbault, très sujette à caution quand il s'agit de Marie Leczinska, Stanislas aurait trouvé sa fille la plus ennuyeuse des reines, et il aurait complètement approuvé la conduite de son gendre.

« Quand le roi de France venait dans la chambre de ma fille, aurait-il raconté, il y trouvait un accueil si maussade que sa seule distraction était de tuer des mouches contre les vitres... Il en eut à la fin la jaunisse, et ses médecins, ayant eu une consultation à ce sujet, ne trouvèrent point de meilleur remède que de lui conseiller de prendre une maîtresse comme l'on prend une médecine. »

Louis XV, en effet, prit la médecine sous les espèces de Mme de Mailly, et, de ce jour, il ne remit plus les pieds chez la reine.

La malheureuse princesse, complètement abandonnée, menait l'existence la plus triste. Elle ne voyait jamais ses filles, élevées loin d'elle à l'abbaye de Fontevrault; elle en resta séparée pendant douze ans sans les revoir une seule fois.

Elle vivait retirée dans ses appartements, livrée à d'incessantes pratiques religieuses. Elle s'occupait aussi d'ouvrages de tapisserie et de couture pour les pauvres. Elle aimait les arts, dessinait, peignait, et ellecomposa, pour ses appartements, des peintures dans le genre chinois, dont elle forma tout un cabinet (1). Comme son talent n'était pas très décidé, elle avait attaché à sa personne un peintre, qu'elle nommait gaiement son « teinturier », et qui revoyait ses œuvres. Elle appelait plaisamment son atelier « son laboratoire ».

Marie Leczinska cherchait encore une consolation à l'abandon dans lequel elle vivait dans les soins d'une société intime, où elle trouvait beaucoup de charme. On se réunissait tous les soirs chez sa dame d'atours, la duchesse de Villars; on jouait au cavagnole (2), et, malgré la sévérité de la princesse, la conversation était parfois fort gaie.

Un des plus intimes du petit cercle royal était le président Hénault (3), chancelier de la reine et surintendant de la maison de la dauphine. C'était un homme aimable et poli, qui n'est resté connu que par sa longue

---

(1) Ce cabinet chinois a été légué par la reine à sa dame d'honneur, la comtesse de Noailles; il existe encore, admirablement conservé, au château de Mouchy.

(2) Le cavagnole était un jeu importé vers le milieu du dix-huitième siècle de Gênes où on le nommait *cavaiola*. C'était une sorte de loto; il se jouait à l'aide de petits tableaux à cinq cases contenant des figures et des numéros.

Voltaire en dit dans une de ses épîtres :

> On croirait que le jeu console,
> Mais l'ennui vient, à pas comptés,
> A la table d'un cavagnole,
> S'asseoir entre deux Majestés.

(3) 1684-1770. Président au Parlement. Il avait composé un

liaison avec Mme du Deffant. Nous l'avons vu déjà faire de longs séjours à Lunéville, lorsqu'il se rendait aux eaux de Plombières. Il éprouvait pour Stanislas un respectueux attachement et le roi l'aimait beaucoup.

Moncrif, le lecteur de la reine, était aussi un des assidus de ces réunions journalières; c'était un homme agréable, très simple, et que l'Académie avait accueilli volontiers, bien que ses titres fussent plus que modestes : il avait écrit une histoire des chats. Par la protection de la reine, il fut nommé historiographe de France. « Historiographe ! s'écria Voltaire apprenant cette nouvelle; c'est historiogriffe que vous voulez dire ! »

Ce qui en lui plaisait le plus à la reine, c'est qu'il passait pour avoir des mœurs irréprochables. Voltaire prétendait cependant que cette réputation était usurpée ; il assurait l'avoir entendu dire à quelques danseuses de l'Opéra : « Si quelqu'une de ces demoiselles était tentée de souper avec un petit vieillard bien propre, il y aurait quatre-vingt-douze marches à monter, un petit souper assez bon, et dix louis à gagner. » La proposition ne passait pas inaperçue, et l'on prétendait que Moncrif ne manquait pas de visites dans les combles du pavillon de Flore qu'il habitait.

Moncrif, lui aussi, était un des admirateurs du roi

Abrégé chronologique de l'histoire de France qui lui avait ouvert les portes de l'Académie. On disait que ce livre avait été fort utile à M. et à Mme Geoffrin, parce qu'il leur avait appris qu'Henri IV n'était pas le fils d'Henri III, et que Louis XII n'était pas le père de Louis XIII, ce qui les avait étonnés au dernier point.

de Pologne, et, sur son invitation, il avait été faire un séjour à la cour de Lunéville.

Militaire, poète, physicien, habitué des sociétés les plus brillantes de Paris, le comte de Tressan (1) était également fort apprécié dans le cercle de la reine; la légèreté de ses mœurs en faisait bien un peu un objet de scandale, mais Marie Leczinska, dans l'espoir de le ramener à de meilleurs sentiments, lui témoignait une bienveillance toute particulière.

Souvent même Tressan se permettait des familiarités qui, de la part d'un autre, auraient été sévèrement réprimées. Un soir, dans la conversation, on parlait des houssards qui faisaient des courses dans les provinces et approcheraient bientôt de Versailles :

— Mais si j'en rencontrais une troupe et que ma garde me défendît mal? dit la reine inquiète.

— Madame, répondit un des assistants, Votre Majesté courrait grand risque d'être houssardée.

— Et vous, monsieur de Tressan, que feriez-vous?

— Je défendrais Votre Majesté au péril de ma vie.

— Mais si vos efforts étaient inutiles?

— Madame, il m'arriverait comme au chien qui défend le dîner de son maître; après l'avoir défendu de

---

(1) Louis-Élisabeth de la Vergne, comte de Tressan, né au Mans le 5 octobre 1705 dans le palais de son grand-oncle, évêque du Mans. Il fit ses études au collège de la Flèche et à Louis-le-Grand. Il était petit-neveu de la duchesse de Ventadour, gouvernante du roi. Son père, ses oncles, tous ses parents étaient de la société intime du Palais-Royal.

son mieux, il se laisse tenter d'en manger comme les autres.

La pieuse reine se contenta de rire de ce propos galant, mais fort irrévérencieux.

On avait donné à Tressan le surnom de « mouton » qu'il avait déjà chez Mme de Tencin ; et, comme les femmes de la société de la reine avaient été surnommées « les saintes », on l'appela le « mouton des saintes ».

Quand il faisait quelque escapade, quelque absence inexplicable, on lui infligeait comme pénitence de composer un cantique, une traduction de psaumes, ou quelque pièce de poésie pieuse.

Un jour que Tressan arrivait de l'armée après une campagne très périlleuse, la reine lui demanda :

— Eh bien ! mon pauvre mouton, vous avez couru bien des dangers. Avez-vous un peu pensé à nous ?

— Oui, madame, répondit-il ; je n'ai point oublié que je servais mon Dieu, mon roi et ma patrie.

— Mais le moral, comment va-t-il ?

— Madame, il va son petit train.

Comme il fit plusieurs fois la même réponse, on lui donna le surnom de « petit-train » qui désormais fut substitué à celui de « mouton ».

Stanislas, naturellement, recevait mille marques d'attention de tous les membres de la petite société de sa fille ; il les connaissait tous intimement. Il était même particulièrement lié avec Tressan, dont les goûts littéraires, les qualités brillantes lui plaisaient extrêmement. Il allait le retrouver prochainement en Lorraine.

Pendant son séjour, Stanislas eut plus d'une fois d'assez vives discussions avec sa fille qui voulait à tout prix le remarier avec Mlle de la Roche-sur-Yon. La princesse qui était fort riche, mais dont la situation à la cour était mal définie, ne demandait pas mieux que d'unir son sort à celui du roi de Pologne : « Cette princesse, écrit d'Argenson à propos de ce projet d'union, a des dégoûts sur son rang dont on lui refuse les prérogatives avec affectation ; cela ressemble à une bourgeoise qui achète la main d'un vieux duc pour se donner un rang (1). »

Mais Stanislas, qui avait trouvé on ne peut plus agréable de ne plus être en butte aux récriminations de sa femme, appréciait tellement sa nouvelle situation qu'il s'obstinait à n'en vouloir pas changer.

Il eut avec sa fille, qui lui reprochait sa conduite, ou plutôt son inconduite, plusieurs scènes assez violentes pour qu'on les entendît de l'antichambre ; sans s'éloigner du respect qu'elle devait à son père, Marie Leczinska lui fit de respectueuses représentations ; elle l'exhorta à chasser Mme de Boufflers et à se constituer

---

(1) Mme de la Ferté-Imbault prétend que c'est Marie Leczinska qui s'opposa au mariage de son père pour ne pas perdre ses économies. C'est une pure calomnie ; la reine n'aurait rien tant désiré que de voir son père se remarier.

enfin une situation régulière en épousant la princesse.

Non seulement Stanislas ne voulut rien entendre, mais encore il profita de son séjour à Versailles pour contribuer à la fortune de la chère favorite; il sollicita de son gendre une place de dame auprès de Mesdames pour la marquise de Boufflers; Louis XV l'accorda, sans empressement il est vrai, et il n'y eut encore aucune expédition de brevet.

Le roi, satisfait d'avoir obtenu ce qu'il désirait, sachant que Mme de Boufflers avait quitté Plombières et l'attendait à Lunéville, songea au retour.

Avant de s'éloigner, il remit des cadeaux à tout son entourage. Les officiers qui l'avaient gardé reçurent une tabatière d'or avec son portrait; les exempts, une tabatière d'or, mais sans portrait.

Stanislas prit congé de sa fille le mardi 10 septembre et il reprit la route de la Lorraine. Il arriva à Lunéville le 13, impatiemment attendu par Mme de Boufflers et Mme du Châtelet.

CHAPITRE XX

(1748)

Séjour de la cour à Lunéville, du 15 septembre au 6 octobre. — Maladie de Voltaire. — La parodie de *Sémiramis* est interdite. — Correspondance avec Frédéric. — Séjour de la cour à Commercy du 6 au 17 octobre. — Aveux de Mme du Châtelet à Stanislas. — Querelles avec Mme de Boufflers. — M. du Châtelet est nommé grand maréchal des logis. — Voltaire surprend Saint-Lambert et Mme du Châtelet. — Colère du philosophe. — Explications avec la marquise. — Réconciliation générale. — Les *Deux Amis*.

Le premier soin de Stanislas, en arrivant, fut d'annoncer à Mme de Boufflers l'heureux succès de sa négociation : il avait obtenu pour elle, auprès de Mesdames, la place de dame d'honneur qu'elle désirait vivement. La marquise, ravie, s'empressa d'écrire trois lettres à Mesdames pour les remercier. Grand fut l'étonnement des princesses auxquelles Louis XV n'avait parlé de rien. Elles s'empressèrent d'aller porter leurs lettres au roi, qui se borna à leur répondre : « C'est vrai, j'ai promis une place auprès de vous, mais seulement quand il y aurait une vacance. »

Après son lamentable retour à Lunéville, Voltaire avait dû s'aliter et recourir à la science du célèbre Bagard.

Peu à peu cependant, à force de soins et de repos, son état s'améliore, et il entre en convalescence ; le 4 octobre, on lui permet de se rendre à la Malgrange. Quelques jours plus tard, la cour part pour Commercy, et le poète est assez bien rétabli pour la suivre et s'y installer avec elle.

Malheureusement, à peine arrivé il reçoit des nouvelles qui le mettent hors de lui et le troublent au point de le rendre plus malade que jamais. Ses amis de Paris ne lui annoncent-ils pas en effet que les Italiens préparent une parodie de *Sémiramis*. Une parodie ! Permettra-t-on ce crime de lèse-Voltaire ? Le poète fait demander une audience immédiate au roi de Pologne. Le roi accourt à son chevet et écoute avec bienveillance ses doléances. Il est entendu que Voltaire écrira à la reine de France une lettre très forte, très touchante, pour solliciter sa protection, et Stanislas, de son côté, appuiera la supplique auprès de sa fille. La promesse d'une si haute protection calme un peu le malade qui rédige aussitôt sa lettre, et, dans son zèle, il n'hésite pas à faire appel en sa faveur à l'inépuisable bonté de la reine, et même à sa piété !

Comme deux protections valent mieux qu'une, Voltaire s'adresse en même temps à Mmes de Pompadour, d'Aiguillon, de Luynes, de Villars, à MM. de Maurepas, de Gèvres, de Fleury, au président Hénault, bref à l'univers entier.

Il n'eut pas tort, car Marie Leczinska, qui ne l'aimait

pas, refusa d'intervenir. Elle fit répondre sèchement que « les parodies étaient d'usage et qu'on avait travesti Virgile ». Heureusement, Mme de Pompadour s'en mêla et la pièce fut interdite.

Ces alarmes apaisées, Voltaire renaît à l'existence et reprend peu à peu sa vie ; sa correspondance est fort en retard, et il a bien de la peine à la mettre à jour. C'est surtout vis-à-vis de Frédéric, auquel il n'a pas écrit depuis un an, qu'il a des reproches à se faire. Le roi, assez jaloux, ne peut comprendre quel plaisir Voltaire et Mme du Châtelet peuvent éprouver à se laisser « enfumer » par Stanislas, ni quel charme peut les retenir dans une « tabagie », surtout quand Potsdam leur tend les bras. Le monarque écrit à son ami des lettres railleuses et se moque agréablement de son abandon :

> Du plus bel esprit de France,
> Du poète le plus brillant,
> Je n'ai reçu depuis un an
> Ni vers ni pièce d'éloquence.
> . . . .
> Cependant, un bruit court en ville :
> De Paris on mande tout bas
> Que Voltaire est à Lunéville !
> Mais quels contes ne fait-on pas !

Voltaire, qui se sent des torts, avoue bien à son royal correspondant qu'il a passé quelques mois à la cour de Lorraine « entre Stanislas et son apothicaire » ; mais il trouve pour s'excuser une raison merveilleuse et bien digne de lui. S'il est à Lunéville au lieu d'être à Berlin, comme son cœur l'y pousserait, c'est qu'à Lunéville il est tout près de Plombières, qu'il va à chaque instant puiser des forces à cette fontaine de Jouvence et essayer de faire « durer encore quelques jours une malheureuse machine ». Or, la vérité est qu'il déteste Plombières, qu'il n'y a pas mis les pieds depuis dix-huit ans, et qu'il compte bien n'y retourner jamais.

Cependant Saint-Lambert n'avait pas été invité au voyage de Commercy et Mme du Châtelet se désolait d'une séparation qui assurément devait être courte, mais qui ne lui en était pas moins cruelle.

Cet éloignement lui est tellement douloureux qu'elle a pris la résolution de tout avouer au roi, son intimité, sa liaison même, et de lui demander de laisser venir l'homme qu'elle adore :

« Je suis fâchée que cette confidence ne soit pas un plus grand sacrifice, ajoute-t-elle bravement, qu'elle ne me coûte pas davantage, vous verriez si je balancerais. »

En effet, la première fois que Stanislas se présente chez elle pour lui rendre visite, elle lui avoue qu'elle a du chagrin, qu'elle est malade, qu'elle a la migraine. Le roi remarque en effet qu'elle a mauvais visage.

Elle profite de l'occasion pour lui dire qu'elle a à lui parler et qu'elle lui demande un quart d'heure de conversation après le dîner. Le roi s'imagine qu'il est question de son mari, car la situation de M. du Châtelet n'était toujours pas réglée et restait pour la marquise un grave sujet de préoccupation.

— De quoi voulez-vous m'entretenir? lui dit-il. Vous est-il venu quelque idée?

. — Ce n'est point sur les affaires de mon mari, répond-elle, mais sur les miennes propres, sur mon intérieur; vous avez assez de bontés pour moi pour que j'aie de la confiance en vous; l'amitié ne va point sans confiance et Votre Majesté m'en marque.

— Assurément, répondit le roi; mais de quoi s'agit-il? dites-le donc.

— Sire, cela ne se peut pas dire en un moment; donnez-moi une audience d'un quart d'heure et ne dites pas que je vous l'ai demandée.

Le roi promit et se retira.

Mme du Châtelet, ravie, écrit à son amant :

« Je ne sens que le plaisir de vous donner la plus grande marque d'amour qu'on puisse recevoir de sa maîtresse; je n'en rougirai jamais si vous le méritez. »

Aussitôt après le dîner, Mme du Châtelet eut l'audience qu'elle avait sollicitée. Sans s'embarrasser dans les périphrases, elle aborda nettement le sujet qui lui tenait au cœur.

— Sire, dit-elle, je vais vous confier un grand secret; mais je vis avec vous avec tant de liberté, vous me marquez tant de bonté et d'amitié, que je crois vous devoir ma confiance. Il y a quelqu'un qui est fort amoureux de moi et qui est au désespoir de ne point aller à Commercy. J'en suis si touchée que je ne puis me dispenser de vous demander de l'y mener. Vous savez qu'il n'y a point de femme qui se fâche de ce sentiment. Je vous avoue que ceux qu'il a pour moi me touchent beaucoup, et que j'ai beaucoup de chagrin de celui que ce voyage lui cause.

Le roi répondit :

— Je trouve très bon qu'il vienne me faire sa cour à Commercy ; il n'a qu'à y venir.

— Mais où le logerez-vous ?

— Il n'a qu'à loger chez le curé, comme à l'autre voyage, riposta le roi ; d'ailleurs, ce voyage-ci sera fort court, et, ne l'ayant pas mis du commencement, cela paraîtrait singulier et ferait tenir des propos. Ces petits voyages causent mille tracasseries et sont la source de mille chipotages.

— Mais vous le mettrez des autres voyages ?

— Nous verrons.

— J'espère que votre amitié pour moi vous donnera de la bonté pour lui.

— Oh ! pour cela, oui.

Et Stanislas leva l'audience.

Mme du Châtelet avoue naïvement que, pendant toute cette conversation, le roi paraissait plus embarrassé qu'elle et qu'il avait l'air d'en désirer la fin.

Profitant de la permission si bénévolement accordée, Saint-Lambert accourut à Commercy, et, ainsi qu'il était convenu, logea comme d'habitude chez le curé.

Ce fut, certes, un grand bonheur pour Mme du Châtelet, mais non pas un bonheur sans mélange, car la présence de Saint-Lambert lui amena bien des ennuis. D'abord, Voltaire ne s'avisa-t-il pas d'être jaloux et de faire scènes sur scènes à la divine Émilie? Elle se défendit avec toute l'énergie d'une mauvaise conscience; mais le philosophe, qui n'était pas crédule, ne se laissa qu'à demi persuader. La paix se rétablit cependant dans ce faux ménage, mais une paix boiteuse et qui laissait la porte ouverte à de nouvelles crises.

Une autre tracasserie allait donner à Mme du Châtelet bien du souci.

Mme de Boufflers qui, jusqu'alors, avait été sa meilleure amie, qui avait pris avec tant de désinvolture sa liaison avec Saint-Lambert, soit qu'elle fût poussée par la jalousie, soit sous l'influence d'un autre sentiment, était devenue, depuis le voyage de Plombières, aussi quinteuse et désagréable qu'elle était autrefois complaisante et gracieuse; c'était à tel point qu'elle rendait la vie intolérable à son ancienne amie.

Mme du Châtelet se plaint amèrement de son caractère, de ses injustices continuelles; elle supporte tout parce qu'elle est sous sa dépendance et qu'elle peut la séparer de son ami; elle pousse même la patience jusqu'à feindre de ne rien sentir; elle continue à lui témoigner mille amabilités, à lui faire réciter ses rôles, etc., mais tout est en pure perte.

Comme, malgré leurs rencontres fréquentes, Mme du Châtelet écrit sans cesse à Saint-Lambert, nous sommes au courant des soucis de son existence :

« L'aigreur et la fureur continuent ; il n'y a rien à faire avec un tel caractère que de l'éviter et de rougir de l'avoir aimé, surtout moi qui n'avais pas pour excuse l'illusion du goût et de l'amour, et qui cependant la regrette peut-être plus que vous.

« Je vais à une heure à la Fontaine Royale à cheval ; vous devriez y venir. Mme de Boufflers n'en aura ni plus ni moins d'humeur. Elle ne veut aller au théâtre que pour jouer. Cela vous fera du bien et me fera un plaisir extrême. Il y a mille ans que je ne vous ai vu. Vous trouverez chez moi un morceau pour manger... Je vous adore et je vous aime enfin pour vous aimer toujours. »

Les préoccupations et les ennuis que lui donnait l'irritabilité de Mme de Boufflers furent compensés pour Mme du Châtelet par un grand bonheur. Le roi, qui était décidément très désireux d'être agréable à la marquise, finit enfin par lui donner la satisfaction qu'elle désirait. Il créa pour M. du Châtelet la charge de grand maréchal des logis de la cour avec 2,000 écus d'appointements, partageables entre le mari et la femme. En même temps, il nomma M. de Bercheny grand écuyer. Cette solution combla de joie la marquise ; désormais, elle était assurée de pouvoir vivre en Lorraine, elle ne quitterait plus Saint-Lambert ;

bref, c'était à ses yeux le bonheur parfait. Elle écrit, ravie, à d'Argental : « Je ne puis trop me louer des bontés du roi de Pologne; assurément, je lui serai attachée toute ma vie. »

C'est pendant les derniers jours du séjour à Commercy que se place un incident tragique et comique à la fois.

Tout allait le mieux du monde : Mme du Châtelet était ravie d'avoir obtenu pour son mari la situation qu'elle souhaitait; elle était radieuse d'avoir retrouvé son cher Saint-Lambert; les fêtes succédaient aux fêtes. Il n'y avait qu'une ombre au tableau : c'étaient les mauvaises humeurs de Mme de Boufflers; mais la divine marquise avait fini par en prendre son parti.

Dans son ravissement, elle ne se contentait pas de voir Saint-Lambert chez le curé; elle l'attirait chez elle et très imprudemment ne lui ménageait pas les preuves de sa tendresse.

Un après-midi, sur le tard, elle se trouvait avec le bel officier dans un petit salon de son appartement; les persiennes mi-closes favorisaient les doux épanchements. Soit hasard, soit jalousie, Voltaire entre sans se faire annoncer; il traverse l'appartement, pénètre brusquement dans le petit salon et trouve Mme du Châtelet et Saint-Lambert dans une situation qui ne pouvait laisser le moindre doute sur la nature de leurs occupations.

A cette vue, le philosophe indigné ne peut se contenir; il accable d'invectives sa divine amie et il ne ménage pas davantage son partenaire. La marquise éperdue ne sait que répondre; mais Saint-Lambert, après un moment d'émotion, se ressaisit. Il dit à Voltaire de sortir s'il n'est pas content; que, du reste, il se tient à sa disposition et lui rendra toutes les raisons qu'il voudra.

Voltaire s'éloigne furieux, en disant à Mme du Châtelet qu'il ne la reverra jamais.

Le coup fut terrible pour le philosophe. Confiant dans sa maîtresse, dans ses quarante-trois ans, dans un long attachement et dans un commerce intellectuel qui était un grand charme pour tous deux, il se croyait à l'abri de ce vulgaire désagrément. Il avait pardonné le passé sur lequel on ne pouvait revenir, mais il entendait préserver le présent.

Il oubliait sa propre ingratitude en maintes circonstances, son indifférence quand sa vanité était en jeu, la froideur enfin de son tempérament.

Quoi qu'il en fût, Voltaire rentra chez lui au comble de l'exaspération et de la colère, et il fit aussitôt appeler Longchamp.

Sans explications, il lui ordonne de louer ou d'acheter une chaise de poste, d'y faire mettre des chevaux et de tout préparer pour un départ immédiat; il veut quitter Commercy cette nuit même.

Longchamp, qui tombe des nues et qui n'y comprend rien, croit prudent de voir d'abord Mme du Châtelet.

La marquise lui recommande de se tenir tranquille et par-dessus tout de gagner du temps.

Le secrétaire revient alors auprès de Voltaire et lui affirme qu'il n'a pu, malgré tous ses efforts, trouver une chaise de poste. Il reçoit l'ordre d'aller le lendemain à Nancy en acheter une à tout prix.

Mme du Châtelet, mise au courant de l'immuable décision du philosophe, comprend que la situation est grave et qu'il faut jouer le tout pour le tout. Elle aussi est au désespoir; elle est désolée d'avoir fait de la peine à son ami, qu'elle aime toujours après tout, et puis à aucun prix elle ne veut rompre une liaison qui fait toute sa gloire. Donc elle se rend chez Voltaire qu'elle trouve couché. Elle s'asseoit familièrement sur son lit et commence des explications, des excuses assez pénibles.

Tout d'abord, elle lui soutient qu'il s'est mépris sur le plus innocent des tête-à-tête, que l'obscurité l'a trompé, qu'il a mal vu. Mais Voltaire l'interrompt brusquement : il a vu, bien vu ; il est inutile d'insister.

Mme du Châtelet, puisque le mensonge ne sert à rien, prend le parti de la franchise : eh bien, oui, c'est vrai, elle a été infidèle; mais est-ce sa faute, à elle ? Est-ce sa faute si elle a un cœur aimant, un tempérament ardent? Est-ce sa faute si Voltaire l'abandonne, la délaisse, ne lui donne que des satisfactions illusoires ? Est-ce sa faute s'il agonise depuis des années ? En réalité, n'est-ce pas une nouvelle preuve d'amour qu'elle lui donne en le ménageant ? Puisque sa santé le condamne au repos, ne vaut-il pas mieux que ce soit un ami qui le remplace que tout autre ? Va-t-il prendre au tragique, lui, philosophe, un accident si banal, et dont personne ne se soucie ? Va-t-il de gaieté de cœur se couvrir de ridicule et briser un attachement de vingt ans ? Va-t-il la réduire au désespoir pour un fait dont elle n'est pas responsable et de si peu d'importance ? L'aime-t-elle moins ? Mais au fond elle l'adore, elle est à lui à jamais.

Voltaire, après s'être d'abord bouché les oreilles, se laissait peu à peu frapper par la puissance de ces arguments, convaincre par cette rude logique; sa colère s'apaisait. La marquise n'avait pas fini de plaider qu'il lui tendait les bras.

— Ah! madame, dit-il, vous aurez toujours raison; mais, puisqu'il faut que les choses soient ainsi, du moins qu'elles ne se passent point devant mes yeux.

La réconciliation accomplie, Mme du Châtelet embrasse Voltaire, le supplie encore de tout oublier, et elle se retire. De là elle court chez Saint-Lambert qu'elle doit calmer à son tour, car il se prétend offensé et, conformément aux lois de l'honneur, il veut tout pourfendre, tout massacrer. A force de supplications, de tendresse, Émilie finit par lui faire entendre raison et obtenir qu'il ira faire auprès de Voltaire une démarche de conciliation. Le lendemain, en effet, Saint-Lambert, assez penaud, se présente chez le philosophe et balbutie quelques excuses; Voltaire, qui a retrouvé toute sa philosophie, ne le laisse pas achever; il l'embrasse et lui dit :

— Mon enfant, j'ai tout oublié, et c'est moi qui ai eu tort. Vous êtes dans l'âge heureux où l'on aime, où l'on plaît; jouissez de ces instants trop courts : un vieillard, un malade comme je suis, n'est plus fait pour les plaisirs.

Le soir même, le trio soupait chez Mme de Boufflers, et, à partir de ce moment, Voltaire, Mme du Châtelet et Saint-Lambert vécurent dans la plus parfaite harmonie. Voltaire composa même sur ce singulier incident de sa vie un petit acte fort badin; malheureusement il en a détruit le manuscrit (1).

Ce faux « ménage à trois », d'un accord commun, qui paraît si choquant à nos mœurs plus réservées,

(1) L'abbé de Voisenon raconte une plaisante anecdote au sujet des rapports de Mme du Châtelet et de Voltaire :
« Mme du Châtelet n'avait rien de caché pour moi; je restais souvent tête à tête avec elle jusqu'à cinq heures du matin, et il n'y avait que l'amitié la plus vraie, qui faisait les frais de nos veillées. Elle me disait quelquefois qu'elle était entièrement détachée de Voltaire. Je ne répondais rien; je tirais un des huit volumes (des lettres manuscrites de Voltaire à la marquise, lettres qu'elle avait divisées en huit beaux volumes in-quarto) et je lisais quelques lettres. Je remarquais des yeux humides de larmes; je renfermais le livre promptement en lui disant : « Vous n'êtes pas guérie. » La dernière année de sa vie, je fis la même épreuve : elle les critiquait; je fus convaincu que la cure était faite. Elle me confia que Saint-Lambert avait été le médecin. » (VOISENON, *Œuvres complètes*, 1781.)

n'avait rien qui effrayât nos ancêtres; de même que Voltaire, le premier émoi passé, avait trouvé plaisant de composer une petite comédie sur sa mésaventure, de même Saint-Lambert ne dédaigna pas d'écrire un conte iroquois, *les Deux Amis*, où il vante les avantages et l'agrément de l'amour à trois.

La nouvelle est assez piquante et assez caractéristique des mœurs de l'époque pour mériter une brève description :

Deux jeunes Iroquois, Tolho et Mouza, élevés l'un près de l'autre, étaient liés par la plus étroite amitié. Non loin de leur cabane vivait une jeune fille vive, aimable et gaie, Erimée. Tolho et Mouza s'éprirent peu à peu pour elle de l'amour le plus violent. Comme ils s'aimaient trop pour se rien cacher, ils se firent bientôt l'aveu de leur passion réciproque. Cette confidence les plongea tout d'abord dans un morne désespoir, désespoir si profond qu'ils ne songeaient plus qu'à se précipiter dans le fleuve voisin, pour y trouver le repos et l'oubli éternel.

Puis, la réflexion aidant, ils en arrivèrent l'un et l'autre à une solution moins radicale.

« Pourquoi, se disait Tolho, ne pourrais-je partager les plaisirs de l'amour avec l'ami de mon cœur, l'ornement de ma vie ? »

Mouza s'interrogeait de son côté : « Si Tolho goûtait dans les bras d'Erimée les plaisirs de l'amour, pourquoi mon âme en serait-elle affligée ? mon âme, qui est heureuse des plaisirs de Tolho. C'est parce qu'Erimée serait à Tolho et ne serait pas à moi. Mais, si Erimée le veut, ne pouvons-nous pas être heureux l'un et l'autre. Elle serait à nous et, alors?... »

Quand Mouza fit part à son ami d'enfance de ces réflexions si sages, Tolho, frappé de leur côté pratique, ne put s'empêcher de s'écrier : « O moitié de moi-même, je sens que je puis tout partager avec toi. »

La candide Erimée, consultée, trouva que ce mariage en partie double n'avait rien qui fût de nature à l'effrayer et même par certains côtés pouvait passer pour fort avantageux ; aussi loin d'élever des objections se déclara-t-elle toute prête à l'accepter. Aussitôt dit, aussitôt fait. Un vieux sachem qui passait par là fut prié de donner, sans perte de temps, la bénédiction à l'aimable et impatient trio.

Cette union tourna du reste le mieux du monde :
« Erimée ne parut se refroidir ni pour l'un ni pour l'autre de ses époux ; on n'a point su lequel des deux lui était le plus agréable. On a dit qu'elle était plus tendre avec Mouza et plus passionnée avec Tolho. »

Saint-Lambert termine sa nouvelle par ces quelques lignes qu'il serait dommage de ne pas citer dans toute leur candeur :

« Tous trois, après avoir passé leur jeunesse dans les plaisirs et les agitations de l'amour, jouirent de la paix et des douceurs de l'amitié. L'heureuse Erimée fut toujours vigilante, douce, attentive et laborieuse, et le modèle de la fidélité conjugale. »

Le conte iroquois parut charmant aux contemporains et imprégné d'une philosophie souriante dont personne ne songea à se choquer.

A partir des incidents de Commercy, Mme du Châtelet, Voltaire, Saint-Lambert vivent dans une intimité plus étroite que jamais, d'autant plus douce qu'ils n'ont plus rien à se cacher; ils se comblent mutuellement d'attentions délicates et de prévenances : c'est l'âge d'or !

Aussi, peu de temps après, le philosophe n'hésite-t-il pas à proclamer sa vie la plus enviable de toutes, « près de Boufflers et d'Emilie ».

Il écrit au président Hénault :

. . . .
Que m'importent de vains discours
Qui s'envolent et qu'on oublie ?
Je coule ici mes heureux jours
Dans la plus tranquille des cours,
Sans intrigue, sans jalousie,
Auprès d'un roi sans courtisans,
Près de Boufflers et d'Émilie.
Je les vois et je les entends,
Il faut bien que je fasse envie.

Le philosophe s'est si bien résigné à son sort et il a si bien pardonné à Saint-Lambert qu'il lui adresse une délicieuse épître, où il se plaisante lui-même sur ses infortunes :

A SAINT-LAMBERT

Tandis qu'au-dessus de la terre,
Des aquilons et du tonnerre,
La belle amante de Newton,
Dans les routes de la lumière,
Conduit le char de Phaéton,
Sans verser dans cette carrière,
Nous attendons paisiblement,
Près de l'onde castalienne,
Que notre héroïne revienne
De son voyage au firmament ;
Et nous assemblons pour lui plaire,
Dans ces vallons et dans ces bois,
Les fleurs dont Horace autrefois
Faisoit des bouquets pour Glycère.
Saint-Lambert, ce n'est que pour toi
Que ces belles fleurs sont écloses ;
C'est ta main qui cueille les roses,
Et les épines sont pour moi.
Ce vieillard chenu qui s'avance,
Le Temps, dont je subis les loix,
Sur ma lyre a glacé mes doigts,
Et des organes de ma voix
Fait trembler la sourde cadence.
Les Grâces, dans ces beaux vallons,
Les dieux de l'amoureux délire,
Ceux de la flûte et de la lyre
T'inspirent tes aimables sons,
Avec toi dansent aux chansons,
Et ne daignent plus me sourire.
Dans l'heureux printemps de tes jours,
Des dieux du Pinde et des Amours,
Saisis la faveur passagère ;
C'est le temps de l'illusion.

Je n'ai plus que de la raison ;
Encore, hélas ! n'en ai-je guère.

Mais je vois venir sur le soir,
Du plus haut de son Aphélie,
Notre astronomique Émilie,
Avec un vieux tablier noir,
Et la main d'encre encor salie,
Elle a laissé là son compas,
Et ses calculs et sa lunette ;
Elle reprend tous ses appas :
Porte-lui vite à sa toilette
Ces fleurs qui naissent sous tes pas,
Et chante-lui sur ta musette
Ces beaux airs que l'amour répète
Et que Newton ne connut pas.

CHAPITRE XXI

Retour à Lunéville. — Voltaire et le parti dévot. — Panpan et les dames de la cour. — Représentations théâtrales. — Fermeture du théâtre. — Départ de Voltaire et de Mme du Châtelet.

Le voyage à Commercy, signalé par les graves incidents que nous venons de raconter, ne fut que de quelques jours; dès le 17 octobre, la cour était de retour à Lunéville.

Mme du Châtelet, qui n'a plus de ménagements à garder ni vis-à-vis du roi, ni vis-à-vis de Voltaire, est heureuse de sa liberté relative, et elle en profite pour jouir plus complètement de son cher Saint-Lambert; car sa passion pour lui, loin de diminuer, n'a fait qu'augmenter. Elle n'a qu'un ennui : c'est la mauvaise humeur persistante, nous pourrions dire la méchanceté de Mme de Boufflers. Cette méchanceté se manifeste sous toutes les formes et de façon incessante.

Bien que la divine Émilie et son ami se voient à tout instant, il n'y a pas de jour où la marquise n'éprouve encore le besoin d'écrire.

« Je m'éveille et ce n'est pas pour vous voir, c'est pour aller à Chanteheu. Qu'ai-je à faire à Chanteheu, puisque je suis bien résolue à ne vouloir point avoir d'obligation à une femme avec laquelle je sens que je ne pourrai pas vivre? Le bonheur de vivre avec vous est le seul que mon cœur puisse connaître, mais vous ne voudriez pas que je l'achetasse à ce prix... Je ne veux avoir d'autres chaînes que celles qui m'attachent à vous. Il y a bien peu de gens qui soient dignes qu'on leur ait obligation. J'ai aimé Mme de Boufflers assez pour ne le pas craindre, mais je ne pense plus de même. Je sens que, peu à peu, ses humeurs ont lassé mon amitié, et je suis aussi détachée d'elle que je vous suis liée invinciblement. Je vous aurai une obligation extrême de lui montrer la façon dont je pense ; je n'aurai point d'aigreur avec elle, mais je sens que je n'aurai plus les mêmes manières. Mon extérieur est toujours l'image de mon cœur, quoi que vous en puissiez dire, et je ne crains pas que vous me le niez longtemps... Il me reste bien peu de temps à vous voir, mais on m'en dérobe trop. Je ne suis heureuse qu'avec vous. »

« On ne peut point écrire en l'air des choses aussi tendres que lorsqu'on a tout son loisir. D'ailleurs, j'ai l'âme fort agitée. Je vois qu'il n'y a aucune ressource avec qui vous savez et que les bons procédés ne font pas plus sur elle que la colère ; je crois qu'elle les craint encore davantage. Je crois qu'elle fait tout ce qu'elle peut pour éloigner le roi de moi ; elle n'y a pas réussi, mais elle y réussira. Mes bons procédés ne m'ont attiré que des aigreurs; elle ne veut pas que nous passions notre vie ensemble, cela est sûr. Mais si vous m'aimez autant que vous le dites, autant que vous le devez et autant que je vous aime, nous nous en passerons bien. J'ai passé ma vie dans l'indépendance, et assurément je ne choisirai pas ses chaînes; je ne veux dépendre que de mon goût et de mes plaisirs; il n'y en a point pour moi sans vous, cela est sûr... Son aigreur, ses farces, son ton sont inconcevables, et je vous assure qu'il faut songer à ne s'en plus embarrasser et à ne s'en plus occuper. »

« Vos lettres sont charmantes, surtout la dernière. Vous avez plus d'esprit et plus de loisir que moi, mais non plus d'amour. N'ayez pas cette vanité-là, je vous prie. M. de Voltaire ne quitte pas ma chambre et ne cesse de me prêcher sur Mme de Boufflers; j'en suis excédée; je fais plus que je dois. Mais c'est assurément ce qui ne peut jamais m'arriver avec vous. Je vous dois bien de l'amour et je vous jure que je ne suis point en reste. Oui, délices de mon cœur, puisque vous voulez un nom; oui, je vous adore, je vous attends avec la plus grande impatience. »

Mme du Châtelet n'était pas seule à éprouver des tracasseries. Le philosophe lui-même avait aussi quelques ennuis. Le Père de Menoux et le parti dévot, qui avaient cru fort habile d'attirer Voltaire à la cour de Lorraine, éprouvèrent une grande déception en voyant à quel point leurs chimériques projets étaient loin de se réaliser. Non seulement la présence du philosophe et de la divine Émilie n'avait pas nui à la faveur de Mme de Boufflers ; mais au contraire la domination de la favorite n'en était que plus complète, plus absolue.

Le parti dévot, fort marri de sa déconvenue, commença donc à faire campagne contre celui qu'il avait si imprudemment attiré : le Père de Menoux, en particulier, s'efforçait d'agir sur l'esprit de Stanislas, et il ne manquait pas une occasion de l'engager à se défier de Voltaire. Un jour où il lui parlait avec véhémence de l'hypocrisie du philosophe, le roi lui répondit spirituellement :

— C'est lui-même et non pas moi qu'il fait dupe du rôle qu'il joue. Son hypocrisie est du moins un hommage qu'il rend à la vertu. Et ne vaut-il pas mieux que nous le voyions hypocrite ici que scandaleux ailleurs?

On faisait courir les bruits les plus absurdes et on les colportait à l'envie pour soulever la population contre le philosophe. On racontait que la nuit les feuilles des arbres jaunissaient dans les allées du bosquet où Voltaire avait médité pendant le jour ; on affirmait qu'on entendait des bruits sinistres sortir de l'appartement du réprouvé.

Tout le monde se mettait de la partie, les femmes elles-mêmes. Un jour, Voltaire se trouvait en visite chez la jolie Mme Alliot, la femme du conseiller aulique. Un orage violent étant venu à éclater, la maîtresse de la maison, fort incivilement, pria le philosophe de se retirer, parce que sa présence pourrait bien attirer le tonnerre sur la maison. Voltaire indigné lui répondit : « Madame, j'ai pensé et écrit plus de bien de celui que vous craignez tant, que vous n'en pourrez dire toute votre vie. »

Mais toutes ces petites misères ne troublaient guère le philosophe. Il se sentait si bien soutenu et défendu par le roi qu'il riait tout le premier des absurdités qui se débitaient sur son compte. Il n'en contribuait pas moins avec Mme du Châtelet à faire de la cour de Lorraine la plus agréable des cours.

Certes, Mme de Boufflers, Mme du Châtelet, Voltaire étaient les étoiles de première grandeur qui resplendissaient à Lunéville ; mais il y avait encore d'autres astres de moindre importance qui contribuaient pour une très large part à l'agrément de la vie de chaque jour.

Mmes de Talmont, de Lutzelbourg, de Bassompierre, de Lenoncourt, de Cambis, Alliot, Durival, Héré, etc., sont toutes pleines d'entrain et de gaieté et forment des réunions charmantes.

Panpan, Porquet, d'Adhémar, le chevalier de Listenay, M. de Rohan, etc., leur donnent la réplique ;

Panpan surtout est d'une inépuisable gaieté, il est le boute-en-train de la petite cour.

Depuis les malheurs immérités qui l'ont frappé, Panpan ne connaît plus d'obstacles ; s'il ne quitte plus et pour cause les régions platoniques, il n'a pas renoncé au commerce des dames, bien au contraire ; il ne s'en montre que plus aimable et plus empressé. Entre les dames de la cour et lui, c'est un échange incessant d'épîtres galantes, de cadeaux, de plaisanteries. Sans cesse il offre à ses belles amies des fêtes, des réunions, des soupers ; mais bien entendu il n'est pas question de jalousie. Un jour, il les convie à souper en leur adressant ces quelques vers :

> Il est permis à chaque dame
> De m'amener son favori,
> Quand ce serait même un mari.
> Pour moi, qui suis à peu près femme,
> Je crois qu'il m'est aussi permis
> D'amener un de mes amis,
> Fine fleur de chevalerie,
> Noble et brave comme Amadis,
> Plus expert en galanterie
> Que tous les preux du temps jadis.

Mme de Lenoncourt avait fait croire à Panpan qu'elle se nommait Jeanne et le facétieux lecteur lui adressait à tout propos ce vers de la Pucelle :

> Il était vrai, la Jeanne avait raison.

CHAPITRE XXI

Grande est l'indignation de Panpan lorsqu'il apprend par hasard que Mme de Lenoncourt s'est moquée de lui et qu'elle s'appelle Thérèse ; il lui écrit :

> Croyez-vous donc que sans contrainte,
> On puisse ainsi de sainte en sainte
> Faire trotter mon Apollon ?
> Vous changez de nom à votre aise.
> Change-t-on aisément de ton ?
> On ne saurait chanter Thérèse
> Comme on chanterait Jeanneton.
> Et pourquoi donc Thérèse ? Et pourquoi donc plus Jeanne ?
> Avez-vous peur d'avoir toujours raison ?
> Mais votre esprit vous y condamne
> Bien plus que votre premier nom.

Panpan ayant eu un jour la singulière idée de lancer un costume jaune du plus fâcheux effet, Mme de Cambis lui demande d'y renoncer. Panpan, qui n'aime pas à contrister les dames, s'exécute aussitôt en adressant à la jeune femme ce galant madrigal :

> Sur l'air : *Du haut en bas*.
>
> Pour vous charmer,
> Sans regrets j'ai quitté le jaune,
> Pour vous charmer.
> Que ne puis-je vous enflammer ?
> Ah ! je quitterais même un trône,
> Ainsi que j'ai quitté le jaune
> Pour vous charmer.

Panpan ne se borne pas à donner des fêtes aux

dames; il les comble de cadeaux. Son amie, sa très chère amie, Mme Durival, ayant eu l'imprudence de parler devant lui de flambeaux dont elle a grande envie, Panpan s'empresse de les lui envoyer :

> Les voilà, ces flambeaux ; qu'en avez-vous à faire?
>   Dans votre esprit, dans vos beaux yeux,
>   La Raison et l'Amour en ont allumé deux,
>   Dont l'un nous brûle, et l'autre nous éclaire.
>   Lorsqu'on travaille pour vous plaire,
> Les vers viennent en foule, on les tourne aisément ;
> Mais tourner des flambeaux, c'est toute une autre affaire.
> Vous auriez eu ceux-ci dès le premier moment,
>   Si vous saviez aussi promptement faire
> Un tourneur qu'un poète, et surtout qu'un amant.

Mme Durival veut répondre dans la même langue, mais elle a plus de bonne volonté que de facilité. Panpan, qui est un puriste, la plaisante sur son inexpérience tout en lui décochant un compliment flatteur :

> Je ne sais pas si dans l'art de rimer
>   Vous serez toujours écolière,
> Mais je sais, et tout sert à me le confirmer,
> Que vous serez toujours maîtresse en l'art de plaire.

Panpan, nous l'avons dit, était resté dans la plus étroite intimité avec Mme de Boufflers. Il avait conservé pour elle non pas une simple affection, mais un véritable culte. Elle n'avait pas d'ami plus dévoué, plus attaché. Dans tous ses vers, dans toutes ses lettres, le nom de la charmante femme revient sans cesse ; on voit, on sent qu'il l'adore toujours. Pas un anniversaire ne se passe sans qu'il lui adresse des vers. Elle-même éprouve toujours pour lui la plus tendre, la plus fidèle amitié. En 1746, Panpan reconnaissant lui envoie ce bouquet :

> Du bon esprit naît le bonheur suprême ;
> En tout vous en suivez la loi.
> Quels vœux former pour vous ? Ah ! je ne saurais même
> Vous souhaiter plus de bontés pour moi.

L'affection si profonde qu'il éprouve pour la mère, il l'a reportée sur la fille, sur la « divine mignonne » ; il comble l'enfant de cadeaux et de marques d'affection.

Un jour il lui apporte deux petits amours de porcelaine, accompagnés de ces vers :

> On voit, jeune Boufflers, croître en vous tous les ans
> Les beautés, les grâces légères,
> Les vertus et les agréments
> De la plus aimable des mères.
> Souffrez donc que j'apporte à vos jeux innocents
> Ces deux jolis marmots qui, maintenant vos frères,
> Deviendront dans peu vos enfants.

Si Mme de Boufflers est charmante pour son ancien ami, Voltaire n'est pas moins aimable pour son modeste « confrère en Apollon. » ; il saisit avec empressement toutes les occasions de lui montrer son estime et son amitié. En 1748, il lui offre ses ouvrages avec cette dédicace :

> Cher Panpan, lecteur bénévole,
> Vous dont l'amitié me console
> De la haine des beaux esprits,
> Recevez chez vous mes écrits.
> Qu'ils y bravent la main des Parques,
> Qu'ils soient placés chez les monarques,
> Mais surtout dans votre taudis.

Panpan très touché des attentions de son *Idole*, ne manque jamais l'occasion de lui témoigner sa gratitude :

> Je ne veux plus de toi, muse, que quelques vers
> Pour chanter le plaisir, mes amis et Boufflers.
>   Fais-les couler avec délices
>   Du sein de cet humble réduit.
> Qu'ils fassent, s'il se peut, un jour assez de bruit
> Pour que de ses bontés Voltaire s'applaudisse
>   Et que Joffrin rougisse
>   De m'avoir éconduit.

Depuis que l'on est de retour à Lunéville, les fêtes se succèdent sans interruption. Mme du Châtelet, qui est infatigable, fait marcher de front les comédies, l'opéra, les lectures, les travaux astronomiques, ses amours, etc.

Voltaire n'est pas moins actif. Il compose des madrigaux pour les dames, il refait *Sémiramis*, il écrit l'histoire de la guerre de 1741 ; enfin, il travaille nuit et jour, sans trêve ni repos.

Il ne perd pas une occasion d'adresser au roi et à la favorite d'aimables compliments.

A MADAME DE BOUFFLERS

> Le nouveau Trajan des Lorrains
> Comme roi n'a pas mon hommage ;
> Vos yeux seraient plus souverains,
> Mais ce n'est pas ce qui m'engage.
> Je crains les belles et les rois :
> Ils abusent trop de leurs droits ;
> Ils exigent trop d'esclavage.
> Amoureux de ma liberté,
> Pourquoi donc me vois-je arrêté
> Dans les chaînes qui m'ont su plaire ?
> Votre esprit, votre caractère
> Font sur moi ce que n'ont pu faire
> Ni la grandeur ni la beauté.

Non content de tous ces travaux divers, le poète compose encore de petites pièces destinées au théâtre de la cour et qui doivent être interprétées par la troupe « de qualité. »

Mme de Boufflers, Mme du Châtelet, Mme de Lutzelbourg, Mme de Lenoncourt, le vicomte de Rohan, Panpan, Saint-Lambert, etc., contribuent à l'éclat des représentations. Tous ont dû accepter des rôles, et ils s'en tirent non sans éclat.

« Depuis que je suis ici, écrit Mme du Châtelet, je

n'ai fait que jouer l'opéra et la comédie. Votre ami nous a fait une comédie en vers et en un acte qui est très jolie, et que nous avons jouée pour notre clôture. J'ai joué aussi l'acte du feu des *Éléments* (1), et je voudrais que vous y eussiez été, car, en vérité, il a été exécuté comme à l'Opéra. »

Voltaire ne se contente pas de faire des comédies, il en joue. On lui demande d'interpréter des rôles, et le poète, qui adore les planches, ne se fait pas trop prier. Il profite de l'occasion pour couvrir de louanges son hôte bienfaisant.

Voici le compliment qu'il débite à Stanislas et à la princesse de la Roche-sur-Yon après avoir joué le rôle de l'assesseur dans l'*Étourderie* (2) :

O roi dont la vertu, dont la loi nous est chère,
Esprit juste, esprit vrai, cœur tendre et généreux,
Nous devons chercher à vous plaire,
Puisque vous nous rendez heureux.
Et vous, fille des rois, princesse douce, affable,
Princesse sans orgueil et femme sans humeur,
De la société, vous, le charme adorable,
Pardonnez au pauvre assesseur.

Mais le poète n'adresse pas uniquement ses louanges aux grands de la terre ; les interprètes qui se distinguent ont droit aussi à ses éloges. Mlle de la Galaizière ayant,

(1) Ballet de Roy, musique de Destouches.
(2) Comédie en un acte de Fagan.

joué à ravir le rôle de Lucinde dans l'*Oracle* (1), reçoit ces vers charmants :

> J'allais pour vous au dieu du Pinde
> Et j'en implorais la faveur.
> Il me dit : « Pour chanter Lucinde
> Il faut un dieu plus séducteur. »
> Je cherchai loin de l'Hippocrène
> Ce dieu si puissant et si doux ;
> Bientôt, je le trouvai sans peine,
> Car il était à vos genoux.
> Il me dit : « Garde-toi de croire
> Que de tes vers elle ait besoin ;
> De la former, j'ai pris le soin ;
> Je prendrai celui de sa gloire. »

Cependant, cette succession de plaisirs, d'opéras, de comédies devait avoir une fin. On ne peut toujours s'amuser. Et puis, ne faut-il pas avant tout respecter les lois de l'Église ? A l'approche de l'Avent, Stanislas décide que les spectacles vont cesser.

Voltaire s'incline devant la volonté royale ; la troupe « de qualité » donne une dernière et brillante représentation, et, à la fin du spectacle, le poète, entouré de tous les interprètes, s'avance sur le devant de la scène et, parlant à Stanislas, lui adresse ce compliment :

> Des jeux où présidaient les Ris et les Amours,
>   La carrière est bientôt bornée ;
>   Mais la vertu dure toujours :
>   Vous êtes de toute l'année.

(1) Petite comédie de Saint-Foix.

> Nous faisions vos plaisirs et vous les aimiez courts;
> Vous faites à jamais notre bonheur suprême,
> Et vous nous donnez tous les jours
> Un spectacle inconnu trop souvent dans les cours,
> C'est celui d'un roi que l'on aime.

Les représentations étant terminées, Voltaire charmait encore son hôte en lui faisant lecture de ses travaux. Il poursuivait toujours l'histoire de la guerre de 1741 et venait d'achever l'épisode relatif aux derniers malheurs de la maison des Stuart. Un jour, il donnait lecture à la cour assemblée d'un passage des plus pathétique. L'émotion était générale, car on ne pouvait entendre l'historien sans se rappeler les propres et cruelles infortunes de Stanislas. Et puis, ne savait-on pas que la princesse de Talmont, qui assistait à la lecture, au premier rang, était la maîtresse du prince Édouard? La lecture fut interrompue par l'arrivée du courrier. L'indignation, la stupeur furent générales quand on apprit qu'en vertu du traité conclu avec l'Angleterre, le prétendant venait d'être arrêté à la sortie de l'Opéra. Il avait fallu en arriver aux pires extrémités; le prince, saisi par les archers, avait été enfermé à Vincennes; puis conduit hors du royaume.

Stanislas, saisi de pitié et n'écoutant que son cœur, envoya aussitôt un courrier au prince exilé pour lui offrir un asile dans ses États.

Les derniers temps du séjour en Lorraine sont attristés par des querelles assez fréquentes entre Saint-

Lambert et Mme du Châtelet. Cette dernière se plaint sans cesse de la froideur de son amant ; elle l'accuse de la délaisser, de l'oublier, tant et si bien que la séparation allait presque devenir un soulagement pour tous les deux :

« Me laisser envoyer deux fois chez vous sans m'écrire, me voir à quatre heures quand je vous demande de venir à une heure, et cela en me mandant que vous vous portez bien, c'est me dire assez comment vous pensez pour moi après la façon dont vous m'avez quittée hier au soir. Il faut partir pour Paris et nous séparer à jamais. Je ne sais ce qui arrivera demain ; mais je puis tout supporter, hors la façon indigne dont vous me traitez. »

———

« Vous m'avez traitée si froidement aujourd'hui ; vous avez eu l'air si peu occupé de moi ; vous avez si peu songé à chercher des expédients, à m'en demander, à m'en parler, à vous en plaindre ; vous m'avez si peu regardée ; enfin, je suis si excessivement mécontente de vous que je me console bien aisément de ne pouvoir vous ouvrir la porte de la maréchale ; je me repens seulement de vous l'avoir proposé et de l'avoir imaginé ; je suis une indigne créature de vous en avoir parlé ; je sens tout mon tort et je n'en aurai plus de cette espèce. Je suis bien heureuse que vous ayez de si mauvais procédés avec moi à la veille de mon départ ; j'en serai plus heureuse à Paris. Je suis bien persuadée que vous n'avez pas tenté de venir ce soir et je ne vous écrirais pas si je ne voulais pas vous faire voir que je me suis aperçue de votre conduite et qu'elle fait sur moi l'effet qu'elle y doit faire. »

Cependant, avant de se rendre à Paris, Mme du Châtelet avait des intérêts qui la rappelaient à Cirey, des bois à visiter, des contestations à terminer; il fut décidé que l'on y passerait les fêtes de Noël. Voltaire et la divine Émilie prirent congé de Stanislas et de sa cour le 20 décembre.

Les adieux avec Saint-Lambert furent déchirants naturellement : toutes les querelles étaient oubliées; on ne se rappelait plus que les heureux moments. On se promit de s'écrire beaucoup, et au besoin plusieurs fois par jour, et de se retrouver très prochainement.

CHAPITRE XXII
(1749)

Séjour à Cirey, de décembre 1748 à février 1749. — Séjour à Paris, de février à avril 1749. — Séjour à Trianon, du 14 au 28 avril 1749.

Mme du Châtelet et Voltaire prirent donc la route de Cirey.

On arriva à Châlons à huit heures du matin ; mais la marquise avait gardé si mauvais souvenir de cette ville, qu'elle ne voulut même pas s'y arrêter, et l'on se rendit directement à la maison de campagne de l'évêque, qui était un de leurs amis.

Le prélat, qui avait en séjour quelques invités, fit aussitôt servir un plantureux déjeuner. La conversation devint des plus gaies. Mme du Châtelet, très animée, proposa une partie de comète ou de cavagnole ; on accepta et l'on se mit incontinent à la table de jeu. Cependant, neuf heures et demie avaient sonné, heure fixée pour le départ. Les chevaux étaient à la porte et les postillons s'impatientaient. Après une heure d'attente, comme la partie de comète battait son plein, on fit dire aux postillons de s'en aller, et de revenir à deux heures.

A deux heures, ponctuellement, on entendait claquer les fouets ; mais, hélas ! on avait recommencé une nouvelle partie, et la marquise, qui perdait, ne voulait pas entendre parler de départ.

En attendant, la pluie tombait à verse, et les postillons criaient, juraient, menaçaient de tout abandonner ; à la fin, on finit par les installer ainsi que leurs chevaux dans les écuries du château. Ce n'est qu'à huit heures du soir qu'on put arracher la marquise à sa table de jeu.

On arriva à Cirey le 24 décembre. Mais tout à coup Mme du Châtelet, qui dans la vie ordinaire était toujours vive et de bonne humeur, devint rêveuse, sombre, taciturne. Surpris de ce changement, que rien en apparence ne motivait, Voltaire essaya d'en connaître la cause. Ce fut d'abord en vain. Cependant, à force d'insistance et de prières, il finit par arracher à la marquise son douloureux secret : elle lui confia qu'elle avait de graves inquiétudes, et qu'à certains symptômes elle avait tout lieu de se craindre dans une situation intéressante.

La position était d'autant plus délicate que, depuis de longues années, elle n'avait plus avec son mari que de simples relations d'amitié. Comment sortir honorablement de ce pas difficile ?

L'occasion était unique pour Voltaire d'accabler son imprudente amie, de se désintéresser d'un incident auquel il n'avait aucune part et de dire à la divine

Émilie de se tirer de là comme elle pourrait. Mais il avait le cœur trop généreux pour agir ainsi. Touché aux larmes de la détresse et des angoisses de Mme du Châtelet, il n'eut qu'une idée : lui venir en aide et apaiser ses inquiétudes. Il s'y employa avec autant de zèle que s'il eût été l'auteur responsable du désastre.

Très sagement, le philosophe conseilla de faire venir le principal intéressé et de voir avec lui à quel parti il convenait de s'arrêter : c'était bien le moins qu'il aidât la marquise à sortir de l'embarras dans lequel il l'avait placée.

Ainsi fut fait, et Saint-Lambert, mandé en toute hâte, arriva à Cirey.

On peut deviner ce que furent les conférences entre Mme du Châtelet, Voltaire et Saint-Lambert; elles ne manquèrent assurément ni de piquant, ni de saveur. Enfin, après un long examen de la situation, le singulier trio ne trouva que deux solutions possibles :

La première était de dissimuler la grossesse, de disparaître pendant quelques mois, et d'accoucher en cachette. Mais que de difficultés! Et on restait toujours à la merci d'une indiscrétion.

La seconde était d'attribuer à M. du Châtelet ce qui juridiquement lui appartenait. Mais, si pour le public la chose était facile, il n'en était pas de même vis-à-vis du marquis.

C'est cependant à ce dernier parti que les trois amis s'arrêtèrent comme le plus convenable, et Voltaire qui avait l'habitude des comédies fut chargé d'organiser le scénario.

Donc, Mme du Châtelet écrit à son mari, qui était alors à Dijon, de venir promptement à Cirey, qu'un procès est menaçant, que sa présence peut tout arranger ; que de, plus, elle a à lui remettre une forte somme d'argent pour subvenir aux frais de la prochaine campagne. Cette dernière perspective ne laisse pas le marquis insensible, et il accourt à Cirey, où il est reçu avec de grandes démonstrations de joie ; Mme du Châtelet, Voltaire, Saint-Lambert, quelques seigneurs des environs qu'on a conviés à faire un séjour, tout le monde s'empresse autour du châtelain et lui fait fête. Dans la journée, on chasse, on parcourt les bois, on visite les fermiers ; le soir, on fait grande chère, on sert des vins généreux, la bonne humeur est générale ; on cause chasse, pêche, chiens, chevaux, c'est-à dire qu'on choisit de préférence les sujets chers à M. du Châtelet, et chaque fois qu'il prend la parole, tout le monde l'écoute avec déférence.

Charmé d'un succès auquel il n'est pas habitué, le marquis en profite pour raconter ses campagnes. D'autre part Voltaire, qui dans cette comédie joue le premier rôle, étourdit toute la société par les contes les plus drôles et les plus divertissants ; la marquise, placée auprès de son mari, porte une toilette des plus suggestives.

Dès le second soir, le marquis, grisé par ses propres

paroles, par le bruit, par le vin, perd à peu près la raison.

Grand fut son étonnement de se réveiller le lendemain matin, les fumées du vin dissipées, dans la propre chambre de son épouse, tendrement couché auprès d'elle. Elle lui expliqua, en rougissant, qu'elle avait dû céder à ses instances, et il le crut d'autant plus volontiers, qu'il n'avait plus le moindre souvenir de ce qui s'était passé.

La même charmante existence se prolongea pendant trois semaines au milieu de plaisirs toujours renouvelés et de la gaieté générale. A ce moment, la marquise avoua timidement à son mari qu'elle éprouvait d'étranges symptômes et qu'elle ne serait pas autrement surprise si elle était appelée quelques mois plus tard à lui donner un nouvel héritier.

A cet aveu, M. du Châtelet pensa s'évanouir de joie; puis, après avoir tendrement embrassé sa chère épouse, il courut annoncer la bonne nouvelle à Voltaire, à Saint-Lambert et à tous les amis qui se trouvaient dans le château. Tout le monde le félicita de cet heureux événement; puis ce fut au tour de la marquise de recevoir les compliments de son entourage.

De grandes réjouissances eurent lieu à Cirey en l'honneur de cette maternité si imprévue et M. du Châtelet les présidait avec une fierté bien légitime.

La comédie imaginée par Voltaire et ses amis réussit donc à merveille. Seuls quelques esprits malveillants se permirent de trop faciles plaisanteries.

Quelqu'un disait : « Quelle diable d'idée a donc pris à Mme du Châtelet de coucher avec son mari? »

— « Vous verrez, répondit-on, que c'est une envie de femme grosse. »

Cette délicate négociation heureusement terminée, la réunion des deux époux n'avait plus de raison d'être; M. du Châtelet retourna donc à son corps, Saint-Lambert partit pour Nancy rejoindre son régiment, Voltaire et la divine Émilie firent leurs préparatifs pour regagner Paris.

Depuis que l'on avait quitté Lunéville, Voltaire entretenait avec Stanislas une correspondance assez suivie. Dès la fin de décembre, il avait écrit au roi pour lui envoyer ses vœux de nouvel an. En même temps, il lui parlait avec colère d'un pamphlet où on le vilipendait (1) :

« C'est un livre imprimé au fond de l'enfer », répond le roi qui prend part à la juste indignation de son ami; mais en même temps il l'engage à se mettre au-dessus d'aussi basses attaques, « l'envie effrénée n'attaquant que le mérite. Mieux vaut, lui dit-il, mépriser la noirceur des malhonnêtes gens et se contenter d'être estimé des gens d'honneur ».

Voltaire n'envoie pas au roi seulement des pamphlets; il lui soumet également ses dernières productions (2).

(1) *Voltairiana*.
(2) 31 janvier.

« *Memnon* m'a endormi bien agréablement, lui répond le monarque, et j'ai vu dans un profond sommeil que la sagesse n'est qu'un songe. »

Mais le roi ne veut pas être en reste de politesse avec son ami, il soumet à son appréciation un opuscule qu'il vient de terminer :

« Je vous envoie *le Philosophe chrétien* qui a été continué depuis votre départ. Memnon dira bien qu'il y a de la folie de vouloir être sage; mais, du moins, il est permis de se l'imaginer. Ce philosophe ne mérite pas un moment de votre temps perdu pour le parcourir, mais il connaît votre indulgence pour se présenter devant vous. Faites-lui donc grâce en faveur du bonheur qu'il cherche et que vous lui procurerez si vous le jugez digne de vous occuper un moment... » (5 février 1749.)

Stanislas envoya aussi *le Philosophe chrétien* à sa fille qui lui répondit que l'ouvrage était d'un athée, et qu'elle y reconnaissait la main de Voltaire. Ce dernier, auquel le propos fut rapporté, s'indignait fort d'être soupçonné de collaboration à un livre qui, disait-il, n'était pas écrit en français.

Entre Stanislas et Voltaire, c'est un échange perpétuel de bons procédés et de gracieux compliments, et comme les petits cadeaux entretiennent l'amitié, le philosophe fait envoyer à son confrère couronné quelques friandises du bon faiseur parisien.

« Nous mangeons vos bonbons tout notre saoul, écrit

le prince reconnaissant; vos soins à nous les envoyer en font la plus agréable douceur. »

La marquise elle-même écrit souvent au monarque, et Stanislas lui répond très fidèlement. Il lui mande le 17 février 1749 :

« Je vous rends mille grâces, ma chère marquise, du compte que vous me rendez de ce que vous faites. J'envie le bonheur de tous les lieux où vous vous trouvez. J'espère avoir le plaisir de vous rejoindre immédiatement après Pâques; Mme l'Infante m'en donnera le temps. Jusqu'à ce moment, le carême me deviendra bien mortifiant. J'ai réfléchi sur ce que M. d'Argenson (1) vous a dit. Si vous ne faites rien avant mon arrivée, je crois que la gloire me reviendra, quand j'y serai, d'effectuer ce qu'on vous a promis. Du moins, j'y emploierai tous mes soins et tout l'empressement que vous me connaissez pour tout ce qui vous intéresse. Soyez-en, je vous en conjure, persuadée, car, en vérité, je suis de tout mon cœur, votre très affectionné

« STANISLAS.

« *A M. de Voltaire*

« *P.-S.* — Je n'ai pas le temps, mon cher Voltaire, de vous écrire aujourd'hui. Je me réduis à cette apos-

(1) Mme du Châtelet lui avait écrit quelques semaines auparavant pour obtenir en Lorraine une lieutenance du roi pour son fils, alors à Gênes. D'Argenson était ministre de la guerre.

tille pour vous dire que je viens d'exécuter ce que vous avez demandé au *philosophe* (1) par sa bonne amie, et de vous embrasser cordialement. »

Le 17 février, Voltaire et Mme du Châtelet se réinstallent à Paris.

Pendant que Voltaire est absorbé par des préoccupations littéraires, Mme du Châtelet mène l'existence la plus remplie, la plus agitée; elle revoit ses amis; va dans le monde, à la cour; soupe tous les soirs en ville; entre temps, elle travaille à son ouvrage sur Newton, qu'à tout prix elle veut achever avant ses couches. Sait-on jamais ce qui peut arriver!

Son existence serait heureuse si elle n'était empoisonnée par les soupçons, les inquiétudes que lui inspire la conduite de Saint-Lambert. Elle le trouve froid, indifférent; elle s'imagine que sa grossesse l'a détaché d'elle, qu'il est las de cet amour si violent, qu'il n'attend qu'un prétexte pour rompre une liaison qui lui est à charge. Elle est jalouse, non plus seulement de Mme de Boufflers, mais aussi de Mme de Mirepoix, de Mme de Bouthillier, de Mme de Thianges.

Du côté de Mme de Boufflers, ses préoccupations ont d'autant plus de raison d'être que la liaison de la marquise et du vicomte subit un refroidissement évident. D'Adhémar est véhémentement soupçonné d'infidélité. Mme de Boufflers ne va-t-elle pas profiter de

(1) Stanislas lui-même, auteur du *Philosophe chrétien*.

l'isolement de Saint-Lambert, pour reprendre son empire sur lui et le replonger dans ses fers?

Pourquoi, au lieu d'être à Nancy, reste-t-il toujours à Lunéville, si ce n'est parce que la marquise l'y attire et l'y retient?

Cette pensée torture Mme du Châtelet ; elle prend en horreur l'amie qu'elle aimait si tendrement ; elle la croit capable des pires noirceurs. Ses lettres, tantôt tendres, tantôt violentes, toujours passionnées, reflètent lamentablement son état d'âme.

« Je joue un singulier rôle, il faut que j'aie bien de la vertu ; l'envie d'être digne de vous et du moins de me faire regretter, si vous ne pouvez plus m'aimer, me soutient.

« On quitte le vicomte pour vous enlever à moi ; je ne puis plus en douter que par l'excès de la folie avec laquelle je vous aime. Le vicomte veut partir et c'est moi qui l'en empêche, de peur de perdre quelqu'un qui m'a arraché le bonheur de ma vie, et qui a employé tant d'art, de noirceur et de manège pour vous détacher de moi, et qui y est enfin parvenu....

« Je passe ma vie à pleurer votre infidélité et à cacher mes larmes à qui pourrait me venger... Pour m'en récompenser, vous me faites mourir de douleur, moi et *ce qui doit vous être cher*. Vous pouvez tout finir d'un mot, et vous me le refusez. Ce mot est que vous m'aimez, mais si vous ne m'aimez plus, ne me le dites jamais... »

Comment peut-il la trahir pour une femme qui lui a fait tant d'outrages, dont le cœur est si peu fait pour le sien! Comment peut-il la sacrifier à la faveur!

Ce qu'il y a de plus pénible, c'est la contrainte à laquelle Mme du Châtelet se trouve condamnée et la violence qu'elle doit se faire pour dissimuler ses sentiments secrets. En apparence, elle est toujours au mieux avec Mme de Boufflers, et elle lui écrit par chaque poste.

Alors qu'elle devrait l'accabler de reproches, elle ne lui laisse voir que l'amitié la plus tendre. C'est un véritable supplice.

Si Mme du Châtelet était vindicative, elle pourrait, d'un mot, tout finir. Elle n'aurait qu'à mettre le vicomte au courant de ce qui se passe, il partirait sur-le-champ. Que deviendrait Mme de Boufflers devant ce témoin embarrassant?

L'existence de la divine Émilie est donc fort triste. Outre les maux et les incommodités de son état, elle n'a pas une minute de tranquillité. Elle écrit tous les jours à Saint-Lambert, souvent plusieurs fois par jour; elle écrirait, même s'il ne devait pas lire ses lettres, pour avoir la consolation de lui parler et de confier au papier ses peines, ses inquiétudes et les transports de son cœur. Ses lettres interminables sont un tissu d'incohérences, de reproches, de tendresses, de menaces et de marques d'amour.

« Je sens que je vous excède de mes lettres », lui mande-t-elle naïvement ; mais elle continue de plus belle à l'en accabler.

« Je vous ai écrit vingt-trois lettres, et je n'en ai reçu que onze. Ce serait bien autre chose, si on comptait par page !... »

« J'aime mieux mourir que d'aimer seule ; c'est un trop grand supplice... »

Elle lui réclame son portrait ; mais, « s'il le renvoie, il lui portera un coup mortel ».

« Pourquoi faut-il que vous m'aimiez moins, parce que je vous adore davantage ? Seriez-vous de ceux que l'amour refroidit ?... »

De temps à autre, cependant, il y a dans la correspondance une note gaie. Entre deux reproches, la marquise fait à son amant cette confidence amusante :

« M. du Châtelet n'est pas si affligé que moi de ma grossesse ; il me mande qu'il espère que je lui ferai un garçon. »

Mais Saint-Lambert n'a-t-il pas la fâcheuse idée de retourner à Lunéville ! Qu'y va-t-il faire ? Les soupçons, les inquiétudes de la marquise reprennent plus violents que jamais.

« Dimanche.

« Je n'ai point de lettre de vous aujourd'hui. Cela est abominable. Cela est d'une dureté et d'une barbarie qui sont au-dessus de toute qualification, comme la douleur où je suis est au-dessus de toute expression. Ne soyez pas excédé de mes lettres; si je n'en reçois pas par la première poste, je ne vous écrirai plus.

« Ma grossesse augmente encore mon désespoir; cependant, je me conserve comme si la vie m'était chère. »

Les récriminations entre les deux amants continuent incessantes et chaque jour plus âpres, plus pénibles.

Saint-Lambert, qui évidemment a assez de cette liaison, cherche tous les prétextes pour soulever des querelles. Quand les lettres qu'il reçoit sont froides, il en manifeste beaucoup d'humeur et il ne ménage pas les reproches; quand elles sont tendres, il n'y répond même pas.

Puis il se pique de jalousie. Il reproche amèrement à Mme du Châtelet de l'oublier et tantôt d'être en coquetterie avec le chevalier de Beauvau, tantôt avec le comte de Croix. Il en paraît même si affecté qu'il la menace nettement d'une rupture.

La pauvre femme répond tristement :

« Comment pourrais-je vous oublier? Cela m'est impossible, quand même vous m'y forceriez. Comment pourrais-je vous négliger? Vous êtes le commencement, la fin, le but et le sujet continuel de toutes mes actions et de toutes mes pensées.

« Tous mes sentiments sont durables; croyez-vous que les impressions que m'ont faits vos soupçons, votre dureté, l'idée que vous avez pensé à me quitter, que vous me l'avez écrit, que vous avez risqué ma santé et ma vie, et cela sans aucun fondement, sans que j'eusse le moindre tort, même sans me le dire, car ce n'est qu'à la troisième lettre que vous êtes entré en explications; croyez-vous, dis-je, que tout cela soit effacé?... Vous avez bien à réparer avec moi; ne négligez pas de fermer les plaies de mon cœur... Vous m'avez tellement déchirée, vous paraissez vous en repentir si peu, vous ne paraissez pas même l'avoir senti. »

Mais si Saint-Lambert est détaché d'elle, les sentiments de Mme du Châtelet sont restés immuables et elle rendra le bien pour le mal; elle fera tout au monde pour l'homme qu'elle a aimé, qu'elle aime toujours passionnément. Le roi de Pologne doit venir prochainement à Trianon; les nouvelles assiduités de Saint-Lambert auprès de Mme de Boufflers ont dû certainement lui donner de l'humeur et lui rendre ses soupçons anciens; elle fera tout au monde pour les dissiper : « Votre bonheur et votre fortune sont la seule manière de me consoler de votre perte », lui dit-elle.

Cependant, la marquise a besoin de connaître les véritables sentiments de Saint-Lambert, car il lui faut prendre des mesures et des arrangements pour ses couches; les fera-t-elle à Paris où à Lunéville?

« C'est à vous de décider de mon sort. Je ne sais que penser de vos deux dernières lettres. Êtes-vous détaché de moi? Je ne le croirai que quand vous me l'aurez bien répété, et je sens que, si vous me le répétez, je ne m'en consolerai jamais. Mais je sais que l'amour et le goût ne se raniment point et je pleure en secret l'erreur de mon cœur. »

La pauvre femme s'humilie, elle demande pardon d'une lettre violente qu'elle a écrite : « Il est impossible, ajoute-t-elle, que vous n'ayez pas démêlé dans la fureur qui y régnait tout l'amour qui l'avait dictée. »

Saint-Lambert daigne pardonner et écrire un peu plus tendrement; aussitôt la marquise, ravie, oublie tous ses griefs; elle se croit aimée de nouveau; elle se calme, s'apaise et naturellement elle se décide à faire ses couches à Lunéville, ce qu'elle souhaite par-dessus tout.

Mais ce n'est pas tout de le désirer, il faut encore en avoir la permission; et comment l'obtenir sans la bienveillante intervention de Mme de Boufflers? Elle se décide alors à avouer à son amie une situation qu'elle lui a jusqu'à ce jour soigneusement dissimulée :

« Paris, jeudi 3 avril 1749.

« Eh bien, il faut donc vous dire mon malheureux secret, sans attendre votre réponse sur celui que je vous demandais : je sens que vous me le promettez et que vous le garderez, et vous allez voir qu'il ne pourra se garder encore longtemps.

« Je suis grosse, et vous imaginez bien l'affliction où

je suis : combien je crains pour ma santé et même pour ma vie ; combien je trouve ridicule d'accoucher à quarante ans (1), après en avoir été dix-sept sans faire d'enfants ; combien je suis affligée pour mon fils. Je ne veux pas encore le dire, de crainte que cela n'empêche son établissement, supposé qu'il s'en présentât quelque occasion, à quoi je ne vois nulle apparence...

« Personne ne s'en doute, il y paraît très peu : je compte cependant être dans le quatrième et je n'ai pas encore senti remuer ; ce ne sera qu'à quatre mois et demi. Je suis si peu grosse que, si je n'avais pas quelques étourdissements ou quelques incommodités, et si ma gorge n'était fort gonflée, je croirais que c'est un dérangement.

« Vous sentez combien je compte sur votre amitié et combien j'en ai besoin pour me consoler et pour m'aider à supporter mon état. Il me serait bien dur de passer tant de temps sans vous et d'être privée de vous pendant mes couches ! Cependant, comment les aller faire à Lunéville et y donner cet embarras-là ? Je ne sais si je dois assez compter sur les bontés du roi pour croire qu'il le désirât et qu'il me laissât le petit appartement de la reine que j'occupais ; car je ne pourrais accoucher dans l'aile (2) à cause de l'odeur du fumier,

---

(1) Elle devrait dire quarante-trois.
(2) Elle veut parler de l'aile droite de la cour d'honneur où étaient situés les appartements des étrangers. En sous-sol se trouvaient les écuries royales.

du bruit et de l'éloignement où je serais du roi et de vous. Je crains que le roi ne soit alors à Commercy et qu'il ne voulût pas abréger son voyage; j'accoucherai vraisemblablement à la fin d'août ou au commencement de septembre au plus tard.

« J'ignore quels sont les projets du roi pour ses voyages; il me serait bien dur de passer encore huit mois sans vous et peut-être plus; car, avec le temps de mes couches, cela ira au moins à huit mois, et, pour peu qu'il me restât la moindre incommodité, je ne pourrais au commencement de l'hiver entreprendre un si grand voyage en relevant de couches; ce sera un des temps de ma vie où notre amitié sera la plus agréable et la plus nécessaire et où les bontés du roi me seront de la plus grande consolation. Il me semble bien dur de m'en priver; j'espère que vous ne le souffrirez pas. Vous voyez cependant combien de considérations doivent m'arrêter; je ne veux point abuser des bontés du roi pour moi ni de votre amitié. M. du Châtelet veut que j'accouche à Lunéville, ou du moins le désire fort; je le désire plus que lui, mais c'est à vous de voir si cela est possible et convenable; c'est à vous de me dire si vous le désirez, si le roi le désire et ce que vous me conseillez.

« Si je dois accoucher à Lunéville, j'y retournerai à la fin de mai ou au commencement de juin, parce que je risquerai moins alors. Je ne crains point le voyage, j'irai doucement; je ne me suis jamais blessée, je suis très forte. Rien ne me serait plus malsain que de me passer de vous. Décidez donc de mon sort et, si vous voulez qu'il soit heureux, faites que je sois avec vous. J'attendrai votre réponse avec impatience. Vous direz au roi tout ce que vous voudrez ; je mets mon sort entre vos mains.

« Je compte que je trouverai en Lorraine un bon accoucheur et une bonne garde. Il serait bien cher d'accoucher à Paris, et bien triste d'y accoucher sans vous. »

En prévenant Saint-Lambert de la lettre qu'elle envoyait à Mme de Boufflers, la marquise ajoutait :

« Je prie Mme de Boufflers de faire de ma confidence un usage convenable et utile, et je lui avoue tout ingénument que je serais au désespoir d'accoucher ici. Elle a le cœur bon dans le fond, mais je crois que la meilleure finesse est de n'en point avoir... Il est certain que je suis incapable de soutenir l'idée d'accoucher ici et d'y accoucher sans vous, et que, si je n'en mourais pas, la tête m'en tournerait et que je suis capable de mille extravagances. » (3 avril.)

Par malheur, le roi de Pologne venait d'être fort souffrant et le moment était mal choisi pour l'entretenir de la requête de la divine Émilie.

Une nuit, Stanislas avait été pris par des douleurs violentes, résultat d'une forte indigestion, et son état avait été un moment si inquiétant que son entourage avait été fort alarmé. Il se remit peu à peu, cependant ;

mais le bruit de sa maladie s'était répandu, et la *Gazette de Hollande* avait même annoncé qu'il était au plus mal.

A cette nouvelle Voltaire, qui était attaché au roi par les liens de la reconnaissance et de la plus vive amitié, fut très profondément affecté ; il s'empressa de lui écrire pour lui exprimer tous ses vœux et lui dire les tendres sentiments dont son cœur était plein.

A peine rétabli, le roi remercie le philosophe :

« Je serais, mon cher Voltaire, au désespoir si je me trouvais aussi embarrassé à répondre à vos sentiments pour moi qu'à la production de votre incomparable génie ; car il n'y a ni vers, ni prose qui soient capables de vous exprimer combien je suis sensible à tout ce que vous me dites. Toute mon éloquence est au fond de mon cœur. C'est par son langage que vous connaîtrez ma façon de m'expliquer pour vous marquer ma reconnaissance de la part que vous avez prise à ma légère incommodité et pour vous assurer combien je suis de tout mon cœur à vous.

« Stanislas, roi. »

En avril, le roi de Pologne vint faire à Trianon un de ses séjours habituels. Il était accompagné du duc Ossolinski, du marquis de Boufflers et de M. de la Galaizière.

Mme du Châtelet, qui avait mille raisons pour lui faire sa cour et le quitter le moins possible, vint s'installer à Trianon auprès de lui. Elle espérait que cette marque d'attachement ne passerait pas inaperçue et que le roi, déjà préparé par Mme de Boufflers, lui accorderait au château de Lunéville le petit appartement de la reine qu'elle avait déjà occupé et qu'elle souhaitait de nouveau très vivement.

Le roi, en effet, fut charmé de revoir la divine Émilie, charmé de jouir de sa société. Elle passait avec lui toutes les matinées et dînait en sa compagnie à midi.

Tous les jours, entre deux et trois heures, le roi se rendait à Versailles auprès de sa fille et il restait avec elle jusqu'à cinq heures et demie. A ce moment, il descendait chez Mlle de la Roche-sur-Yon qui, elle aussi, était venue à Versailles pour le voir plus facilement, et ils jouaient à la comète. Marie Leczinska favorisait ces entrevues, dans l'espoir que son père se déciderait enfin à épouser la princesse, et qu'il renoncerait ainsi à Mme de Boufflers. Mais le vieux roi faisait la sourde oreille et les instances de sa fille ne pouvaient le faire départir de banales relations de politesse. A sept heures, il retournait à Trianon.

Quant à Mme du Châtelet, après avoir dîné avec le roi, elle se met au travail, et ne sort pas. Tout le jour, toute la nuit, elle reste plongée dans ses chiffres, avec l'espérance d'avancer son travail, et par suite son départ. Elle ne perd pas un moment. Elle sacrifie tous les plaisirs, elle ne voit plus ses amis, elle ne soupe même plus.

Sa santé, tant par suite de sa grossesse que des

inquiétudes qui l'assiègent, est mauvaise; elle a des maux de cœur et des maux de tête incessants, et elle a dû se faire saigner à plusieurs reprises.

De nouveaux soucis viennent encore s'ajouter à ses préoccupations de travail et de santé. A peine Saint-Lambert a-t-il appris le départ de Stanislas qu'il est allé s'établir à Lunéville. Pourquoi, si ce n'est pour faire la cour à Mme de Boufflers?

Ce n'est pas tout encore. Soit par fantaisie, soit pour rompre plus aisément une liaison qui lui pèse, Saint-Lambert ne s'est-il pas avisé de vouloir prendre du service actif et de solliciter un poste de son grade dans un régiment de grenadiers?

Cette idée affole la marquise et la trouble jusqu'au fond de l'âme. « Prendre ce parti ou me quitter, c'est la même chose », dit-elle. Elle écrit à Saint-Lambert des lettres désolées et indignées ; elle lui fait une description effrayante de ces grenadiers, où personne ne veut entrer, où personne ne veut rester, où l'on n'a pas de congés, etc., etc. S'il y entre, c'est la perte certaine de sa fortune et le malheur de sa vie. C'est « se casser le cou ».

Elle lui dit avec colère : « Quel que soit le parti auquel vous vous arrêterez, cela m'a fait connaître votre cœur et voir à quoi vous me sacrifiez et dans quel temps et dans quelles circonstances! Je serais cependant assez faible pour vous le pardonner, mais croyez que je ne pourrai jamais l'oublier. »

L'égoïsme de Saint-Lambert est si exorbitant, si excessif qu'il en arrive à chercher querelle à sa maîtresse parce qu'elle fait venir des robes de Lorraine, dans le cas où elle ferait ses couches à Paris. Après des mois d'une patience méritoire, Mme du Châtelet finit par être exaspérée de pareilles exigences, et elle écrit :

« De quel droit osez-vous vous fâcher que je fasse venir mes robes d'été et exiger que j'accouche en Lorraine, vous qui n'êtes pas sûr de ne pas quitter la Lorraine pour toujours dans un mois, et qui seriez déjà à votre garnison en Flandre sans le refus du prince de Beauvau? Quoi, vous êtes assez personnel pour trouver mauvais que je ne m'engage pas irrévocablement à faire mes couches à Lunéville, et cela pour que j'y sois en cas que vous y restiez, et que je courre le risque d'y accoucher sans vous! Peu vous importe où je fasse mes couches si vous n'êtes pas à Lunéville. Vous voulez bien avoir la liberté de vous séparer de moi pour toujours, si c'est votre avantage ; mais vous ne voulez pas que je reste ici quinze jours de plus, si ma santé ou mes affaires l'exigent. Oh! vous en voulez trop aussi! Je ne m'arrange pas pour partir ni le 20 ni le 25 de mai, ni jamais, que vous ne soyez décidé sur ces grenadiers, et votre indécision (que dis-je? ce n'est pas vous qui êtes indécis, puisque vous les demandez à cor et à cri) devrait me décider si j'avais un peu de courage. »

Malgré tout, malgré ses légitimes griefs, malgré l'ingratitude qu'il lui témoigne en cherchant à quitter la

Lorraine, Mme du Châtelet s'occupe encore de la fortune de son ami et elle cherche, par tous les moyens, à l'empêcher de partir. Elle n'a pas perdu l'espoir de reconquérir son cœur, et elle met en jeu toutes les influences dont elle dispose pour lui obtenir un régiment en Lorraine : le régiment de Thianges.

Le prince de Beauvau, Mlle de la Roche-sur-Yon, Mme de Boufflers elle-même, sont sollicités tour à tour. Mais les difficultés sont grandes : Mlle de la Roche-sur-Yon prend l'affaire avec tant de nonchalance ! il y a tant de faiblesse, de pusillanimité dans l'amitié du prince ! Mme de Boufflers a le cœur excellent ; mais elle ne met de chaleur à rien : « Il faudrait du courage, de l'obstination et on n'a rien de tout cela. » C'est Mlle de la Roche-sur-Yon qui est chargée d'intervenir auprès du roi. Mais au premier mot Stanislas, qui n'a pas pardonné à Saint-Lambert ses assiduités près de la favorite, déclare qu'il a de l'aversion pour lui, et il manifeste une telle humeur que la princesse n'ose pas recommencer.

Mme du Châtelet en est arrivée à un si profond degré de chagrin qu'elle envisage désormais avec calme la conduite de Mme de Boufflers et les soupçons plus ou moins justifiés que la jalousie lui inspire :

« Tout ce que Mme de Boufflers m'a écrit sur votre sujet, et sur votre fortune en dernier lieu, la manière dont elle sent et partage mes peines sur cela, ont resserré les liens qui m'attachent à elle, et, si vous me quittez pour elle, je pourrai bien en mourir, mais je ne la haïrai jamais. Je ne lui cache point combien je suis indignée de la facilité avec laquelle vous avez embrassé cette prétendue ressource des grenadiers, et de l'indifférence avec laquelle vous vous êtes résolu à vous séparer de moi pour toute votre vie. Je lui ouvre mon cœur, cela est impossible autrement; vous en abuserez tous deux si vous voulez...

« Mme de Boufflers met des grâces dans les choses qu'elle fait que je n'y mettrais jamais; je suis tout étonnée, et assurément je dois l'être, que son amitié délicieuse ne vous tienne pas lieu de moi et de tout. Vous me quitterez pour elle en vous le reprochant; vous ne me tenez plus que par reconnaissance...

« Je ne sais ce que je vais chercher en Lorraine, je ne sais ce que j'y ferai; je sais qu'il faut que je sois dans le même lieu que vous. Je ne suis sûre, dans toute ma vie, que de deux choses : je ne haïrai jamais Mme de Boufflers et je n'aurai jamais d'amitié pour vous. »

A la fin d'avril, toujours de Trianon, elle écrit encore. Mais cette fois sa raison l'a abandonnée; elle est dévorée de jalousie et ne le cache plus :

« Mme de Boufflers me fait l'éloge de votre amour pour moi. Je devrais en être bien aise, je lui en sais gré et cependant tout m'est suspect de ce côté-là. Ma tête est un chaos de contradictions. *Si elle ne fût venue que cet hiver, je l'aurais quittée.*

« Cette phrase est toujours dans mon esprit. Vous êtes bien cruel d'avoir troublé le bonheur que je trouvais à vous aimer si tendrement. Vous ne connaissez pas tout ce que vous m'avez ôté.

« ... Vous aurez vu bien de l'humeur dans mes dernières lettres ; je me suis bien consultée et bien examinée ; je vous trompais et me trompais moi-même quand je vous disais que le soupçon était loin de mon cœur ; je ne puis être tranquille tant que vous serez à Lunéville en mon absence. [Si ce soupçon détruit votre goût, il flétrit le mien, et assurément mes soupçons sont autrement fondés que les vôtres. Rien ne peut nuire plus à vos affaires que d'être à Lunéville quand le roi arrivera... Passez trois semaines à Nancy de suite, si vous voulez retrouver mon cœur... »

Du reste, tout le monde est persuadé qu'il est raccommodé avec Mme de Boufflers, que le vicomte est quitté ; tout le monde le dit. Il faut à tout prix qu'il parte pour Nancy. Cela seul donnera à Mme du Châtelet la tranquillité, le bonheur, et le calme auxquels elle a droit.

La marquise avait profité de son séjour à Trianon pour obtenir de Stanislas tout ce qu'elle voulait et elle n'avait qu'à se louer des procédés du roi à son égard :

« Je sais jusqu'où va mon crédit, dit-elle ; il n'a jamais été plus grand et le roi ne m'a jamais marqué tant d'amitié. Il veut absolument que je fasse mes couches à Lunéville ; il dérangera tous ses projets pour y être. Il me laisse l'appartement. Je suis bien honteuse de penser que cela dépend de tout autre chose.

« Le roi de Pologne prétend que je suis ravie d'être grosse, et que j'aime déjà mon enfant à la folie ; il est vrai que depuis que je suis sûre d'accoucher à Lunéville, je suis bien moins fâchée de mon état. Le roi est charmant pour moi. S'il savait tout ce qu'il gâte par une injuste obstination, il me ferait l'aimer autant que je le dois ; mais comment le lui pardonner ? Je ne le connais injuste qu'en ce point. »

Cependant Stanislas avait terminé son séjour à Paris. Le 28 avril, cédant aux instances de sa fille, il se rendit à Vauréal (1), chez Mlle de La Roche-sur-Yon, où il passa vingt-quatre heures, et le lendemain il reprenait la route de la Lorraine. Mme du Châtelet se réinstallait aussitôt à Paris, où la rappelaient Voltaire et ses occupations littéraires.

(1) Sur la rive droite de l'Oise, à 6 kilomètres de Versailles.

CHAPITRE XXIII

Séjour à Paris, du 28 avril au 26 juin 1749.

A peine arrivée à Paris, Mme du Châtelet reprend sa vie de travail acharné. Elle n'a d'autre distraction que d'écrire à Saint-Lambert et à Mme de Boufflers; elle entretient avec cette dernière une correspondance des plus suivies : il est si importantde ménager la favorite, qui peut lui faire tant de bien ou tant de mal, suivant qu'elle sera pour ou contre elle! Aussi lui prodigue-t-elle les protestations d'amitié, protestations sincères malgré tout, car si la marquise est toujours inquiète de son amie, si elle redoute son empire sur Saint-Lambert, l'affection a fini par l'emporter sur la jalousie; elle souffre toujours, mais elle pardonne.

Rien de ce qui touche Mme de Boufflers ne la laisse indifférente. Un jour elle apprend que la fille de son amie, « la divine mignonne », est tombée gravement malade. Aussitôt elle prodigue à la mère les témoignages du plus affectueux intérêt. Elle est au désespoir de n'être pas près d'elle, quand elle la sait triste et inquiète ; elle voudrait partir, elle se montre l'amie la plus tendre et la plus attachée.

Enfin, l'enfant se rétablit et Mme du Châtelet s'en réjouit comme s'il s'agissait de sa propre fille.

Ces émotions ont ravivé, dans le cœur de la marquise, toutes les douleurs de l'éloignement :

« C'est alors, écrit-elle à son amie, que notre séparation me devient insupportable et je vous jure qu'elle m'est toujours amère et que vous êtes d'une nécessité indispensable pour mon bonheur. »

Puis elle lui parle de ses projets, de son désir de la rejoindre et des bontés que le roi a pour elle :

« Je m'arrange pour partir le plus tôt que je pourrai.

« Je vous ai mandé que le roi me laissait le petit appartement de la reine; il ferme le grand et j'en suis bien aise... Il m'a promis un petit escalier dans la chambre verte pour aller dans le bosquet, ce qui me sera fort utile dans mon dernier mois, où il me faudra me promener, malgré que j'en aie. Ce pourra même être, tout l'été, le passage du roi pour venir chez moi; de son perron il n'y aura qu'un pas... »

Mme du Châtelet est à ce point en confiance avec Mme de Boufflers qu'elle lui raconte tous ses menus incidents de famille ou de ménage. Son fils n'a pas beaucoup goûté cette grossesse imprévue :

« Depuis quelque temps, dit-elle, je suis moins contente de lui; je ne sais s'il m'aime autant qu'il le devrait. Il n'a pas trop bien pris ma grossesse, et il se donne les airs de n'être pas content des deux mille écus de rente que je lui ai arrangés; pour peu qu'il continue, je lui ôterai la pension de deux mille quatre cents livres que je lui fais, et le laisserai avec son régiment et sa charge. Autant j'aurais fait pour lui par amitié, autant je ferai peu pour une âme intéressée. »

Comme il est en résidence à Lunéville, elle recommande à Mme de Boufflers de le surveiller et, au besoin, de le morigéner.

Puis la marquise a changé de femme de chambre; elle a été obligée de mettre dehors la Chevalier (1). Celle qui la remplace est « d'une adresse charmante et du service du monde le plus agréable, mais c'est une des plus grandes p... qu'on ait jamais vues ». Il est vraiment impossible de la garder; elle va la remplacer par une personne « qui ne sait pas attacher une épingle, mais qui sait gouverner en couches », et au moins ce n'est pas « une espèce ».

La marquise termine sa lettre par cette phrase pleine de tendresse :

« *Vale et me ama; tu eris semper deliciæ animæ meæ..* »

Les deux dames sont dans une intimité si confiante que la divine Émilie est chargée de la mission la plus délicate. Mme de Boufflers l'a priée de surveiller le vicomte d'Adhémar, et de lui dire ce qu'elle en pense. La marquise est dans un cruel embarras; elle n'aime

(1) Mme du Châtelet avait le cœur bon, car elle écrit peu après : « La Chevalier est placée, et c'est un repos d'esprit pour moi, car elle me faisait pitié. »

pas le vicomte qu'elle trouve sot, déplaisant, tracassier ; elle en dirait volontiers du mal ; elle souhaiterait même « qu'il soit quitté à la première occasion » ; mais, d'un autre côté, si Mme de Boufflers reste sans amant, ne va-t-elle de nouveau revenir à Saint-Lambert ? Enfin, Mme du Châtelet, après bien des hésitations, rend hommage à la vérité et écrit à son amie cette phrase assez ambiguë :

« J'éclaire la conduite du vicomte le plus qu'il m'est possible ; je ne le crois pas d'une fidélité bien exacte, mais je crois aussi qu'il n'y a rien qu'il aime autant que vous. »

Mme du Châtelet n'était pas seulement chargée de surveiller d'Adhémar, c'est elle qui faisait l'office de boîte aux lettres. Naturellement, Mme de Boufflers et son amant éprouvaient le besoin de s'écrire. Le faire ouvertement eût été trop dangereux, et il avait fallu recourir à un intermédiaire ; jusqu'alors c'était le digne abbé Porquet qui avait rempli cet office. Il y eut des inconvénients ; une lettre fut perdue : « or, cela n'est point bon à égarer », et il fut décidé qu'à l'avenir Mme de Boufflers enverrait ses missives amoureuses à Mme du Châtelet, qui les remettrait elle-même au vicomte. Ce dernier, qui écrivait aussi par toutes les postes, lui confierait les réponses ; Mme du Châtelet les enverrait à l'aimable Panpan qui, fidèle à son rôle si plein d'abnégation, les porterait secrètement à Mme de Boufflers. De cette façon les convenances seraient sauvées, la morale sauvegardée, et tout se passerait le mieux du monde, au nez et à la barbe de Stanislas. Ainsi fut fait, et cette poste clandestine fonctionna à merveille.

Malgré tout, malgré son intimité avec Mme de Boufflers, Mme du Châtelet n'est pas en sécurité, elle craint toujours une trahison possible de Saint-Lambert. Sa correspondance est toujours pleine de contradictions, et d'incohérences. Si Saint-Lambert reste quelques jours sans écrire, la pauvre femme en perd la tête :

« 11 mai.

« Point de lettre de vous aujourd'hui ; voilà qui est affreux ! Ce n'est pas pour me rendre la confiance et la tranquillité d'esprit nécessaires à la vie que je mène. Imaginez, si vous pouvez, ce que c'est que d'être du jeudi au dimanche à attendre une lettre et que cette lettre n'arrive point ! Tous mes soupçons alors me reprennent et je suis très malheureuse quand la réflexion se mêle d'examiner votre conduite.

« Je vous avais toujours mandé qu'au retour du roi j'exigeais que vous fussiez à Nancy ; il est bien singulier que cette garde à remplacer se trouve précisément placée dans le mois du retour du roi... Le hasard vous sert toujours bien singulièrement pour m'inquiéter... »

Elle fait tout au monde pour abréger le temps de

leur séparation et pour pouvoir partir le plus tôt possible : elle s'est séquestrée absolument, elle ne sort plus, ne voit plus personne, ne fait que des A et des B..

« Savez-vous la vie que je mène depuis le départ du roi ? Je me lève à neuf heures, quelquefois à huit. Je travaille jusqu'à trois heures, je prends mon café à trois heures. Je reprends le travail à quatre heures. Je le quitte à dix heures pour manger un morceau, seule. Je cause jusqu'à minuit avec M. de Voltaire qui assiste à mon souper, et je reprends le travail à minuit jusqu'à cinq heures. »

Mais, pour mener cette vie-là, au moins faudrait-il avoir l'esprit tranquille et il ne cesse de l'agiter.

Heureusement, jusqu'à présent, sa santé se soutient merveilleusement.

« Je suis sobre, dit-elle, et je me noie d'orgeat, cela me soutient. Mon enfant remue beaucoup et se porte, à ce que j'espère, aussi bien que moi... »

Ce qui désole la marquise, c'est l'indifférence de Saint-Lambert : elle, qui n'a même pas le temps de manger et de dormir, écrit des lettres interminables ; lui n'a rien à faire, et il ne trouve même pas le temps de griffonner quatre lignes tous les trois jours.

« Et vous vous vantez d'aimer, lui dit-elle. Moi, je vous aime à la folie, et c'est bien une folie, mais c'est pour ma vie. »

Ces reproches ne produisant aucun effet, la marquise se fâche enfin :

« Je suis bien sotte, moi, de me tuer pour partir plus tôt.

« Si vos inégalités, si vos froideurs, si les contradictions et les obscurités de votre conduite continuent, je ne prendrai pas le parti de rester ici ; mais d'incertitude en incertitude j'attraperai le huitième mois, temps où il ne me sera plus possible de partir quand je le voudrai. »

Elle lui déclare nettement qu'elle ne donnera les ordres définitifs, qu'elle ne préviendra M. du Châtelet que quand elle sera contente de lui, de sa conduite, de son amour, de son impatience. Si elle n'est pas satisfaite de sa réponse, elle exigera une nouvelle lettre, et, comme il faut huit ou dix jours pour échanger une missive, le mois de juin arrivera. Or, si elle n'est pas à Lunéville le 1ᵉʳ juillet, qui est le huitième mois, elle ne partira pas. Après tout, c'est peut-être ce qu'il désire.

Enfin, elle termine sa lettre par ce trait du Parthe. :

« Le vicomte n'a pas reçu de lettre ; vous l'avez peut-être reçue pour lui. »

Cependant Saint-Lambert a souvent des besoins d'argent ; il est cousu de dettes et il a, à ses trousses, toute une meute de créanciers ; quand il est serré de trop près, il n'hésite pas à recourir à l'influence de son amie ; déjà, à plusieurs reprises, il a obtenu, par son intermédiaire, cinquante louis du roi de Pologne ; quand Stanislas fait la sourde oreille, c'est à la propre bourse de Mme du Châtelet que le brillant officier fait appel ;

dans ce cas il veut bien, pour un instant, faire trêve à ses mauvais procédés et il redevient aimable et tendre.

Justement, en ce moment, il est assez vivement pourchassé, et cette détresse pécuniaire lui donne un accès de tendresse inusitée. La pauvre Mme du Châtelet, qui n'est plus habituée à ces galants propos, exulte littéralement :

« 18 mai.

« Non, il n'est pas possible à mon cœur de vous exprimer combien il vous adore, l'impatience extrême où je suis de me rejoindre à vous pour ne vous quitter jamais....

« Que votre lettre du 12 est tendre! Qu'elle m'a fait éprouver de plaisir! Que j'en avais besoin! Il y avait huit jours que je n'avais reçu de vous que des lettres de bouderies.

« Ne me reprochez pas mon *Newton;* j'en suis assez punie. Je n'ai jamais fait de plus grand sacrifice à la raison que de rester ici pour le finir. C'est une besogne affreuse et pour laquelle il faut une tête et une santé de fer. Je ne fais que cela, je vous jure, et je me reproche bien le peu de temps que j'ai donné à la société depuis que je suis ici. Quand je songe que je serais actuellement avec vous!

« Je vous aime à la folie, je vous le dis trop, je vous le montre trop, et vous en abusez...

« Vous savez la manière dont le roi me traite et que la certitude de mes couches à Lunéville ne dépendait plus que de vous. Votre lettre d'aujourd'hui achève de me décider. »

Bien entendu, devant les marques d'attachement de son amant, Mme du Châtelet efface de son cœur tout sentiment de jalousie :

« Non, je n'ai plus de soupçons, je n'ai plus que de l'amour; il vous est si aisé de me les ôter, ces soupçons, que vous êtes bien coupable de me les laisser. C'est en m'écrivant des lettres tendres que vous les détruirez. »

Et comme on ne saurait trop faire pour un amant si passionné, non seulement elle lui envoie les cinquante louis qu'il lui a demandés et qu'elle a dû emprunter à M. de Paulmy; mais elle continue à remuer ciel et terre pour lui faire obtenir le régiment de M. de Thianges, qui n'en demande que deux cents louis ; elle trouvera bien moyen de les lui procurer s'il est nécessaire.

Elle met de nouveau en mouvement tous ses amis, Mme de Boufflers, Mlle de la Roche-sur-Yon. Elle songe même à faire intervenir le prince de Craon, auquel le roi ne saurait rien refuser.

Quant à M. de Beauvau, elle ne lui demande plus rien parce qu'elle en sait l'inutilité : « Il faut être toujours bien avec lui, dit-elle assez aigrement ; jouir des grâces et de la facilité de son commerce, et n'en rien attendre. »

Mais il faut que Saint-Lambert agisse en personne, et la marquise est devenue si confiante qu'elle lui mande elle-même : « Allez à Lunéville et chauffez Mme de Boufflers pour ce régiment. Je vous assure que cela est très vraisemblable, très possible, très faisable... Allez à Lunéville, je l'exige ; j'aime trop Mme de Boufflers pour la priver du plaisir de vous voir. »

Malheureusement Mme de Boufflers venait justement de quitter la Lorraine pour aller voir sa famille en Toscane, et il n'y avait pas lieu de recourir à ses bons offices, au moins pour le moment.

Stanislas, attristé de sa solitude momentanée, écrivait à son ami Voltaire :

« Commercy, 1749.

« Mme de Boufflers, mon cher Voltaire, en partant précipitamment pour aller voir monsieur son père, m'a chargé de vous renvoyer votre livre. Je sacrifie l'empressement que j'ai eu de le parcourir à la nécessité que vous avez de le ravoir, espérant que vous me le communiquerez quand vous pourrez. Vous savez comme je suis gourmand de vos ouvrages.

« Me voilà seul ! Les agréments de Commercy ne remplacent pas le plaisir d'être avec ses amis ; aussi je me prépare à le quitter bientôt. Je voudrais que Mme du Châtelet, que j'embrasse tendrement, employât le temps de l'absence à faire ses couches, et la retrouver sur pieds.

« Je vous embrasse, mon cher Voltaire, de tout mon cœur.

« Stanislas, roi. »

Le séjour de Mme de Boufflers en Toscane fut assez court. De là elle se rendit à Paris où sa belle-mère l'appelait pour remplir ses devoirs à la cour. Elle y arriva le 7 juin. Stanislas avait obtenu pour elle, on se le rappelle, une place de dame surnuméraire auprès de Mesdames. Elle n'avait pas encore été présentée en cette qualité et il était convenable d'accomplir au plus tôt cette formalité.

Mme du Châtelet est doublement ravie de revoir l'amie pour laquelle elle a repris toute son ancienne tendresse, et qu'elle aime cent fois mieux près d'elle qu'à Lunéville. A peine débarquée, Mme de Boufflers accourt. La divine Émilie rend compte à Saint-Lambert de leur entrevue avec une candeur et une naïveté vraiment touchantes : tous les soupçons se sont envolés ; il n'y a plus de place dans son cœur que pour l'amour et l'amitié.

« Elle est venue chez moi à midi, nous ne nous sommes quittées qu'à huit heures, et] assurément le temps ne m'a pas duré. Nous avons toujours, en vérité, presque toujours parlé de vous ; elle a enchanté mon cœur, je l'en aime mille fois davantage. Elle dit que vous m'aimez passionnément, que vous le lui disiez sans cesse... Je lui ai dit à quel point je vous adorais, que je m'en étais quelquefois repentie, que j'avais espéré vous aimer faiblement, mais que ce n'était pas une âme comme la vôtre qu'on pouvait aimer faiblement ; que j'avais eu des torts, mais que mon amour les avait bien réparés et qu'il me serait impossible d'en avoir à présent quand je le voudrais ; que je vous aimais passionnément ; que je craignais que vous ne m'aimassiez moins, que la moindre diminution dans votre goût me rendrait malheureuse — enfin après le plaisir de vous voir, il y a longtemps que je n'en ai eu de plus vif.

« Je ne soupçonnerai jamais Mme de Boufflers. Je me suis reproché tout ce que je vous ai écrit sur cela. Je ne veux point empoisonner mon amitié pour elle. Si jamais elle m'ôtait votre cœur, vous seriez apparemment de moitié. Je veux m'abandonner sur cela à votre amour et à son amitié, et je sens que, quelque chose que vous me fassiez l'un et l'autre, je vous aimerai toujours tous deux. Vous voyez déjà ma confiance dans la manière dont je vous parle d'elle. J'ai un goût naturel si vif pour elle que, pour peu qu'elle y mette du sien, je l'aimerai à la folie. Elle est charmante pour moi depuis son retour. »

Bien entendu il fut question entre les deux amies du fameux vicomte d'Adhémar et de ses fredaines,

Mme de Boufflers avoua très ingénument qu'elle aimait encore le vicomte, bien qu'elle eût à se plaindre de lui ; mais elle avoua non moins ingénument que si elle le revoyait, elle ne pourrait résister et que l'entrevue se terminerait par un raccommodement.

Comme Mme du Châtelet craint toujours de perdre l'amant qu'elle adore, tout est pour elle sujet à inquiétude et à tourments ; à peine rassurée d'un côté, elle tremble de l'autre. Ne vient-elle pas d'apprendre que Saint-Lambert a l'étrange prétention de convertir Mme de Bassompierre, la propre sœur de la favorite ? De quoi se mêle-t-il, en vérité ?

« Mais savez-vous que Mme de Boufflers m'a inquiétée sur la Bassompierre ; elle dit que vous ne la quittez pas et que vous voulez la convertir ; voilà assurément un beau projet, et quand elle le sera, qu'en ferez-vous ? Elle est fort digne, je vous assure, de rester comme elle est ; mais vous seriez bien indigne d'y penser. Je ne crois pas que votre cœur pût jamais être de la partie. Mais aussi je compte trop sur votre probité pour vouloir me tromper sur cela, et je vous jure que vous aimant passionnément, sentant que je ne puis être heureuse qu'avec vous, il me serait impossible d'empêcher qu'une infidélité ne détruisît entièrement mon goût.

« Ne croyez pas que Mme de Boufflers ait voulu faire une malice ; elle ne m'en a parlé qu'à cause du danger des sermons, mais j'ai été tout de suite au fait.

Je sais qu'elle a du goût pour vous et vous un peu pour elle. C'est assez pour m'inquiéter. »

Mme de Boufflers doit passer un mois à Versailles, à Marly et à Vauréal chez la princesse de la Roche-sur-Yon. Saint-Lambert, qui est décidément dans une phase d'amour, manifeste une grande inquiétude et craint que le retour de Mme du Châtelet n'en soit retardé. « Ne vous troublez pas à ce sujet, lui répond Mme du Châtelet, l'*insupportable* marquis est là (1) et par conséquent de toutes façons Mme de Boufflers et moi, nous reviendrons chacune de notre côté. »

Cette tendre préoccupation de son amant touche au dernier point la divine Émilie qui ne trouve pas de termes assez vifs pour exprimer son attendrissement :

« Dimanche.

« Non, la plus aimable créature qui respire, non, ne croyez pas que Mme de Boufflers ni personne au monde puisse me retarder d'une seconde. Je vous assure que je vous sacrifie ma santé ; mais tout ce que je refuse, tout ce que je ne fais pas, ne sont pas des sacrifices. Il faut, en vérité, que je sois de fer ; mais l'amour me donne bien du courage.

« Je vous adore et je suis dévorée de l'impatience la plus vive. Je me flatte toujours de partir... Il est important que je puisse finir mon livre ; mais voilà la dernière

(1) C'est de M. de Boufflers qu'il s'agit.

fois de ma vie que j'aurai quelque chose à faire qui ne sera pas vous.

« Je vous le répète, je ne connais qu'un bonheur : c'est de passer tous les moments de ma vie avec vous quand vous m'aimez ou du moins quand vous me le montrez. Vous enflammez mon cœur et je ne vois plus que vous dans la nature. Votre cœur charmant, tel que vous me le montrez dans vos deux lettres que je viens de recevoir à la fois, est pour moi la pierre précieuse de l'Évangile. Je veux tout sacrifier pour en jouir, pour le conserver ; je m'arrange pour ne pas revenir ici que vous ne m'en pressiez pour y venir avec moi ; car si vous ne vous dégoûtez pas de moi par la continuité de la jouissance et par l'inaltérabilité de mes sentiments, vous n'auriez pas sur moi le crédit de me faire vous quitter un moment.

« Savez-vous que quand vous m'aimez comme vous m'aimez par cette poste, quand vous faites goûter à mon cœur le seul bonheur digne d'être désiré, j'en suis quelquefois affligée. Je dois accoucher dans trois mois et j'aurais trop de regrets à la vie si........

« Je ne fais ici que des x, et malgré le retard de mon départ, il me restera encore bien des choses à faire là-bas.

« Je ne vois plus d'apparence du voyage de Mme de Boufflers. Elle me traite délicieusement et je l'aime autant que je la crains, ce qui est bien rare.

« Adieu. Voilà comme on écrit quand on aime comme

je fais. Adieu. Je vous adore. Mon âme se détache pour vous aller trouver. Je crois que je mourrai de joie quand je vous reverrai, si je vous retrouve tel que je vous ai laissé. »

Dans son impatience de la revoir, Saint-Lambert a même proposé à son amie de venir à cheval au-devant d'elle. Touchée aux larmes d'un procédé si délicat et d'un empressement si inattendu, Mme du Châtelet refuse parce qu'elle redoute pour son ami la trop grande chaleur; mais elle lui écrit :

« Croyez que rien n'est perdu pour la sensibilité de mon cœur, mon cher amant, bonheur de ma vie.

« Si je voulais vous exprimer combien je vous aime, il faudrait que je fisse des expressions qui pussent vous rendre les emportements de mon âme, car elles ne sont pas encore trouvées. »

Avant de revenir en Lorraine, Voltaire et Mme du Châtelet doivent faire un court séjour à Cirey; M. du Châtelet, qui est décidément un mari incomparable, offre à Saint-Lambert de venir avec lui au-devant de la marquise jusqu'à Troyes, et de l'accompagner à Cirey. A cette nouvelle, la marquise ne peut s'empêcher de s'écrier naïvement : « Mon Dieu, que M. du Châtelet est aimable de vous avoir offert de vous amener ! »

Mais ce n'est pas tout de venir; il faudrait que le chevalier de Listenay fût du voyage; on le prierait d'occuper Voltaire et le mari pendant qu'elle-même et Saint-Lambert fileraient le parfait amour. Si le chevalier ne peut venir, il faut avoir recours à l'obligeant Panpan qui, lui, se chargera bien de cette mission de confiance !

La divine Émilie apprend en même temps que son fils a l'intention de venir également au-devant d'elle. Mais elle n'en veut à aucun prix ! Il est indispensable que Mme de Boufflers le retienne à Lunéville sous un prétexte quelconque, comédie, service, ou tout autre. Mon Dieu, qu'en feraient-ils à Cirey ! Il ne pourrait que les gêner.

Enfin, dernière recommandation, et non des moins pressantes, de l'impatiente marquise : si la cour doit aller à Commercy, il faut que Saint-Lambert prévienne bien vite le curé d'avoir à préparer, comme d'habitude, le nid qui abrite leurs amours.

Cependant la perspective d'un tête-à-tête avec M. du Châtelet ne paraît pas sourire à Saint-Lambert. Si la marquise, par accident, était retenue à Paris, que deviendrait-il, lui, seul avec le mari ? Ce serait gai !

La marquise riposte, indignée, qu'il n'a qu'à amener le chevalier ou Panpan, comme elle le lui a déjà recommandé, et que du reste la chance de la revoir dix ou douze jours plus tôt, peut bien lui faire risquer un tête-à-tête ennuyeux. Comment peut-il hésiter !

Enfin l'heure du départ sonne. Au moment de quitter Paris, la marquise écrit une *dernière* lettre :

« *Avant de partir.*

« Je n'ai point eu de lettre de vous aujourd'hui et mon cœur nage dans la joie. Je ne fais pas un pas qui ne m'annonce mon départ. Je dis adieu à tout le monde avec une joie délicieuse, même aux gens que je croyais aimer le mieux. Il n'y a pas une de mes démarches ou de mes actions qui ne tende à me rapprocher de vous... Je laisserai mon livre imparfait, mais il faut que je me rejoigne à vous ou que je meure. Je vous adore, je vous aime avec une passion et un emportement que je crois que vous méritez et qui font mon bonheur. »

La marquise sera le 25 à Troyes, le 26 à Bar-sur-Aube, le 27 à Cirey. Elle espère bien retrouver son amant à Bar-sur-Aube : « Je crois que je mourrai de joie en vous revoyant ; il faudra cependant nous contraindre ! »

CHAPITRE XXIV

(1749)

Juin à septembre. — Séjour à Lunéville. — Sombres pressentiments de Mme du Châtelet. — Querelle entre Voltaire et M. Alliot. — Dernières lettres de Mme du Châtelet. — Son accouchement. — Sa mort. — Désespoir de Voltaire. — La bague de cornaline. — Obsèques de Mme du Châtelet. — Départ de Voltaire.

Mme du Châtelet et Voltaire font un court séjour à Cirey du 27 au 30 juin; puis ils vont rejoindre Stanislas et Mme de Boufflers à Commercy et ils y séjournent jusqu'au 16 juillet.

L'existence est toujours la même qu'auparavant, toujours aussi gaie, aussi bruyante; les plaisirs dramatiques sont un peu délaissés, étant donné l'état de Mme du Châtelet; mais on se rattrape sur la comète, plus en vogue que jamais. Voltaire, qui ne peut se dispenser d'y jouer, y perd tout ce qu'il veut et il enrage contre cette passion malencontreuse de son hôte.

Pour se consoler il écrit *Catilina*, *Electre*, et il fait de temps à autre des lectures à ses amis.

Saint-Lambert, de son côté, veut donner la mesure de ses talents; il commence à écrire le fameux poème des *Saisons*, dont il parle depuis si longtemps, et il vient de temps à autre soumettre à Voltaire, qui le comble d'encouragements, le fruit de ses veilles.

Un nouveau personnage, et non des moindres, figure dans la petite cour, c'est le prince Charles-Édouard. Déjà son père, sous le règne du duc Léopold, avait trouvé un asile en Lorraine. Stanislas n'avait pas voulu se montrer moins libéral que son prédécesseur, et, nous l'avons vu, il avait offert au fils, chassé de France, une généreuse hospitalité. Le prince est arrivé à Lunéville dans les premiers mois de l'année 1749 et il y réside « incognito », bien qu'étant de toutes les fêtes, jusqu'en 1751. La nuit il oubliait ses malheurs auprès de sa chère maîtresse, la princesse de Talmont.

Il n'y a pas d'incidents marquants à signaler pendant les mois de l'été 1749. Mme du Châtelet et ses amis vivent dans l'attente du grave événement qui se prépare. Stanislas, Mme de Boufflers redoublent d'attentions et d'amabilités pour la marquise. Voltaire, qui pourrait bien montrer quelque rancune, est au contraire le plus attentif des amis. Il a le cœur si bon, si généreux! Il a tout pardonné! Saint-Lambert lui-même, soit pitié, soit remords, s'efforce de manifester quelque tendresse à son amie.

Mais ni les distractions dont on l'entoure, ni l'affection de l'homme qu'elle aime, rien ne peut venir à bout de l'invincible mélancolie qui peu à peu a envahi Mme du Châtelet. Elle qui est douée d'un esprit si viril, d'une âme si énergique, est assaillie de sombres pressentiments et elle ne peut s'en défendre. C'est en vain que ses amis cherchent à lui montrer l'inanité de semblables inquiétudes, elle y revient sans cesse, et cette triste pensée qui la poursuit devient bientôt pour elle une idée fixe. Elle est si persuadée que sa fin est prochaine qu'elle prend toutes ses dispositions en conséquence : elle fait son testament, elle brûle beaucoup de lettres, place sous scellés celles qui lui rappellent les heures les plus douces de sa vie et qu'elle n'a pas le courage de détruire ; enfin elle travaille avec passion au *Commentaire* qu'elle ne veut pas laisser inachevé.

C'est dans ce déplorable état moral qu'elle passe les mois de juillet et d'août, cherchant à oublier, à s'étourdir de toutes façons, mais sans succès. Tous ses amis déplorent sa nervosité, mais la mettent sur le compte de son état; personne ne se préoccupe, pas plus Mme de Boufflers que Voltaire, que Saint-Lambert. Comment s'inquiéteraient-ils d'un événement aussi naturel, aussi simple qu'un accouchement?

Pendant l'été de 1749, les visites sont nombreuses à la cour. Le 11 juin, arrive le maréchal de Saxe qui se rend à Dresde. Stanislas fait grand accueil au fils de son heureux rival ; il le comble de marques d'estime et de considération. Quand le maréchal s'éloigne, il est si satisfait qu'il promet de s'arrêter encore à son retour. Et, en effet, le 10 août, il passe vingt-quatre heures à Commercy auprès du roi.

En juillet, on voit arriver successivement le cardinal de La Rochefoucauld et l'évêque de Carcassonne qui se rendent à Plombières; le maréchal et la maréchale de Belle-Isle; enfin, le prince et la princesse de Craon.

L'un et l'autre commencent à sentir le poids des ans, et ils veulent finir leurs jours dans leur chère Lorraine; le prince abandonne sa vice-royauté de Toscane, toutes ses dignités, et, après un court séjour à Vienne pour remercier l'Empereur, il arrive à Lunéville le 24 juillet avec la princesse.

Il se rend aussitôt à Commercy pour saluer le roi; puis il va s'installer dans son magnifique château d'Haroué, qu'il compte bien ne plus quitter. Ceux de ses enfants qui sont en Lorraine, le prince de Beauvau, Mme de Boufflers et son mari, Mme de Bassompierre, quittent immédiatement la cour et viennent passer quelque temps près de leurs parents.

Dès le 16 juillet, Mme du Châtelet, pour laquelle les déplacements commencent à devenir difficiles, a quitté Commercy pour aller s'établir à Lunéville; Voltaire et Saint-Lambert l'ont accompagnée. Quant à Stanislas, il est resté à Commercy qu'il ne quittera pas avant le 12 août.

A la fin d'août une querelle ridicule éclate entre Voltaire et l'intendant du roi, M. Alliot. Voltaire a toujours fait ses efforts pour être en bons termes avec l'intendant; mais celui-ci, qui est du parti dévot, s'est toujours maintenu dans une réserve hostile dont les flatteries et les grâces du poète n'ont pu le faire sortir. Donc le philosophe, qui est fort exigeant et qui est toujours disposé à croire qu'on n'a pas pour lui les égards qui lui sont dus, trouve qu'on le laisse manquer des objets les plus nécessaires à l'existence. Quand il est indisposé, il se fait servir dans sa chambre et à son heure. Quelquefois le service en souffre et Voltaire s'en plaint très vivement. Ses réclamations verbales n'ayant pas produit l'effet qu'il en espérait, le 29 août au matin, il perd patience et il écrit à M. Alliot :

« Lunéville, 29 août 1749, à 9 heures du matin.

« Je vous prie, monsieur, de vouloir bien avoir la bonté de me faire savoir si je puis compter sur les choses que vous m'avez promises, et s'il n'y a point d'obstacles. Le mauvais état de ma santé ne me permet ni de rester longtemps à la cour du roi, auprès de qui je voudrais passer ma vie, ni d'avoir l'honneur de manger aux tables auxquelles il faut se rendre à un moment précis, qui est souvent pour moi le temps des plus violentes douleurs. Il fait froid d'ailleurs les matins et les soirs pour les malades.

« Il serait un peu extraordinaire que, malgré votre amitié, on refusât ici les choses nécessaires à un homme qui a tout quitté pour venir faire sa cour à Sa Majesté.

« Je vous prie de me faire savoir s'il faut en parler au roi.
                                          « VOLTAIRE. »

A neuf heures un quart, pas de réponse !

Le philosophe, qui ne brille pas par la patience, reprend la plume :

« 29 août 1749, à 9 heures 1/4 du matin.

« Je vous supplie, monsieur, de vouloir bien donner des ordres en vertu desquels je sois traité sur le pied d'un étranger ; et ne me mettez pas dans la nécessité de vous importuner tous les jours.

« Je suis venu ici pour faire ma cour au roi. — Ni mon travail, ni ma santé ne me permettent d'aller piquer des tables. — Le roi daigne entrer dans mon état ; je compte passer ici quelques mois.

« Sa Majesté sait que le roi de Prusse m'a fait l'honneur de m'écrire quatre lettres pour m'inviter à aller chez lui.

« Je puis vous assurer qu'à Berlin je ne suis pas obligé à importuner pour avoir du pain, du vin, de la chandelle. Permettez-moi de vous dire qu'il est de la dignité du roi et de l'honneur de votre administration de ne pas refuser ces petites attentions à un officier de la cour du roi de France, qui a l'honneur de venir rendre ses respects au roi de Pologne.

« VOLTAIRE. »

A neuf heures trois quarts, pas de réponse !

C'en est trop! Comment Voltaire peut-il laisser humilier ainsi en sa personne un valet de chambre du roi de France! Il reprend la plume et s'adresse au roi de Pologne lui-même :

« 29 août 1749, à 9 heures 3/4 du matin.

« SIRE,

« Il faut s'adresser à Dieu quand on est en Paradis. Votre Majesté m'a permis de venir lui faire ma cour jusqu'à la fin de l'automne, temps auquel je ne puis me dispenser de prendre congé de Votre Majesté. Elle sait que je suis très malade et que des travaux continuels me retiennent dans mon appartement autant que mes souffrances ; je suis forcé de supplier Votre Majesté qu'elle ordonne qu'on daigne avoir pour moi les bontés nécessaires et convenables à la dignité de sa maison, dont elle honore les étrangers qui viennent à sa cour. Les rois sont, depuis Alexandre, en possession de nourrir les gens de lettres, et quand Virgile était chez Auguste, Alliotus, conseiller aulique d'Auguste, faisait donner à Virgile du pain, du vin et de la chandelle. Je suis malade, aujourd'hui, et je n'ai ni pain, ni vin pour dîner.

« J'ai l'honneur d'être, avec un profond respect, sire, de Votre Majesté le très humble, etc. »

« VOLTAIRE. »

Le roi, que ces querelles ennuient à périr, qui ne veut pas se brouiller avec Voltaire, mais encore moins peut-être avoir des difficultés avec un homme aussi précieux que le conseiller aulique, se borne à remettre à Alliot la lettre du philosophe en le chargeant d'y répondre.

Alliot s'en acquitte avec une insolence qui dut mettre Voltaire hors de lui :

« Août 1749.

« Vous avez à dîner chez vous, monsieur; vous y avez potage, pain, vin et viandes; je vous fais donner bois et bougies; et vous vous plaignez à M. le duc, au roi même, aussi injustement. Sa Majesté m'a remis votre lettre sans m'en rien dire; et je n'ai pas voulu pour vous-même lui dire que vous aviez le plus grand tort du monde de vous plaindre. Il est des règles ici qu'il faut suivre : aussi vous aurez agréable de vous soumettre; je ne m'en dépars point; c'est que rien ne se donne à la cave par extraordinaire sans un billet de moi. Chaque jour, le détail est grand et pénible ; il est pour moi. Que vous importe, pourvu que vous ayez ce que vous demandez?

« Vous n'avez manqué de rien, je le dis à vous-même; et vous dites que vous avez manqué de tout!

« Vous êtes le premier qui se soit plaint de la façon dont on reçoit les étrangers, puisque vous voulez l'être. Je vous ai fait donner ce que vous avez demandé; et vous avez, encore une fois, tort de vous plaindre.

« Vous citez la cour de France pour modèle! Elle a ses règles et nous avons les nôtres; mais la nôtre est absolument inutile à la cour de France. Vous le savez mieux que moi.

« Je suis très fâché pour vous-même de vos démarches, et j'espère que vous sentirez combien elles sont déplacées puisque j'espère que vous vous trouverez très bien de la façon avec laquelle vous avez été traité jusqu'à présent, et à laquelle il n'y a rien à ajouter.

« Je vous nie qu'*Alliotus*, conseiller aulique, fit donner du pain, du vin, de la chandelle à Virgile.

« Je le fais à M. de Voltaire parce que c'est un pauvre homme et que Virgile était puissant et avait chez lui une table fine et excellente, où il traitait ses amis et y était à son aise avec eux. Ainsi nulle comparaison des temps; Virgile d'ailleurs travaillait pour son plaisir et pour la gloire de son siècle, au lieu que M. de Voltaire le fait par nécessité et pour ses besoins; ainsi on accorde à l'un par bienséance ce que l'on n'aurait osé offrir à l'autre, crainte d'être refusé.

« ALLIOT. »

Comment se termina l'incident? Nous l'ignorons. Il est probable que Voltaire finit par se calmer. Il avait trop de raisons pour ne pas pousser les choses à bout et s'acculer à une rupture qui aurait été désastreuse pour Mme du Châtelet.

Depuis le retour de la marquise, Saint-Lambert, nous l'avons dit, se montrait des plus aimables; la pauvre femme avait éprouvé de cette tendresse inusitée une grande douceur et une véritable recrudescence d'amour :

« Mon Dieu, que tout ce qui était chez moi, quand vous êtes parti, m'impatientait! Que mon cœur avait de choses à vous dire! Vous m'avez traitée bien cruellement! Vous ne m'avez pas regardée une seule fois! Je sais bien que je dois encore vous en remercier; que c'est décence, discrétion, mais je n'en ai pas moins senti la privation.

« Je suis accoutumée à lire à tous les instants de ma vie dans vos yeux charmants que vous êtes occupé de moi, que vous m'aimez; je les cherche partout et assurément je ne trouve rien qui leur ressemble...

« Je viens de voir ma petite maison (1). Le bleu en est charmant à présent. On l'a éclairci; je crois qu'on pourra y habiter à la fin de la semaine prochaine.

« J'ai été et je suis revenue à pied. J'ai fait avec une espèce de délices le même chemin que nous avions fait ensemble...

---

(1) *Jolivet,* que Stanislas avait gracieusement mis à la disposition de la marquise pour y passer les heures les plus chaudes de la journée.

« Songez que si vous montez la garde demain, je puis vous revoir lundi en revenant d'Haroué. Songez qu'un jour est tout pour moi et je n'ai pas besoin, pour le sentir, de mes craintes ridicules, car je les condamne; mais un jour passé avec vous vaut mieux qu'une éternité sans vous. Je vous aime avec démence, je le sens chaque jour davantage. C'est un si grand plaisir pour moi de passer avec vous tous mes moments que je ne puis perdre un si grand bonheur sans désespoir...

« Il y a l'infini entre la manière dont je vous idôlâtre et celle dont je vous aimais quand je suis partie pour Paris. Il me serait bien impossible à présent de m'imposer une telle privation... A présent que je vous connais davantage, je sens que je ne puis jamais vous aimer assez. Si vous ne m'aimez pas moins, si mes torts — car je ne me pardonnerai jamais d'avoir perdu cinq mois loin de vous — n'ont pas affaibli cet amour charmant que je n'aurais pas osé espérer, qui fait le bonheur de ma vie, et sans lequel je ne pourrais vivre, je suis bien sûre qu'il n'existe personne aussi heureuse que moi; mais je vous avoue que je le crains. Je vous avoue que, depuis mon retour, je n'ai pas cessé de le craindre. Il me semble que, l'année passée, vous ne m'auriez pas quittée, même pour trois jours, si gaiement, si indifféremment, sans m'avoir dit, du moins des yeux, que vous partiez avec chagrin.

« Rassurez-moi, mon cœur en a besoin. La moindre diminution dans vos sentiments me déchirerait de remords; je croirais toujours que ça a été ma faute; que, sans Paris, vous auriez toujours été le même. Cette idée me tourmente; ôtez-la-moi, si vous m'aimez. Songez que mon amour, que les chagrins que vous m'avez faits en voulant me quitter, m'ont assez punie; que je vous aime avec une ardeur bien faite pour vous rendre heureux, si vous pouvez m'aimer encore comme vous m'avez aimé. Ce n'est qu'en vous comparant à vous-même que je puis me plaindre; non, je ne le puis pas, vous m'avez trop montré d'amour ces deux derniers jours-ci. Non, votre cœur charmant est trop juste et trop tendre pour ne pas répondre au mien qui vous idolâtre. Je n'ai rien trouvé de mieux à vous accorder que la cassette où vous renfermerez mes lettres. Rapportez-les, je vous le demande à genoux, bonheur de ma vie! »

Saint-Lambert, en effet, ne peut se dispenser d'aller rendre ses devoirs au prince et à la princesse de Craon qui viennent de s'établir à Haroué et il s'absente pour trois jours. Cette séparation plonge Mme du Châtelet dans le désespoir; elle écrit le 30 août :

« Ne me laissez pas dans l'incertitude; je suis d'une affliction et d'un découragement qui m'effraieraient si je croyais aux pressentiments.

« Le prince va être bien heureux de vous posséder; il n'en connaîtra pas le prix si bien que moi. Dites-lui bien que vous n'irez plus à Haroué avant mes couches; je ne le souffrirai pas.

« Si vous ne rassurez pas mon cœur, si vous ne m'écrivez pas tendrement, je serai bien à plaindre. Je ne me ferai soigner qu'à votre retour. J'espérais travailler pendant votre absence, je ne l'ai pas encore pu.

« J'ai un mal de reins insupportable et un découragement dans l'esprit et dans toute ma personne dont mon cœur seul est préservé...

« Je finis, parce que je ne puis plus écrire. »

Le jour même, la marquise pouvait encore aller à pied jusqu'à *Jolivet*, pour surveiller les ouvriers et les travaux d'installation.

Le 31 août, elle écrivait encore :

« Samedi, au soir.

« Vous me connaissez bien peu, vous rendez bien peu justice aux empressements de mon cœur si vous croyez que je puisse être deux jours sans avoir de vos lettres, lorsqu'il m'est possible de faire autrement...

« Quand je suis avec vous, je supporte mon état avec patience, je ne m'en aperçois souvent pas ; mais, quand je vous ai perdu, je ne vois plus rien qu'en noir.

« J'ai encore été aujourd'hui à ma petite maison, à pied, et mon ventre est si terriblement tombé, j'ai si mal aux reins, je suis si triste ce soir, que je ne serais point étonnée d'accoucher cette nuit ; mais j'en serais bien désolée, quoique je sache que cela vous ferait plaisir.

J'en supporterai mes douleurs plus patiemment quand je vous saurai dans le même lieu que moi... Je suis d'une affliction et d'un découragement qui m'effraieraient si je croyais aux pressentiments. Je ne désire que vous revoir encore. Il y a bien loin d'ici à mardi. »

Dans la nuit du 3 au 4 septembre, Mme du Châtelet était à son bureau, travaillant à son ouvrage sur Newton, lorsque, tout à coup, elle se sentit indisposée. A peine eut-elle le temps d'appeler, et une fille était née. L'enfant fut déposé sur un gros livre de géométrie pendant qu'on couchait la mère.

Mme de Boufflers, M. du Châtelet, Voltaire, Saint-Lambert, Stanislas lui-même, tous accoururent auprès de la divine Émilie pour la féliciter et se réjouir avec elle. L'enfant fut portée à la paroisse pour être baptisée ; puis envoyée immédiatement en nourrice, comme il était d'usage constant à cette époque.

Voltaire n'est pas seulement heureux de cet événement, il est dans le ravissement, il exulte ; on croirait, en vérité, qu'il y a personnellement une part quelconque, ou du moins qu'il tient à le faire croire. Vite il prend la plume pour annoncer la bonne nouvelle à tous ses amis, et il le fait dans des termes qui montrent toute son allégresse :

Il écrit à d'Argental : « Mme du Châtelet, cette nuit en griffonnant son Newton, s'est senti un petit besoin ; elle a appelé une femme de chambre qui n'a eu que le temps de tendre son tablier, et de recevoir une petite fille qu'on a portée dans son berceau. La mère a arrangé ses papiers, s'est remise au lit, et tout cela dort comme un liron à l'heure que je vous parle... »

Il n'écrit pas moins gaiement à Voisenon, qu'il appelle « l'abbé Greluchon ». Il lui raconte qu'il s'est mis à faire un enfant tout seul, qu'il a accouché de Catilina en huit jours, et qu'il est cent fois plus fatigué que Mme du Châtelet :

« C'est une plaisanterie de la nature qui a voulu que je fisse en une semaine ce que Crébillon avait été trente ans à faire. Je suis émerveillé des couches de Mme du Châtelet, et épouvanté des miennes. »

Tout allait le mieux du monde et l'on s'attendait si peu à un incident fâcheux que le 7 le roi partit pour la Malgrange. Mme du Châtelet riait elle-même de ses inquiétudes, lorsque pendant la fièvre de lait elle demanda un verre d'orgeat à la glace. On eut le tort de lui obéir et, quelques heures après, elle était à la mort. Le médecin du roi, M. Raynault, accourut et prit des mesures énergiques; malgré tout, le lendemain, la malade eut des suffocations et des étouffements et son état s'aggrava encore. Mme de Boufflers, effrayée, envoya chercher, à Nancy, le célèbre Bagard et aussi M. Salmon. Ils tentèrent de nouveaux remèdes qui amenèrent une détente, puis une amélioration sensible. L'on commença à se rassurer, et les amis qui ne quittaient plus le chevet de la malade se retirèrent pour lui permettre de reposer. Il ne resta auprès d'elle que

Saint-Lambert et Mlle du Thil, ancienne amie très intime de Mme du Châtelet, qu'elle avait fait venir pour ses couches.

Tout à coup la malade eut une syncope. Saint-Lambert, Mlle du Thil s'efforcèrent de la ranimer; ils n'y purent parvenir. Épouvantés, ils appelèrent au secours.

On se précipita chez Mme de Boufflers, où toute la société s'était retirée; la marquise, Voltaire, M. du Châtelet qui devisaient gaiement, accoururent affolés; ils joignirent leurs efforts à ceux de Saint-Lambert, mais tous perdaient la tête et ils étaient si troublés qu'aucun d'eux ne songea à faire venir ni médecin, ni curé, ni jésuite, ni sacrements. Du reste, tous les secours humains étaient inutiles, Mme du Châtelet avait succombé.

La stupeur était générale. Mme de Boufflers, au désespoir d'avoir perdu une amie si chère, pleurait abondamment. M. du Châtelet, Voltaire et Saint-Lambert contemplaient, la douleur peinte sur le visage, celle qui ne pouvait plus les voir. On entraîna M. du Châtelet. Voltaire résista longtemps à toutes les supplitions; enfin, il s'arracha à ce pénible spectacle et sortit inconscient, au comble de la douleur. Il descendit péniblement les quelques marches du perron qui mettait l'appartement en communication avec la rue; mais accablé par le chagrin, il ne put continuer et il alla s'effondrer sur la dernière marche, auprès de la guérite de la sentinelle. Là, sans même essayer de se relever, il se frappait la tête contre la pierre en sanglotant. C'est en vain que son laquais le suppliait de se relever, de rentrer chez lui ; il ne voulait rien entendre.

A son tour, Saint-Lambert paraît sur le perron ; il aperçoit Voltaire et court lui porter secours. Le philosophe le reconnaît et lui dit, la voix pleine de sanglots : « C'est vous qui me l'avez tuée ! » Puis, tout à coup, saisi de rage, il se précipite sur lui avec une fureur sauvage, et le saisissant à la gorge : « Eh ! mon Dieu, monsieur, de quoi vous avisiez-vous de lui faire un enfant ! »

Comme souvent les incidents comiques se mêlent aux scènes les plus tragiques, Voltaire, rentré dans ses appartements, s'abandonnait à la plus amère douleur lorsque tout à coup, il se rappelle que Mme du Châtelet porte au doigt une bague en cornaline entourée de petits diamants et dont le chaton recouvre son portrait. Que penserait M. du Châtelet si ce témoignage compromettant tombait entre ses mains !

En vérité, le scrupule était honorable, mais tardif. Le philosophe oubliait qu'il vivait depuis quinze ans avec la divine Émilie, et que si le mari était susceptible de faire des réflexions, il les avait faites depuis longtemps. Quoi qu'il en soit, Voltaire, sans perdre de temps, charge Longchamp de courir auprès de la première femme de chambre et de lui demander de retirer la précieuse bague. Ces soins étaient inutiles ; voici ce qui s'était passé :

A peine la marquise expirée et le premier affolement un peu calmé, Mme de Boufflers avait pris Longchamp à part et lui avait dit d'enlever immédiatement du doigt de la morte la bague de cornaline et de la garder jusqu'à nouvel ordre. Le lendemain, Mme de Boufflers avait fait appeler Longchamp, qui lui avait remis la bague; Saint-Lambert était présent. La marquise souleva le chaton qui était à secret et, avec une épingle, enleva le portrait de Saint-Lambert qu'elle lui rendit. Puis elle chargea Longchamp de restituer la bague à M. du Châtelet.

Soit naïveté, soit désir de calmer le chagrin de son maître, Longchamp avoua au philosophe toute la vérité.

En apprenant qu'on avait trouvé l'image de Saint-Lambert là même où devait être son propre portrait, Voltaire s'écria avec philosophie :

« Ah! voilà bien les femmes! J'en avais ôté Richelieu. Saint-Lambert m'en a expulsé! Un clou chasse l'autre! Ainsi vont les choses de ce monde. »

Et il n'en pleura que davantage.

La mort si imprévue de Mme du Châtelet jeta la consternation dans la cour de Lunéville, et en plongea tous les hôtes dans une morne tristesse. Le roi aimait beaucoup cette aimable femme si gaie, si pleine d'entrain : sa perte lui fut douloureuse. Mme de Boufflers pleurait une amie de longue date dont elle avait pu maintes fois, malgré quelques dissentiments passagers, éprouver la fidélité et l'attachement. Voltaire était anéanti par ce coup funeste ; Saint-Lambert lui-même ressentait une véritable douleur, qui n'était pas exempte de remords.

Stanislas voulut que les plus grands honneurs fussent rendus à la dépouille mortelle de celle qui depuis deux ans avait si bien su contribuer à l'agrément de sa vie ; toute la cour assista à ses funérailles. Le 11 septembre elle fut inhumée à Saint-Remy (1), la nouvelle église paroissiale de Lunéville ; une grande dalle de marbre noir sans nom ni date indiquait seulement l'endroit où elle reposait (2).

Un accident assez singulier arriva pendant les obsèques. Pour sortir du palais, le cortège funèbre devait traverser la pièce du château où la « troupe de qualité » avait si souvent et tout récemment encore donné des représentations ; à ce moment même et par une étrange fatalité, le brancard sur lequel la bière était placée se brisa et le corps fut précipité à terre, à la grande terreur des assistants. Le Père de Menoux ne manqua pas de souligner cette singulière coïncidence et de faire remarquer que l'accident s'était produit à l'endroit même où Mme du Châtelet avait

(1) Actuellement église Saint-Jacques.
(2) En 1793, la tombe de Mme du Châtelet fut profanée ; on souleva le marbre, on enleva le cercueil de plomb et l'on rejeta pêle-mêle les ossements avec les décombres. En 1858, les ossements retrouvés ont été réunis et placés au même endroit dans une caisse de bois.

si souvent représenté ces spectacles que l'Église condamne.

Voltaire ne se contenta pas de pleurer la fidèle compagne de sa vie; il crut devoir prendre tous ses correspondants comme confidents de sa douleur. « Je n'ai point perdu une maîtresse, écrit-il à d'Argental; j'ai perdu la moitié de moi-même, une âme pour qui la mienne était faite, une amie de vingt ans que j'avais vue naître! Le père le plus tendre n'aime pas autrement sa fille unique! »

« C'est à la sensibilité de votre cœur que j'ai recours dans le désespoir où je suis », écrit-il à Mme du Deffant.

Les plaisanteries qui lui ont échappé au moment de l'accouchement de son amie deviennent pour lui de véritables remords :

« Si quelque chose pouvait augmenter l'état horrible où je suis, ce serait d'avoir pris avec gaieté une aventure dont la suite empoisonne le reste de ma misérable vie. »

Enfin le poète compose ce quatrain qu'il veut placer sous un portrait de sa divine amie :

> L'univers a perdu la sublime Émilie.
> Elle aima les plaisirs, les arts, la vérité.
> Les dieux, en lui donnant leur âme et leur génie,
> N'avaient gardé pour eux que l'immortalité.

Si la mort de Mme du Châtelet fut douloureusement ressentie par ses amis, il faut avouer qu'elle excita en général peu de regrets et devint même le sujet d'innombrables plaisanteries.

Collé écrit ces lignes cruelles :

« Il faut espérer que c'est le dernier air que Mme du Châtelet se donnera : mourir en couches à son âge, c'est vouloir se singulariser; c'est prétendre ne rien faire comme les autres. »

Cette mort si brutale n'inspire à Frédéric que cette épitaphe moqueuse :

> Ci-gît qui perdit la vie
> Dans le double accouchement
> D'un traité de philosophie
> Et d'un malheureux enfant.
> On ne sait précisément
> Lequel des deux l'a ravie.
> Sur ce funeste événement
> Quelle opinion doit-on suivre ?
> Saint-Lambert s'en prend au livre !
> Voltaire dit que c'est l'enfant.

Le désespoir de Voltaire était touchant; il restait sourd à toutes les consolations. C'est en vain que Stanislas allait passer de longues heures avec lui; c'est en vain que Mme de Boufflers s'efforçait de l'arracher à sa douleur, rien ne pouvait l'en distraire. Il avait toujours compté passer sa vie avec cette amie rare; jamais l'idée d'une séparation ne lui était venue ! Que faire ? Que devenir ? Où aller ? Les projets les plus étranges lui venaient à l'esprit. Tantôt il voulait se retirer à l'abbaye de Senones auprès de dom Calmet, et y passer le reste de ses jours ; tantôt il voulait se retirer en Angleterre.

Enfin le roi et Mme de Boufflers, toujours pleins de bonté, l'emmenèrent à la Malgrange pour l'arracher à ses tristes souvenirs et lui rendre un peu de calme et de repos.

Là, tous deux l'entourèrent d'affection et de soins et ils firent tous leurs efforts pour le décider à rester près d'eux. Stanislas ne pouvait se faire à l'idée de perdre ce Voltaire qui, depuis deux ans, faisait la gloire, l'ornement et la joie de sa petite cour. Mais les instances pressantes du roi, les prières de Mme de Boufflers, tout fut inutile ; malgré la certitude d'une existence paisible et heureuse, le philosophe ne put se résigner à vivre dans ces lieux où il venait de tant souffrir, où s'était éteinte celle qui avait été la compagne de sa vie et où tout la lui rappelait.

Après bien des hésitations, il se décida à regagner Paris et à reprendre sa vie errante. Auparavant, il voulut encore revoir une fois ce cher Cirey où il avait passé de si douces années ; puis, il y avait des affaires d'intérêt à régler, sa bibliothèque à empaqueter, des meubles à emporter ; bref, un véritable déménagement à opérer.

Il partit donc avec M. du Châtelet (1).

(1) La fille de Mme du Châtelet mourut en nourrice au bout de peu de jours. — Pendant le séjour de Voltaire à Cirey, M. du

Les adieux avec Stanislas furent touchants; tous deux, très émus, se promirent un revoir prochain. Voltaire assura qu'il reviendrait, que son absence ne serait que de courte durée; mais au fond tous deux sentaient bien que la séparation était définitive.

Le philosophe ne fut pas seul à quitter la cour; Saint-Lambert suivit bientôt son exemple, mais pour des motifs différents. Il trouvait que Lunéville était un bien petit théâtre pour un poète de son envergure, et il profita de la célébrité que lui donnaient ses aventures avec la divine Émilie pour affronter la scène parisienne, la seule qu'il jugeât digne de ses mérites.

Ainsi se trouva brisée par la mort de Mme du Châtelet cette intimité charmante qui faisait le bonheur du roi Stanislas; ainsi se trouvèrent dispersés ces personnages qui avaient contribué à donner à la petite cour tant de célébrité et de renom.

Heureusement pour le roi de Pologne, Mme de Boufflers ne l'abandonna pas; elle demeura fidèlement auprès de lui jusqu'à sa mort.

Nous verrons dans un prochain volume ce qu'il advint de la cour de Lorraine pendant les dernières

---

Châtelet eut un jour la fantaisie d'ouvrir une cassette sur laquelle la marquise avait écrit : *Je prie M. du Châtelet de brûler tous ces papiers sans y regarder; ils ne peuvent lui être d'aucune utilité.* Longchamp lui conseillait sagement de se conformer à cette prescription; mais la curiosité l'emporta et il lut quelques lettres qui n'eurent pas lieu de le satisfaire. Il finit alors par où il aurait dû commencer, c'est-à-dire par tout jeter au feu.

années du roi Stanislas et aussi quel fut le sort de Mme de Boufflers. La charmante femme eut l'art de rester ce qu'elle avait toujours été, aimable et séduisante, et, en dépit de l'âge qui avançait, elle continua à inspirer des passions tout aussi vives et violentes que dans ses jeunes années.

FIN

TABLE DES MATIÈRES

CHAPITRE PREMIER

LA COUR DE LUNÉVILLE DE 1698 A 1729

Entrée de Léopold à Lunéville. — Joie des habitants. — État de la Lorraine en 1698. — Mariage de Léopold. — Guerre de la succession d'Espagne. — La cour de Lunéville. — M. et Mme de Beauvau-Craon. — Passion de Léopold pour Mme de Craon. — Indignation de la Princesse palatine. — Les jésuites à la cour de Lorraine. — Passion coûteuse de Léopold pour le jeu et la politique. — Accident survenu au prince. — Sa mort. — Son fils François lui succède.................................... 1

CHAPITRE II

(1729-1737)

Les enfants de M. et de Mme de Craon. — Leur établissement. — Les chapitres nobles de Lorraine. — Catherine de Beauvau-Craon. — Son enfance. — Sa vie au couvent. — Son mariage avec le marquis de Boufflers. — Stanislas Leczinski, roi de Pologne. — Il est nommé duc de Lorraine. — Sa cour à Meudon. — La duchesse régente de Lorraine quitte Lunéville. — Désespoir de ses sujets... 30

CHAPITRE III

(1737-1740)

Déclaration de Meudon. — M. de la Galaizière est nommé intendant de Lorraine. — Son arrivée à Nancy. — Arrivée de Stanislas et de la reine Opalinska. — Froideur de la population. — Grande réserve de la noblesse. — Le roi s'entoure de ses amis polonais. — Austérité de la reine. — Goût du roi pour le beau sexe. — Scandales de la cour de Lunéville.............. 48

CHAPITRE IV

(1735-1740)

Société littéraire de Lunéville : Mme de Graffigny, Devau, Saint-Lambert, Desmarets................................ 73

CHAPITRE V

Liaison de Voltaire avec Mme du Châtelet................. 90

CHAPITRE VI

(1739)

Séjour de Mme de Graffigny à Cirey...................... 103

CHAPITRE VII

Départ de Mme de Boufflers pour Paris. — Son séjour dans la capitale. — Mort de Charles VI. — Guerre entre la France et l'Empire. — La Lorraine est menacée. — Fuite de Stanislas. — Énergie de M. de la Galaizière. — Louis XV accourt au secours de l'Alsace et de la Lorraine. — Il tombe malade à Metz. — Visites de Marie Leczinska et de Louis XV à Lunéville.... 123

CHAPITRE VIII

(1745 à 1747)

Le peuple et la noblesse se rallient à Stanislas. — Le règne de Mme de Boufflers. — Ses luttes avec le Père de Menoux... 145

CHAPITRE IX

La cour de Lunéville : les Lorrains, les étrangers, les artistes. 161

CHAPITRE X

Goûts littéraires et artistiques de Mme de Boufflers. — Sa société intime. — M. de Beauvau. — Mme de Mirepoix. — Mme Duri-

val. — Le chevalier de Listenay. — Panpan. — Saint-Lambert.
— L'abbé Porquet... 179

CHAPITRE XI

Bonté du roi. — Son esprit de repartie. — Ses plaisanteries. — Son goût pour les constructions. — Ses maisons de campagne. — Le luxe de sa table. — Les surtouts. — Les desserts. — Les truquages du roi. — Le vin de Tokay. — Bébé........... 202

CHAPITRE XII

État des mœurs au dix-huitième siècle.................... 223

CHAPITRE XIII

(1739 à 1748)

Voltaire et Mme du Châtelet............................... 255

CHAPITRE XIV

(1748)

Séjour à Lunéville (février, mars, avril) 272

CHAPITRE XV

Brouille entre Mme de Boufflers et Saint-Lambert. — Liaison de Saint-Lambert avec Mme du Châtelet.................. 283

CHAPITRE XVI

(1748)

Séjour à Cirey et à Paris (mai et juin).................... 307

CHAPITRE XVII

(1748)

Séjour de Voltaire et de Mme du Châtelet à Commercy, du 29 juin au 10 août; à Lunéville, du 11 au 26 août........ 327

CHAPITRE XVIII

Séjour de Mme de Boufflers et de Mme du Châtelet à Plombières, du 26 août au 10 septembre 1748..................... 338

CHAPITRE XIX

(1748)

Voyage de Voltaire et de Stanislas à la cour de France, du 26 août au 10 septembre 1748............................... 352

CHAPITRE XX

(1748)

Séjour de la cour à Lunéville, du 15 septembre au 6 octobre. — Maladie de Voltaire. — La parodie de *Sémiramis* est interdite. — Correspondance avec Frédéric. — Séjour de la cour à Commercy, du 6 au 17 octobre. — Aveux de Mme du Châtelet à Stanislas. — Querelles avec Mme de Boufflers. — M. du Châtelet est nommé grand maréchal des logis. — Voltaire surprend Saint-Lambert et Mme du Châtelet. — Colère du philosophe. — Explications avec la marquise. — Réconciliation générale. — *Les Deux Amis*... 367

CHAPITRE XXI

Retour à Lunéville. — Voltaire et le parti dévot. — Panpan et les dames de la cour. — Représentations théâtrales. — Fermeture du théâtre. — Départ de Voltaire et de Mme du Châtelet. 385

CHAPITRE XXII

(1749)

Séjour de Cirey, de décembre 1748 à février 1749. — Séjour à Paris, de février à avril 1749. — Séjour à Trianon, du 14 au 28 avril 1749.. 401

CHAPITRE XXIII

Séjour à Paris, du 28 avril au 26 juin 1749............... 427

CHAPITRE XXIV

(1749)

Juin à septembre. — Séjour à Lunéville. — Sombres pressentiments de Mme du Châtelet. — Querelle entre Voltaire et M. Alliot. — Dernières lettres de Mme du Châtelet. — Son accouchement. — Sa mort. — Désespoir de Voltaire. — La bague de cornaline. — Obsèques de Mme du Châtelet. — Départ de Voltaire.. 445

PARIS
TYPOGRAPHIE PLON-NOURRIT ET Cie
8, rue Garancière

A LA MÊME LIBRAIRIE

La Fin d'une société. — **Le Duc de Lauzun et la cour intime de Louis XV.** par Gaston MAUGRAS. 10e édit. Un vol. in-8° avec un portrait. . . . . 7 fr. 50
(*Couronné par l'Académie française, prix Guizot.*)

La Fin d'une société. — **Le Duc de Lauzun et la cour de Marie-Antoinette,** par Gaston MAUGRAS. 7e édition. Un vol. in-8°. 7 fr. 50
(*Couronné par l'Académie française, prix Guizot.*)

Le Duc et la Duchesse de Choiseul. — *Leur vie intime, leurs amis et leur temps,* par Gaston MAUGRAS. 6e édition. Un vol. in-8° avec des gravures hors texte et un portrait en héliogravure. . . . . . 7 fr. 50

La Disgrâce du duc et de la duchesse de Choiseul. — *La vie à Chanteloup, le retour à Paris, la mort,* par Gaston MAUGRAS. 4e édition. Un vol. in-8° avec des gravures hors texte et un portrait en héliogravure. . . . . 7 fr. 50

Les Demoiselles de Verrières, par Gaston MAUGRAS. Un vol. in-16 avec deux portraits. Nouvelle édition. . . . . 3 fr. 50

Lettre du chevalier de Boufflers à la comtesse de Sabran. 1 vol. in-8°. . . . . 3 fr. 50

Le Roi Stanislas et Marie Leczinska, par la marquise DES RÉAULX. Un vol. in-8° avec quatre portraits et fac-similés. . . . . . . 7 fr. 50

Le Mariage de Louis XV, par Henry GAUTHIER-VILLARS, d'après des documents nouveaux et une correspondance inédite de Stanislas Leczinski. Un vol. in-8° avec deux portraits en héliogravure. 7 fr. 50

Louis XV intime et les petites maîtresses, par le comte FLEURY. 3e édit. Un vol. in-8° avec portraits. . . . . 6 fr.

Un Magistrat homme de lettres au dix-huitième siècle. **Le Président Hénault** (1685-1770). *Sa vie — Ses œuvres, d'après des documents inédits,* par Henri LION, docteur ès lettres. Un volume in-8° avec un portrait en héliogravure. 7 fr. 50

Une Vie d'ambassadrice au siècle dernier. La Princesse de Lieven, par Ernest DAUDET. 4e édition. Un vol. in-8° . . . . 7 fr. 50

Sophie de Monnier et Mirabeau, *d'après leur correspondance secrète inédite* (1775-1789), avec trois portraits, dont un en héliogravure d'après Heinsius, deux fac-similés d'autographes, une table déchiffrante, et un plan du couvent des Saintes-Claires de Gien, par Paul COTTIN. Un volume in-8°. . . . . 7 fr. 50

Mirabeau. — **Lettres à Julie,** écrites du donjon de Vincennes, publiées et commentées d'après les documents originaux et inédits, par Dauphin MEUNIER, avec la collaboration de Georges LELOIR. Un vol. in-8°. Prix. . . . . 7 fr. 50

Correspondance inédite du roi Stanislas-Auguste Poniatowski et de Mme Geoffrin (1764-1777), par le comte DE MOUY, précédée d'une étude sur Stanislas-Auguste et Mme Geoffrin, et accompagnée de nombreuses notes. In-8° avec un portrait à l'eau-forte et deux fac-similés. . . . . 8 fr.

PARIS. TYP. PLON-NOURRIT ET Cie, 8, RUE GARANCIÈRE. — 5565

www.ingramcontent.com/pod-product-compliance
Lightning Source LLC
Chambersburg PA
CBHW050247230426
43664CB00012B/1856